创于1897

Theoretical Explorations in the Translation of
Buddhist Scriptures in Ancient China

中国古代佛典译论研究

武光军 著

创于1897 商务印书馆
The Commercial Press

目　录

第一章　绪论

我国翻译传统的研究涉及我国译学的根基，因此尤其重要。不研究我国自身的翻译传统，我国译学就很难找到自己的立足之本。在我国传统译论研究方面，佛典翻译研究具有不可替代的作用，主要原因有以下四点：第一，从历史源头来说，佛典翻译是我国翻译的奠基阶段，要研究我国的翻译传统就须追溯到佛典翻译。中国翻译本身成为一项事业，成为一种有系统的工作，成为学术关注的领域，成为理论探讨的对象，应该是从佛典翻译开始的（朱志瑜、朱晓农，2006：导论）。第二，从研究对象上来说，佛典翻译具有综合性。中古时期的佛典翻译既是一种宗教经典的翻译，又是一种哲学理论的翻译，同时还是一种文学的翻译（王克非，1997：44）。孔慧怡（2005：11）指出，在中国有关翻译的话语都带有极强的文学偏向。如果仅以文学作为翻译研究对象，得出的翻译观点有可能就会失之偏颇。佛典翻译具有综合宗教、哲学、文学等学科的特点，得出的翻译观点就可能相对全面。第三，从翻译活动周期来说，佛典翻译在我国经历了一个完整的发展周期，能够体现出一项翻译活动发展的全貌。对于我国佛典翻译的历史分期，学者们的意见基本是一致的。马祖毅（1998：22）将我国从东汉末年至北宋末年的佛典翻译大致分为四个阶段：第一阶段，从东汉桓帝末年到西晋，是草创时期；第二阶段，从东晋到隋，是发展时期；第三阶段，唐代，是全盛时期；第四阶段，北宋，是基本结束时期。谢天振、何绍斌（2013：10）将我国历史上的佛典翻译大致分为四个阶段：（一）东汉至西晋，佛教在中国初步确立，也是佛典汉译的发轫阶段；（二）东晋南北朝时期，佛教影响日隆，佛典汉译进入高潮；（三）隋唐时期，佛教得到某些帝王的提倡，佛典汉译规模及其影响达到顶点；（四）北宋前期，随着唐末武宗灭佛，佛教逐渐式微，佛典汉译转入低潮。由此历史分期可以看出，佛典翻译在我国经历了发轫、发展、强盛、衰落这个完整的历史周期。第四，从翻译实践及翻译思想的丰富度来说，佛典翻译在我国是其他翻译所无法比拟的。从东汉至宋，在佛典翻译持续一千多年的时间里，根据吕澂（1981）《新编汉文大藏经目录》的不完全统计，保存至今的译经有 1482 部，总计约 5702 卷，4600 万字。可以说，我国的佛典翻译筚路蓝缕，卷帙浩繁，译作精品迭出。我国佛典翻译的翻译思想，毋庸讳言，见解独到，丰富异彩。罗新璋（2013：3）指出："我国翻译思想，迄止十九世纪末，是在独立文化系中独立发展而来，用自造之语，有独到之见，故具独立的存在价值。但因不与人同，反成藩篱，辐射不广，显得孤立。"唐贾公彦在义疏"象胥"这一官职时，训"译即易，谓换易言语使相解也"。罗新璋（2013：2）认为，译之言易，使之相解，即意涵相同之形式变易，实属探本之论，在学理上，或为世界第一翻译定义。因此，可以说，佛典翻译研究是我国翻译研究的宝藏。王克非（1997：60）指出，佛典翻译理论的价值日益受到人们的关注，随着研究的深入，这一宝贵的理论遗产当会享有更高的历史地位。

目前，我国翻译研究面临的一个重要问题就是传统译论的现代转化与译学创新。罗新璋（2013：4）指出："现今的译学研究，亟须务本，以我为主，返本开新，重新评估前论往说，益以已具学统的西学方法，抉发出其中的理论含量与思想深度。"王宏印（2017：136）指出，对中国传统译论进行现代转换乃是建立中国式翻译理论甚或翻译学必要的理论准备，而今已经到了刻不容缓的地步。刘性峰、魏向清（2020：106）指出，如何科学地认识中国传统译论，成为当代语境下中国翻译学发展的一项重要研究课题。传统译论的现代转化制约着我国译学的发展。我国拥有独具特色的一流丰厚译学资源，却未创立具有国际影响的一流翻译理论学派（罗新璋，2013：2）。何为中国传统译论？王宏印（2017：260）的定义为：中国传统译论是指在翻译论题、研究方法、表述方式以及理论特质和精神旨趣上都表现出浓厚的传统国学味道的译论，以之有别于别国的译论。对于译论而言，可能最有价值的就是翻译思想。翻译思想是最高层级的翻译理论（刘宓庆，2005：3）。何为翻译思想？刘宓庆（2005：2）认为，翻译思想指翻译家对翻译之“道”的高度提升或高层级认知，这种认知又反过来指导他在更高层级上的实践，由此获得新的经验，如此周而复始。蓝红军（2020：132）提出了一种较为全面的对翻译思想的定义：翻译思想是人们对翻译作为一种社会存在的理性认识；翻译思想蕴于社会历史，寄于翻译实践，也现于理论论述；翻译思想表达个人或群体如何通过翻译看社会和如何通过社会看翻译，第一点是关于翻译思想的对象，第二点是关于翻译思想的存在方式，第三点是关于翻译思想的内容。王向远（2015）对翻译思想的定义则强调了其创新性。“翻译思想”即“翻译的思想”，是研究和思考翻译问题而产生的有创意的观点主张或理论建构（王向远，2015：151）。要称得上翻译思想，就要有“创意”，即提出新的概念、新的范畴、新的命题甚至新的体系或范式。但我国当下的翻译研究似乎出现了翻译思想贫弱、被西方译学牵着走的局面。王向远（2015：153）指出，翻阅现在已经出版的中国译学史或各种翻译史，会有一种强烈的感受——真正含有“思想”的译学研究和翻译理论并不多，相比之下，在当代中国，史学理论研究、文化研究、文艺理论、美学研究、比较文学研究等领域，思想的生产比较活跃，但翻译研究领域，却相对要少，其中一个原因是：长期以来，中国的翻译研究与翻译理论着眼于实用，强调对翻译实践的指导价值，而不把这个领域看作思想的平台，于是造成一种局面，就是“翻译的研究”很多，“翻译的理论”也不少，“翻译的思想”却不多。但我国古代佛典翻译中提出了丰富的翻译思想。王向远（2015：154）认为，我国古代佛典翻译的翻译思想主要表现在六个方面：一是“翻”“译”与古代“翻译”概念的产生和翻译思想的起源问题，二是佛典翻译家关于“直译”“重译”等翻译方法的概念与思想，三是佛典翻译中“信”的思想，四是佛典翻译的名与实、文与质的关系论，五是佛典翻译中的“格义”与阐释学方法，六是道安的“失本”、玄奘的“不翻”与“不可翻”思想。这六个方面是古代中国翻译思想的精华，虽然只局限在佛典翻译领域，却涉及翻译原理、翻译方法、翻译文化论、比较文学与比较文化论等各个方面；虽然只是只言片语，却是开天辟地、空谷足音、微言大义，需要在现有的基础上做进一步阐发。王宏印（2017：266）则以问题的形式对中国传统译论中的翻译思想进行了梳理，发现共存在十个比较有价值的问题：质派、文派问题；音译、意译问题；直译、重译问题；译意、译味问题；神似、形似问题；翻译标准问题；可译性问题；境界问题；语言问题；译者问题。根据现代译论的总体问题设计，这十个问题可以转换和归纳为六个问题：本体论问题；方法论问题；认识论问题；标准或原则问题；主体性问题；可译性问题。我们认为，标准或原则问题、主体性问题和可译性问题都可归入认识论问题。因此，这十个问题可根据现代译学的体系归入本体论问题、认识论问题和方法论问题三大领域。对中国传统译论进行现代转换，主要有三个层面：概念范畴的转换、表述方式的转换，乃至整个理论形态的转换（王宏印，2017：136）。在概念范畴的转换方面，孔慧怡（2005：6—7）指出，过去中国的翻译研究一直以语言分析和文本对照为主要任务，很少涉及翻译活动如何在主体文化里面运作的问题，在这样的研究范畴之内，从事研究的人很难脱离“原文”观念的限制，也因此绝少触及翻译活动所能产生的庞大文化力量，以及翻译活动和主体文化之间的互动作用。在表述方式的转换方面，主要是指把我国传统译论中不明确的问题转换为现代译论所需要的论题，从“纯理论”的高度立足发现和落实转换，例如将道安的“五失本”“三不易”作为现代译论的翻译本体论论题来对待（王宏印，2017：268）。在理论形态的转换方面，重要的是现代理论意识和时代精神的注入，如补足现代理论的演绎系统这一逻辑环节（王宏印，2017：268—269）。

基于以上考虑，本书拟以翻译学学科框架的全新视角，从本体论、认识论与方法论三个方面，探索我国古代佛典翻译的翻译思想、方法论及其现代转换，以期整体上深化对我国古代佛典翻译及我国古代翻译传统的理论认识，充分挖掘我国古代佛典翻译的翻译学学术价值，推动翻译学学术创新。本书共分为四个部分：

第一部分为我国佛典翻译本体论的流变历程考察。主要包括对我国翻译传统视野下的翻译思想、翻译本质的探讨，即我国佛典翻译的“翻译”概念从东汉至唐代是如何形成的，有何本质。

第二部分为我国佛典翻译认识论的流变历程考察。根据对佛典翻译文献的梳理，考察主要包括对原文和译者概念的认识、翻译标准及困难、翻译文体、不可译性和翻译理论。

第三部分为我国佛典翻译方法论的流变历程考察。主要包括格义与意译、音译、语法翻译、文体翻译、抽译及节译、译场制度、藏地佛典翻译方法以及基于文本分析的竺法护、鸠摩罗什、玄奘的翻译方法比较。

第四部分为基于我国佛典翻译的中西翻译传统的比较及对其当下意义的考察。在中西翻译传统的比较方面，目前西方仅有勒弗菲尔（Lefevere，2001）曾有过较深入的讨论，但其对我国翻译传统的把握尚不够准确。本书将把佛典翻译置于与西方译论比较的框架下进行考察，既要求同，也要求异，从而找出我国翻译传统在国际译学大格局中的地位，并探索中西、古今比较视野下的译学创新。

第二章　中国古代佛典翻译本体论的演进与流变

在我国古代，西汉前已有“译”的说法，为何到了东汉后佛典翻译时又出现了“出”等描述翻译活动的说法？汉以前只有“译”的说法，佛典翻译时期，说法丰富起来，这恰恰说明，我国对翻译的认识发生了质的提升。“出”何时首次出现的？何时不再表示翻译活动的？“翻”又是何时、为何用来描述翻译活动，又何时与“译”结合来指涉翻译活动的？这些谜一样的问题，都是我国翻译传统中的本体论问题，都出现在我国古代的佛典翻译活动中。

第一节　翻译本体论

翻译的本体问题，是翻译的终极问题。翻译到底为何，这个问题说不清楚，翻译学的根基就不牢固。因此，可以说，翻译本体论是翻译学的首要问题。

本体往往和现象对立，主要指事物的本原、本质。朱志荣（2021：2）指出，在中国古代的思想中，“本体”概念是个合成词，包括“本”和“体”两个方面：“本”是本原、本根的意思，也是一种物之为物的终极缘由，体现了时间的维度；“体”则是体性和体貌的统一，是“有”，即存在，万事万物的基础，即气积之体，体现了空间的维度。本体论对应的英文词为“ontology”，也译为“存在论”，指的是哲学中关于存在的理论或学说。在西方，柏拉图的哲学是本体论的发端，他把世界分为理念的实在世界和变动的现象世界，推演到文学艺术上，柏拉图认为文学艺术是对理念的模仿，理念是本体，艺术家如画家只能模仿理念的影子（汪正龙，2021：95）。亚里士多德认为，本体论是解释事物生成和最高原因的学说，是他的“第一哲学”的主要部分，“本体”不是一般的实体，而是实体之为实体的原因，即本原（汪正龙，2021：95）。

那何为翻译本体论？张柏然区分了本质论和本体论。本质论重在把握对象“是什么”，本体论则强调对象“如何是”（张柏然，1998：48）。本质论也称本质主义。对于翻译而言，有的学者如切斯特曼（Chesterman，实证主义描写翻译观的代表）持本质主义观（essentialism），认为意义是稳定和客观的，译者的任务就是发现和传达意义；而有的学者如阿罗约（Arrojo，后现代主义翻译观的代表）持非本质主义观（non-essentialism），认为意义是不稳定的，没有一个固定的本源（宋美华，2019：7）。20 世纪，由于文化学派和后现代主义的兴起，翻译研究中的非本质主义观越来越盛行。但近年来出现了本质主义的回归。姜艳（2006：13）指出，文化学派以及它所掀起的翻译的文化转向是将翻译研究从传统范式中的“语言转换”转变为跨文化语境下的“文化转换”，为翻译提供了研究的新空间，然而文化学派借此夸大了文化外部因素对语言的制约作用和翻译的非本质属性，“翻译研究现在已意味着与翻译有任何关系的任何东西”，文化学派的翻译学研究将其跨学科属性几乎泛化为无学科属性，过分强调了文本外的因素和翻译与文化的关系。特别是 21 世纪以来，还出现了大规模的以破除欧洲中心主义为要义的重新界定翻译的浪潮。

翻译学本体论指对翻译作为一种对象存在的终极根据所做的形而上

学的研究（张柏然，1998：48）。翻译本体论不是追问翻译是什么，而是把握翻译如何存在（张柏然，1998：48）。本体并不是本体论，本体论是一种存在论，让存在从在者中崭露出来，用以解说存在本身，这才是存在论的任务（张柏然，1998：48）。对于文学本体论，汪正龙（2021：102）也主张，文学本体论研究需要从先前对“文学是什么”的本质追问与回答，走向“文学怎样存在”以及“文学可能是什么”“文学应该是什么”的多重思考。

我们认为，既然本体指的是事物的本原，那么对本质的探讨也应包含在本体论之中。因此，翻译本体论探究“翻译是什么”“翻译如何是”以及“翻译应该是什么”三大问题。对我国古代的佛典翻译而言，翻译本体论还存在一个重要问题就是“正名”问题。我国古代历来讲究名实相符。孔子主张以名正实，“名不正则言不顺，言不顺则事不成”。墨子提出“取实予名”，指出有物才有名，无物便无名。荀子提出“制名以指实”。“名”具有西方“范畴”的指涉品性，可以与“范畴”对举（张思洁，2006：51）。正是因为佛典翻译是我国第一次大规模的翻译活动，我国的翻译之“名”才能在佛典翻译活动中得“正”。因此，在我国古代佛典翻译中，翻译“正名”的过程就是探索“翻译是什么”的过程，就是探索翻译本体论的过程。

王宏印（2003，2017）以全新的视角阐释了道安的“五失本”“三不易”，认为其具有至关重要的翻译本体论意义。钱锺书在“翻译术开宗明义”一文中评价道安的“五失本”“三不易”时称“吾国翻译术开宗明义，首推此篇”。王宏印（2017：23—24）具体分析了“五失本”“三不易”的客体和主体两方面的翻译本体论意义：

如果说“五失本”主要从原文本不可及的角度论证了翻译之

> 不可能，或者形而上学层面的不可译，那么“三不易”则进一步从译者与作者的关系、读者与作者的关系等翻译活动的主体性差异的角度论证翻译的不可能，也即从翻译的社会学角度论证翻译之不可能。前者偏重于文本自身的差异，奠基于语言学认知问题，属于客体问题。后者则偏重于翻译过程所涉及诸因素（主要是人的因素）之差异，可归结为主体性问题。

钱锺书在“翻译术开宗明义”一文中评价道安的“五失本”时指出：故知“本”有非“失”不可者，此“本”不“失”，便不成翻译。从钱锺书的此句评价中，我们可以得出，钱锺书已意识到道安是在从反面为翻译做界定，界定何为翻译，界定翻译与原文有何区别。换言之，道安在探索翻译的本体。翻译之所以成为翻译，本体就是“失本”，不“失本”就不是翻译，“失本”就成了“翻译”的标志。当然，我们看到，这里钱锺书在“失”字上加了引号，可能意味着这并不一定全是坏事，因为钱锺书接着说道：“安言之以为‘失’者而自行之则不得不然，盖失于彼乃所以得于此也，安未克圆览而疏通其理矣。”

王宏印（2003，2017）认为，“三不易”也具有重要的翻译本体论意义。王宏印指出，与“五失本”所提出的本体论问题相比，“三不易”由于有点本体论诠释的味道，故而更加重要（王宏印，2017：24）。但与对“五失本”的高度重视相比，翻译界对“三不易”却评论甚少，甚至未置一词，包括梁启超和钱锺书两位大家（王宏印，2017：24）。王宏印（2017：25）分析了其中的原因：由于实践理性的思维定式，中国传统译论关注的中心是文本转换，其理论核心是质译/直译、文译/意译的翻译方法，兼及翻译标准（直到严复系统提出“信达雅”三字诀作为翻译标准），“五失本”较之“三不易”更加靠近翻译的文本转换，因而翻译学家对道安提出的“三不易”中的翻译本体论问题要么不予重视，要么予以曲解，即只见其中的方法论问题并予以发挥，而对于读者、作者、译者的关系等属于翻译社会学方面的问题，则因为其不可直接探究或认为其大而无当而予以淡化或忽略。对于道安的“五失本”“三不易”的本体论诠释，王宏印（2017：25）的感叹是：由于难脱传统思维定式的窠臼，作为中国翻译理论史实际开端的道安提出的翻译本体论问题，就自然而然地被悄悄地搁置起来了。我们认为，“三不易”并非仅仅从译者与作者的关系、读者与作者的关系等方面阐述翻译活动的主体。第一点“不易”（删雅古适今时）指的是雅俗的差距，第二点“不易”（愚智天隔）指的是智力的差距，第三点“不易”（今离千年）指的是时间的差距。综合起来，这三点应该不仅仅指翻译的主体，还指翻译中文本外的形成翻译的影响因素，即探讨“翻译如何是”以及“翻译应该是什么”的问题。所以，我们的观点是，“五失本”探讨的是“翻译是什么”的问题，“三不易”探讨的是“翻译如何是”以及“翻译应该是什么”的问题，两者形成了对翻译本体论的三个最基本问题的探讨，因而应看作我国翻译本体论探索的开端。

我们看到，道安的“五失本”“三不易”对翻译本体论探讨的思路是逆向或反向的。这一逆向探索翻译本体的思维方式并没有得到延续，道安之后，无论是将“译”视为“传”“易”，抑或“释”“诱”，都是从正面论证“翻译是什么”的问题。至于“三不易”所探讨的影响翻译形成的外部因素，正如王宏印所言，“被悄悄地搁置起来了”，这一传统也未得到有效的延续。“翻译如何是”以及“翻译应该是什么”这两个本体论问题是我国翻译本体论未来需重点探索的问题，特别是从形而上的视角进行探索尤为重要。王宏印（2017：32）提出了这样四个问题：翻译为什么存在？翻译存在的根据是什么？翻译消亡的条件是什么？如果说翻译的本体论要研究翻译的存在，那么它要不要研究翻译的存在者，或通过翻译的存在者研究翻译的存在及其根据，抑或相反？这是我国译学中古今都思考较少的翻译本体论问题。

第二节 中国古代佛典传入之前的翻译："译"的统一

在我国，翻译至少已有三千多年的历史，历史悠久（马祖毅等，2006：1）。根据现有记载，早在夏代，最早被称为"狄历"的居住在"北海"（贝加尔湖）的丁零（丁灵）民族便"会于中国"，与我国黄河流域的先民有了来往（沈福伟，1985：14）。由于语言不通，必须要有翻译才能交流。但现存的有关夏商两代的史料中找不到关于翻译活动的记载（陈福康，1992：10）。

到了周代，有了关于翻译活动的明确记载。关于周代翻译活动的记载，至少有三处较为确切。一是《周礼》《礼记》中关于翻译的记载。《礼记·王制》记载：

> 中国戎夷，五方之民，皆有其性也，不可推移。东方曰夷，被发文身，有不火食者矣。南方曰蛮，雕题交趾，有不火食者矣。西方曰戎，被发衣皮，有不粒食者矣。北方曰狄，衣羽毛穴居，有不粒食者矣。中国、夷、蛮、戎、狄，皆有安居、和味、宜服、利用、备器。五方之民，言语不通，嗜欲不同。达其志，通其欲，东方曰寄，南方曰象，西方曰狄鞮，北方曰译。

对于寄、象、狄鞮与译，唐孔颖达在《礼记正义》中一一作了解释："其通传东方之语官，谓之曰寄者，言传寄外内言语。通传南方语官，谓之曰象者，言放象外内之言。其通传西方语官，谓之狄鞮者，鞮，知也，谓通传夷狄之语，与中国相知。其通传北方语官，谓之曰译者，译，陈也，谓陈说外内之言。"《礼记正义》还进一步指出：寄、象、狄鞮、译"皆俗间之名，依其事类耳"。"云'依其事类耳'者，中国通传之人，各依其当方事之比类而言说之，即寄者寄付东方之言，象者象似南方之言，是依其事类者也。"由此可见，周王朝当时需要翻译和产生翻译的原因是言语不通、嗜欲不同，即两方面：一是语言不通，二是不同民族间互不了解彼此的嗜好和欲望。翻译活动的目的是：达其志，通其欲。"志"，根据东汉许慎《说文解字》："志，意也。"也就是说，"志"就是"意"的意思。"达"在此应有两方面的含义：一是通晓事理，理解，明白（如王勃《滕王阁序》"所赖君子见机，达人知命"），二是将意思表达出来（如《论语·卫灵公》子曰"辞达而已矣"）。"通"的意思就是了解、懂得（如《后汉书·张衡传》"因入京师，观太学，遂通五经"）。

《周礼·秋官》中记录了周代的外事机构——象胥。象胥是我国最早的翻译官，对我国后世的翻译有着深远的影响。周王朝本有着关于语言翻译官的四种不同的称呼：象、寄、狄鞮和译，却把自己"通言语"的官叫作"象胥"，是何原因呢？汉代郑玄在《周礼注疏》（卷三四）中做出了解释："通夷狄之言者曰象。胥，其有才知者也。此类之本名，东方曰寄，南方曰象，西方曰狄鞮，北方曰译。今总名曰象者，周之德先致南方也。"也就是说，周王朝最早和南方诸族建立了联系，因此把周朝的翻译官按照南方的称法叫作"象胥"。根据《周礼·秋官》的记载："象胥，每翟，上士一人，中士二人，下士八人，徒二十人。"也就是说，周代象胥的体制为：每一少数民族设上士一人，中士二人为副手，还配有下士八人，徒二十人。由此可见，周王朝已经建立了较为完备的外交翻译机构，共三十一人，分上、中、下三个等级，还有学徒。根据《周礼·秋官》的记载，象胥的职责为："象胥，掌蛮夷闽貉戎狄之国使，掌传王之言，而谕说焉，以和亲之。若以时入宾，则协其礼，与其言辞传之。"也就是说，象胥的职责有两方面：一是把周王的话通过翻译传达给各藩国，从而达到与其和睦相处的目的；二是若藩国使者来访的话，象胥要负责协调礼节及言辞的翻译与传达。西周时期，由于大规模的封国建城，地域方言的发展获得了较为强固的基础，各个地区出现了各不相同的方言，给交流带来了极大的不便（李新魁，1987：16）。为了使交流得以顺利进行，周王朝开始推广在王室中心周围形成的共同语——雅言（"雅"即"正"的意思）。"雅言"就是周代国家的标准语言，实际上就是华夏族各国通用的普通话（谢思田，2014：51）。周初之时，便开始有"庠""序"（学校）等的建立，"言语"是学校中教育的内容之一（李新魁，1987：16）。"谕言语"就是对各国象胥的这种语言训练，否则不同民族之间无法沟通与交流。"协辞命"就是训教象胥的表达合乎其所讲语言的习惯与性征，在于训教象胥文饰语言、锤炼文辞、讲究文采，在于训教象胥的言辞用语文从字顺、条理分明、和谐流畅、优美婉转，等等（谢思田，2014：53）。因此，可以说，我国远在周朝时就已建立了一套较为完备的包含翻译机构、翻译队伍和翻译人才培养的翻译体系。

二是宋代的历史百科全书《册府元龟》中关于翻译的记载。在《册府元龟》的《外臣部·鞮译》中，记有周代的翻译史实：

周公居摄三年，越裳以三象胥重译而献白雉，曰："道路悠远，山川阻深，音使不通，故重译而朝。”

就现有文献来看，《周礼》和《礼记》中关于“译”的记载，主要是将“译”用作名词，视作翻译官。在此例中，特别是在越裳国来使的直接引语中将“译”用作了动词，表示翻译的行为。此外，还特别强调了周王朝当时的翻译方式是间接翻译——重译，也就是说周王朝当时与越裳国不能直接沟通交流，而是通过多轮接力翻译才得以完成。这是合乎历史逻辑的，当时的译员不太可能同时熟悉两国的语言，也反映出了当时翻译活动的间接性与艰巨性。

三是东周时期的孔子曾对翻译做出的议论，这是陈福康（1992：12—13）找到的记载。主要是两点，一是《大戴礼记·小辨》中：

公曰：“寡人欲学小辨以观于政，其可乎？”子曰：“否，不可。社稷之主爱日，日不可得学，不可以辨，是故昔者先王学齐大道，以观于政。天子学乐辨风，制礼以行政；诸侯学礼辨官政，以行事，以尊事天子；大夫学德别义，矜行以事君；士学顺辨言以遂志；庶人听长辨禁，农以行力。如此犹恐不济，奈何其小辨乎？”

公曰：“不辨则何以为政？”子曰：“辨而不小。夫小辨破言，小言破义，小义破道，道小不通，通道必简。是故循弦以观于乐，足以辨风矣；尔雅以观于古，足以辨言矣。传言以象，反舌皆至，可谓简矣。夫道不简则不行，不行则不乐。夫亦固十棋之变，由不可既也，而况天下之言乎？”曰：“微子之言，吾壹乐辨言。”子曰：“辨言之乐，不若治政之乐；辨言之乐不下席；治政之乐皇于四海。夫政善则民说，民说则归之如流水，亲之如父母；诸侯初入而后臣之，安用辨言？”

孔子认为鲁哀公贵为天子，不必躬身学习“小辨”这样的小道，“传言以象，反舌皆至，可谓简矣”。陈福康（1992：13）认为，孔子关于翻译的这句话，一方面说明翻译能够迅速消除使用不同语言的人们之间的隔阂，另一方面也反映了他视翻译为“小辨”的轻视态度。

二是“孔子曰：名从主人，物从中国”，这句话保存在《春秋穀梁传》中，提出了译名时的翻译原则“名从主人”。至今，这一原则仍为我们使用。

通过以上三点关于周王朝翻译的记载，我们可以对周朝的翻译得出以下六点认识：1. 翻译已成为周王朝当时官方外交活动的重要内容，且在周边四方都有与外族的翻译活动。2. 周王朝首次官方统一了翻译职员的称呼——象，这也是有记载的我国对于译员的第一个官方职业称呼，且在国家治理体制层面设置了我国第一个较为完备的官方翻译机构——象胥。因此，根据目前发现的文献记载，周朝可视作有记载的我国翻译的正式发轫，特别是正式外交翻译的开端。周朝的翻译应视作我国古代翻译传统的开端，对我国的翻译传统具有奠基性作用。3. 在当时的周王朝，翻译指的不仅仅是语言的转换，其内涵十分丰富。翻译的目的，在民间是“达其志，通其欲”，在官方是“掌传王之言而谕说焉，以和亲之。若以时入宾，则协其礼与其言辞传之”。换言之，在周王朝，翻译是传言谕说，了解外族，以能和睦相处。在官方，翻译职员的统称是“象”，“译”是北方翻译官的称号。当指示翻译行为这个动作时，可用“译”或“传”。4. 周朝当时的翻译主要是民族翻译。据《吕氏春秋》记载，四夷是古时华夏族（古代居住于中原地区居民的自称）对四方少数民族的统称，分别指东夷、西戎、南蛮、北狄。周代时的“东方”多在今山东省境内，有莱夷、任、宿、须句、颛臾、邾、莒、小邾、杞、介、郯、根牟，统称为东夷；“南方”指长江汉水流域的蛮族所居之地，有群蛮、百濮、卢戎等，统称为南蛮；“西方”在今山西、陕西、甘肃一带，有大戎、小戎、骊戎、犬戎、姜戎、茅戎、扬拒、泉皋、伊雒等，统称为西戎；“北方”在今河北省境内，有北戎、甲氏、鲜虞、肥、鼓、无终等，统称为北狄（马祖毅等，2006：4）。根据《礼记·王制》的记载，周朝的翻译主要是华夏族与夷、蛮、戎、狄族间的沟通与交流，因而在此意义上说周朝的翻译活动主要是民族翻译活动。5. 周朝的翻译是一种不平等的翻译。当时，相对来说，华夏族的文明程度较高，周边四方民族的文明程度较低，他们与华夏族的交流主要通过朝贡。这从对周边民族的称呼、孔子视翻译为“小辨”的轻视态度、重译的现象以及象胥的“传王言”中不难看出。6. 周朝时，周边四方民族多尚无文字，因此翻译的方式多以口译为主。当时，越裳国来使通过三象重译与周公姬旦的对话是中国翻译史上最早的口译情况记录（马祖毅等，2006：2）。

公元前221年，秦灭六国后，建立了空前的、统一的中央集权的封建王朝——秦。此后，秦朝进一步巩固了边疆，统一了东方和南方，建立了多民族的国家。在东方和南方，秦灭楚后，将今天浙江、福建、江西、广东、广西一带的少数民族——越人归入了秦王朝的版图。在西南，即今天云南境内，散落着氐、羌、百濮等少数民族，秦王朝通过“五尺道”的修建也将这些民族归于秦王朝的统治之下。只是在西部和北部的边疆，秦王朝还饱受胡人和匈奴的侵扰。公元前221年，秦始皇下令对各国原来使用的文字进行整理，规定以秦小篆为统一书体，罢“不与秦文合者”（林剑鸣，1981：379）。秦代统一文字，使小篆和隶书成为全国通行的字体，对我国文化、政治的发展有着深远的影响，各地方言虽不一致，但文字却始终是统一的（林剑鸣，1981：380）。我们认为，秦朝的统一特别是文字的统一，在一定程度上减少了各民族之间的翻译需求，这可能也是文献中有关秦朝翻译的记载较少的原因之一（当然，还有其他的原因，如秦朝的焚书坑儒对历史文献的破坏）。但同时，文字的统一恰恰为下一步与外族进行书面翻译做了预先的铺垫。秦朝时，改周制，设“典客”，处理有关归顺的蛮夷之国的事务；又另设“典属国”，处理统辖的投降的蛮夷之国的事务（马祖毅等，2006：5）。

西汉时，沿用了秦朝的体制，初设典客。“典客，秦官，掌诸归义蛮夷，有丞。景帝中元六年（前144）更名大行令，武帝太初元年（前104）更名大鸿胪。属官有行人、译官、别火三令丞及郡邸长丞。”（《汉书·百官·公卿表七上》）“典属国，秦官，掌蛮夷降者……属官，九译令。”（《汉书·百官·公卿表七上》）至成帝河平元年（前28），又省去典属国，并入大鸿胪。大鸿胪主要负责接待来使、转递文书、礼宾来使、主持封拜、礼送使者及服务来宾生活等，而其属下的译官令及其副手译官丞则主要负责其中的翻译事宜（黎虎，1998：62）。汉朝初年，匈奴依然强盛，不仅控制了西域地区，还频繁侵扰汉王朝。为了对付匈奴，汉朝想到了联络远在西域、与匈奴有仇的月氏及乌孙来夹击匈奴，“以断匈奴右臂”，于是在武帝建元三年（前138）、元狩四年（前119）两次派遣张骞出使西域，虽未能达到出使目的，但西汉的势力和影响已经逐渐渗透到西域各国，张骞回国后，其派往西域及中亚一带的副使与当地政权的使臣，开始陆续来到长安，“于是西北诸国始通于汉矣”（俄琼卓玛，2006：16）。随着与西域诸国交往越来越密切，汉王朝开始在西域诸国设立译长。译长设置的时间大致在宣帝时期（前73—前49）（俄琼卓玛，2006：16）。根据《汉书·西域传》的记载，在西域诸国中设有译长的有24国，设译长人数最多的三国是龟兹、焉耆、莎车，分别为3或4人，他们均是佩汉印绶的官员，主要从事一些接待及出使方面的翻译工作，其中最重要也是最频繁的便是在有使者来访时，充当媒介起到传情达意的作用（俄琼卓玛，2006：17）。由以上可以看出，西汉时期，我国首次与使用不同语系语言（即印欧语系，如大月氏、大夏、康居、奄蔡、安息等中亚诸国讲的塞克语或东伊朗方言，姑墨、龟兹、焉耆、高昌等国讲的龟兹语，婼羌、西夜、子合、蒲犁、依耐等国讲的羌语）的西域诸国开始了大规模的汉语和外语（印欧语系）间的翻译活动。汉朝还出现了史上第一位有明确记载的翻译官——陪同张骞出访西域的胡人堂邑父。《史记·大宛列传》中的记载如下：

> 大宛之迹，见自张骞。张骞，汉中人，建元中为郎。是时天子问匈奴降者，皆言匈奴破月氏王，以其头为饮器，月氏遁逃，而常怨仇匈奴，无与共击之。汉方欲事灭胡，闻此言，因欲通使。道必更匈奴中，乃募能使者。骞以郎应募，使月氏，与堂邑氏胡奴甘父俱出陇西。经匈奴，匈奴得之，传诣单于。单于留之，曰："月氏在吾北，汉何以得往使？吾欲使越，汉肯听我乎？"留骞十余岁，与妻，有子，然骞持汉节不失。

> 留岁余，还，并南山，欲从羌中归，复为匈奴所得。留岁余，单于死，左谷蠡王攻其太子自立，国内乱，骞与胡妻及堂邑父俱亡归汉。汉拜骞为太中大夫，堂邑父为奉使君。

> 骞为人强力，宽大信人，蛮夷爱之。堂邑父故胡人，善射，穷急射禽兽给食。初，骞行时百余人，去十三岁，唯二人得还。

因此，西汉时期，我国的翻译活动仍以官方开展的外交翻译活动为主，特别是以与西域诸国的外交翻译活动为主，但翻译活动的范围和内涵进一步拓展，从先前的以民族翻译为主逐渐转向以外语翻译为主。这也为下一步东汉时期我国佛典翻译活动的开展做好了思想上和实践上的准备。

当然，在佛典翻译之前，除了主流的外交翻译之外，我国古代也有“纯粹翻译的作品”（王文颜，1985：22），但少之又少。根据台湾学者王文颜（1985：22）的考察，这样的翻译在我国古书中现仅存两则，一是西汉刘向《说苑·善说》中的《越人歌》，一是《后汉书·南蛮西南夷列传》中的白狼王、唐菆等慕化归义诗三首，即《白狼歌》。

《越人歌》是春秋时代一位越族船夫对楚国王子所唱的歌。其故事为：有一次鄂君子晳乘船在水上旅行，船夫是越人。这位船夫用越语唱出了一首歌曲，鄂君子晳不懂歌曲的意思，于是召来译人将歌曲译成楚语，鄂君子晳闻后深受感动。《越人歌》最早收录于《说苑》卷十一《善说》第十三则“襄成君始封之日”篇。这首歌曲的越语原文和楚语译文如下。

越语原文：

滥兮抃草滥予昌枑泽予昌州州𩜱州焉乎秦胥胥缦予乎昭澶秦逾渗惿随河湖

楚语译文：

今夕何夕兮搴洲中流，今日何日兮得与王子同舟。

蒙羞被好兮不訾诟耻，心几烦而不绝兮得知王子。

山有木兮木有枝，心悦君兮君不知。

越人在我国古代生活在长江以南沿海地区，俗称为百越，其语言一般被认为与今壮侗语族有渊源关系。由原文和译文的对比可以看出，刘向书中对歌词的古越语记音用了32个汉字，楚译人把它译成了楚辞的形式用了54个字，多了22个字，可见两者不是一种语言，所以不能字字对译。根据越语原文，周流溪（1993）将这首《越人歌》翻译如下：

今晚在河里掌船，是什么好日子？
和哪一位同船，和王子你们。
承蒙大人美意赏识见爱，我无比羞愧。
我多么希望认识王子（今天终于认识了）。
山上（有）树丛，竹木（有）枝梢。
您知道吗？我心里对您非常敬慕眷恋。

根据越语原文，郑张尚芳（2007）把汉字依古音以侗台语里文字形式较古的泰文为主进行译解，分原文为五句，将这首《越人歌》翻译如下：

滥兮抃草滥：
夜晚哎、欢乐相会的夜晚。
予昌枑泽、予昌州：
我好害羞、我善摇船。
州𩜱州焉乎、秦胥胥：
摇船渡越、摇船悠悠啊，高兴喜欢！
缦予乎、昭澶秦逾：

鄙陋的我啊、王子殿下竟高兴结识。

渗惿随河湖：

隐藏心里在不断思恋哪！

王文颜（1985：23）认为，此《越人歌》楚语译文之优美程度，不在风骚之下，可以说是翻译的精品，若不是有译品流传下来，后人根本无法领略《越人歌》的内容。

《白狼歌》是《后汉书》中记载的一段属于古代藏缅语族的一种语言（约分布在今四川省境内）的汉字记音（马学良、戴庆厦，1982：16）。故事发生在东汉时期，后汉明帝永平（58—75）中，益州刺史梁国朱辅大力宣传汉朝政策，对附近的少数民族影响很大，白狼等部落纷纷"举种奉贡，称为臣仆"，"白狼王、唐菆等慕化归义，作诗三章"，诗中表达了他们心向汉朝的决心（马学良、戴庆厦，1982）。《后汉书·南蛮西南夷列传》中的记载如下：

永平中，益州刺史梁国朱辅好立功名，慷慨有大略，在州数岁，宣示汉德，怀远夷。自汶山以西，前世所不至，正朔未加。白狼、槃木、唐菆等百余国，户百三十余万，口六百万以上，举种奉贡，称为臣仆。辅上疏曰："……今白狼王唐菆等慕化归义，作诗三章。路经邛崃大山零高坂，峭危峻险，百倍岐道，强身老幼，若归慈母。远夷之语，辞意难正，草木异种，写兽殊类。有犍为郡椽田恭与之习押，颇晓其言，臣辄令讯其风俗，译其辞语。今遣从事史李陵与恭护送诣阙，并上其乐诗。……"帝嘉之，事下史官，录其歌焉。

由此可见，这首歌是由一个叫田恭的官员“译其辞语”，原文和译文如下：

一、远夷乐德歌诗

夷言原文：

堤官隗构。魏冒逾糟。

罔驿刘脾。旁莫支留。

徵衣随旅。知唐桑艾。

邪毗缯布。推潭仆远。

拓拒苏便。局后仍离。

偻让龙洞。莫支度由。

阳雒僧鳞。莫稚角存。

汉语译文：

大汉是治。与天合意。

吏译平端。不从我来。

闻风向化。所见奇异。

多赐缯布。甘美酒食。

昌乐肉飞。屈申悉备。

蛮夷贫薄。无所报嗣。

愿主长寿。子孙昌炽。

二、远夷慕德歌诗

夷言原文：

偻让皮尼。且交陵悟。

绳动随旅。路旦拣雒。
圣德渡诺。魏菌度洗。
综邪流藩。莋邪寻螺。
藐浔沪漓。菌补邪推。
辟危归险。莫受万柳。
术叠附德。仍路孳摸。

汉语译文：
蛮夷所处。日入之部。
慕义向化。归日出主。
圣德深恩。与人富厚。
冬多霜雪。夏多和雨。
寒温时适，部人多有。
涉危历险。不远万里。
去俗归德。心归慈母。

三、远夷怀德歌诗
夷言原文：
荒服之仪。犁籍怜怜。
阻苏邪犁。莫砀粗沐。
罔译传微。是汉夜拒。
踪优路仁。雷折险龙。
伦狼藏幢。扶路侧禄。
息落服淫。理历髭雒。
捕茝菌毗。怀藁匹漏。

传室呼敕。陵阳臣仆。

汉语译文：
荒服之外。土地墝埆。
食肉衣皮。不见盐谷。
吏译传风。大汉安乐。
携负归仁。触冒险陕。
高山岐峻。缘崖磻石。
木薄发家。百宿到洛。
父子同赐。怀抱匹帛。
传告种人。长愿臣仆。

王文颜（1985：25）认为，此《白狼歌》三首译文的词义十分典雅，说它是雅颂的流别，一点都不过分。《越人歌》和《白狼歌》这种“纯粹的翻译作品”传世不多，记载这方面的史料也寥寥无几，说明这种翻译只是零星、片断的历史事实，并未引起重大影响和广泛注意，因此我们可以说：佛典汉译之前，我国已存在各种不同形式的翻译，但对佛典汉译并无直接的影响（王文颜，1985：26）。换言之，在佛典翻译之前，我国古代的文化翻译（“纯粹的翻译”）是“仅发头角”，尚未大规模地系统开展。

至于为何东方的“寄”、南方的“象”、西方的“狄鞮”及北方的“译”名称上最后都统一为了“译”，赞宁在《宋高僧传》中指出：“是故周礼有象胥氏通六蛮语，狄鞮主七戎，寄司九夷，译知八狄。今四方之官，唯译官显著者何也？疑汉已来多事北方，故译名烂熟矣。”但孔慧怡（2005）对赞宁的这一说法进行了质疑。通过对各种古籍的考察，孔慧怡（2005：20）指出，“译”字在西汉时的应用范围绝不限于“北方”，因此说“汉已来多事北方”，所以“译”字才流通起来，实在缺乏实际资料作为理据。孔慧怡（2005：20）认为，“译”字立源于政府外交活动的可能性更高，原因是：早期古籍中的“译”字，全都与政府翻译工作有直接关系，同时古代除了政府活动外，鲜有别的记载，也正因如此，词汇的确立受政府活动影响甚大。换言之，孔慧怡（2005）认为，“译”名的统一可能早于西汉。综上，至少可以做出的判断是，在东汉佛教传入我国之前，“译”名已经统一。

第三节　翻译概念外延的拓展：从“译”转向“出”

一、佛教传入我国的年代：两汉之际

佛教最初传入我国的具体年代，现在已很难确定。关于这个问题，目前主要有三种说法：1. 西汉哀帝元寿元年（前2），大月氏使者伊存口授博士弟子景庐佛典，学术界一般认为这是佛教传入汉地之始。梁启超（1984：52）就持有这种看法，认为汉哀帝元寿元年博士弟子秦景宪得大月氏王使伊存口授《浮屠经》，中国人知有佛典自此始。汤用彤（2011：29）指出，“最初佛教传入中国之记载，其无可疑者，即为大月氏王使者伊存授《浮屠经》事”。任继愈等（1981：78）也支持此说法，指出此说源于《三国志》裴松注所引鱼豢的《魏略·西戎传》：

> 昔汉哀帝元寿元年，博士弟子景庐受大月氏王使伊存口授《浮屠经》。曰复立者，其人也。《浮屠》所载临蒲塞、桑门、伯闻、

疏问、白疏闻、比丘、晨门，皆弟子号。

大月氏于公元前130年左右迁入大夏地区，其时大夏已信奉佛教。至公元前1世纪末，大月氏受大夏佛教文化影响，接受了佛教信仰，并将其辗转传进中国内地，是完全可能的（杜继文等，1991：96）。但吕澂（1979：19）提出了两个疑点：一是据现代研究西域历史的学者所言，贵霜王朝前二代是不信佛教的，而大月氏又在贵霜王朝之前，当时是否已有佛教流传，还值得研究；二是授经者的身份是国家大使，只有佛教已为当时统治阶级所崇信才有可能，这就更需要研究了。

2. 佛教界普遍把汉明帝夜梦金人、遣使求法，作为佛教传入中国的开始。杜继文等（1991：96）指出，此说最早见于“四十二章经序”和《牟子理惑论》。《出三藏记集》卷第六“四十二章经序第一”中的记载如下：

昔汉孝明皇帝夜梦见神人，身体有金色，项有日光，飞在殿前。意中欣然甚悦之。明日问群臣，此为何神也？有通人傅毅曰：“臣闻天竺有得道者，号曰佛。轻举能飞，殆将其神也。”于是上悟，即遣使者张骞、羽林中郎将秦景、博士弟子王遵等十二人，至大月支国写取佛经《四十二章》，在第十四石函中，登起立塔寺。于是道法流布，处处修立佛寺、远人伏化，愿为臣妾者不可称数。国内清宁，含识之类，蒙恩受赖，于今不绝也。

《牟子理惑论》中的记载如下：

昔汉明皇帝，梦见神人，身有日光，飞在殿前，欣然悦之。明日，博问群臣，“此为何神”？有通人傅毅曰：臣闻天竺有得道者，号之曰“佛”，飞行虚空，身有日光，殆将其神也。于是上悟，遣使者张骞、羽林郎中秦景、博士弟子王遵等十三人，于大月支写佛经《四十二章》，藏在兰台石室第十四间。时于洛阳城西雍门外起立佛寺，于其壁画，千乘万骑，绕塔三匝。又于南宫清凉台及开阳城门上作佛像。明帝存时，预修造寿陵，陵日显节，亦于其上作佛图像。时国丰民宁，远夷慕义，学者由此而兹。

但是，这类记载不仅神话成分居多，内容也相互矛盾。事实上，《后汉书·楚王英传》记，永平八年（65），佛教在皇家贵族阶层已有相当的知名度，不必由汉明帝始感梦求法（任继愈等，1985）。胡适（1984：69）也认为，汉明帝求法本是无根据的神话。

3. 汉武帝时传入说。《魏书·释老志》记，汉武帝元狩年间，霍去病讨匈奴，获休屠王金人，“帝以为大神，列于甘泉宫。金人率长丈余，不祭祀，但烧香礼拜而已。此则佛道流通之渐也”。任继愈等（1985）指出，此说原出南朝宋王俭托名班固撰之《汉武帝故事》，国内学者一般持否定态度，但海外有些学者认为可信。

任继愈等（1981：45）认为，从现有史料分析，佛教在西汉末年已经西域传入中国内地，到东汉后逐渐在社会上流行，如果不断定具体年月而笼统地说，佛教当在两汉之际即公元前后传入汉地。这是内地与西域长期交通往来和文化交流的结果。

二、佛教传入我国的历史背景

任何一种外来的文化或宗教进入本民族的文化或宗教中都需要一定的历史条件。我们认为，无非要具备三方面的历史条件：一是本民族对现有的文化或宗教感到不满，有创新的需要；二是外来的文化或宗教有满足这种需要的能力；三是有联通两种不同的文化或宗教能力的交流使者。

西汉末年，我国的社会矛盾日益尖锐激化。对此，任继愈等（1981）进行了详细的探讨，主要矛盾如下：一是土地兼并问题严重，贫富差距拉大，百姓流离失所的现象处处皆是；二是战乱不断，经过两次党锢之祸（166—176）和震撼全国的黄巾起义，以及接踵而来的董卓之乱，社会上可谓战火连连，人们在死亡的边缘和痛苦中挣扎；三是政治腐败，外戚、宦官交替专权，对人民巧取豪夺、横征暴敛，给人民增加了沉重的负担；四是人祸横流，更伴之以天灾迭起，如建安二年（197），发生蝗灾，汉水泛滥；五是独尊儒术的主流思想受到了严重的冲击，汉桓帝在宫中立黄老浮屠之祠，就是对儒术失去信心的表现，两汉正统的文化思想已经丧失了权威地位，社会上酝酿和流行着各种不同的思想和信仰，其中不少可以与佛教产生共鸣；六是当时的社会上，精灵鬼神、巫祝妖妄、占卜术、占星术等迷信活动盛行乃至空前泛滥，为佛教在下层民众中的流传提供了条件。可以说，在这样一个多灾多难的战乱时代，佛教关于人生无常、充满痛苦的说教和因果报应的宿命理论，既适应了民众的悲观情绪，也满足了统治者的需求。东汉末年的文化和社会已走到了亟须变化的边缘。这是佛教进入我国的第一个历史条件。

两汉之际，佛教对我国社会来说，在一定程度上能够满足这种变化的需要，具备了这种“神异”的功能。当时，我国对佛教尚不了解，常以神喻之。早期的佛教含有神秘的因素，人们认为通过修禅能够获得五种“神通”，见人所不能见，闻人所不能闻，推演过去，预知未来，这也就是我国早期佛教中的“神异”现象（王公伟，2000；邵有学，

2018）。“神异”是指在一定的历史条件下，那些不能用自然常规做出解释的特殊且反常的事件，甚至可以说只要是当时当地多数人不能理解的东西都可以称作神异。佛教徒在修行禅定时，会产生种种奇特的现象，佛教称为神通（邵有学，2018：115）。王公伟（2000）认为，佛教当时以神异为切入点传入中国，是因为具备了两个条件：一是佛教本身含有神异成分，二是当时的中国具有接受神异现象的社会氛围。任继愈等（1981：92）指出，东汉初年，人们把佛教这种外来宗教看作中国流行的各种神仙方术的一种，把佛陀依附于黄老进行祭祀，以祈求福祥。这是佛教进入我国的第二个历史条件。

我国最早的佛教论著《牟子理惑论》云：

> 佛之言觉也，恍惚变化；分身散体，或存或亡；能小能大，能圆能方，能老能少，能隐能彰；蹈火不烧，履刃不伤；在污不辱，在祸无殃；欲行则飞，坐则扬光。故号为佛也。

最初佛教传入中国时，佛教高僧肯定不是先宣传佛法和教义，而是向人们展示“眼见为实”的神异现象，用种种神异的现象阐释佛教来吸引芸芸众生，进而度化众生了解佛教甚至使有些有缘人皈依佛门（邵有学，2018：115）。《后汉书·西域传》中有将“佛”比作“神”的清晰的记载：

> 世传明帝梦见金人，长大，顶有光明，以问群臣。或曰：“西方有神，名曰佛，其形长丈六尺而黄金色。”帝于是遣使天竺，问佛道法，遂于中国图画形象焉。楚王英始信其术，中国因此颇有奉其道者。后桓帝好神，数祀浮图、老子，百姓稍有奉者，后遂转盛。

袁宏的《后汉纪》卷十“孝明皇帝纪”也有这方面的清晰记载：

浮屠者，佛也，西域天竺有佛道焉。佛者，汉言觉，将悟群生也。其教以修善慈心为主，不杀生，专务清净。其精者号为沙门。沙门者，汉言息心，盖息意去欲而归于无为也。又以为人死精神不灭，随复受形，生时所行，善恶皆有报应。故所贵行善修道，以炼精神而不已，以至无为而得为佛也。佛身长一丈六尺，黄金色，项中佩日月光，变化无方，无所不入，故能化通万物而大济群生。

初，帝梦见金人长大，项有日月光，以问群臣。或曰：“西方有神，其名曰佛，其形长大，[陛下所梦，得无是乎?”于是遣使天竺] 而问其道术，遂于中国而图其形象焉。有经数十万，以虚无为宗，苞罗精粗，无所不统，善为宏阔胜大之言，所求在一体之内，而所明在视听之外，世俗之人，以为虚诞，然归于玄微深远，难得而测，故王公大人观死生报应之际，莫不矍然自失。

《三国志·魏书》卷三十“乌丸鲜卑东夷传”中对“浮屠”的记载如下：

临兒国，《浮屠经》云其国王生浮屠。浮屠，太子也。父曰屑头邪，母曰莫邪。浮屠身服色黄，发青如青丝，乳青毛，蛉赤如铜。始莫邪梦白象而孕，及生，从母左胁出，生而有结，堕地能行七步。此国在天竺城中。天竺又有神人，名沙律。昔汉哀帝元寿元年，博士弟子景庐受大月氏王使伊存口受《浮屠经》曰复立者，其人也。《浮屠》所载临蒲塞、桑门、伯闻、疏问、白疏闻、比丘、晨门，皆弟子号也。《浮屠》所载与中国老子经相出入，盖以为老

> 子西出关，过西域之天竺、教胡。浮屠属弟子别号，合有二十九，不能详载，故略之如此。

由此可见，在两汉时期，佛教虽已传入我国，但对其认识还处于初级阶段，主要认识体现在三个方面：其一，佛是神，“西方有神，其名曰佛”；其二，佛教类似道教，“有经数十万，以虚无为宗”；其三，佛教以修善慈心为主。这也比较契合当时的社会心态和社会思潮。在翻译方面，当时已有音译和意译两种翻译方法。例如：“浮屠（佛）”是音译，“觉”是意译；“桑门（沙门）”是音译，“息心”是意译。

任继愈等（1981：90）指出，在西汉末年和东汉初年，西域与中国内地，以及西域人与汉人之间的交往基本上一直进行着，正是在这种交往中，印度的佛教通过西域传到中国内地。这也说明当时有联通中国和西域文化的交流使者。这是佛教进入我国的第三个历史条件。《后汉书》卷八十八“西域传第七十八”记载了我国当时对印度的认知：

> 天竺国，一名身毒，在月氏之东南数千里。俗与月氏同，而卑湿暑热。其国临大水，乘象而战。其人弱于月氏，修浮图道，不杀伐，遂以成俗。从月氏、高附国以西，南至西海，东至磐起国，皆身毒之地。身毒有别城数百，城置长。别国数十，国置王。虽各小异，而俱以身毒为名，其时皆属月氏。月氏杀其王而置将，令统其人。土出象、犀、玳瑁、金、银、铜、铁、铅、锡，西与大秦通，有大秦珍物。又有细布、诸香、好毾㲪、石蜜、胡椒、姜、黑盐。

佛教虽在两汉之际已传入中国内地，但发展极为缓慢，从现存可靠资料来看，在东汉末之前，除传说西汉哀帝时大月氏使者口授的《浮屠经》和东汉明帝时译者不明的《四十二章经》外，没有其他佛典传译，而到东汉末年桓、灵二帝时，安世高、支谶等外来僧纷纷到洛阳，译出大量佛典（任继愈等，1981：117）。也就是说，从东汉末年起，佛教在我国开始广泛流传。

三、最早的译经与最早的译家

佛教圣典包括经、律、论三部分，构成所谓“三藏”，这些在我国概称佛典。按佛教教义：“经”（sūtra）乃佛陀金口所说，实际现存数量庞大的经藏乃是佛陀寂灭后历代信徒逐步集结起来的；“律”（vinaya）名义上是佛陀针对他领导的僧团和僧人的具体组织、活动、行为随宜制定的规范，而现存戒律则是不同部派的佛教所传出的；“论”（abhidharma）是后世信徒对经、律所做的解释和发挥（孙昌武，2010：229）。佛典翻译则是佛教传播的首要和主要手段。

根据我国最早的僧人传记——梁释慧皎所撰《高僧传》，我国第一位佛教僧人应为来自印度的僧人摄摩腾——“汉地有沙门之始也”。《高僧传》“汉洛阳白马寺摄摩腾传”中的记载如下：

> 摄摩腾，本中天竺人。善风仪，解大小乘经，常游化为任。昔经往天竺附庸小国，讲《金光明经》。……汉永平中，明皇帝夜梦金人飞空而至，乃大集群臣以占所梦。通人傅毅奉答：“臣闻西域有神，其名曰‘佛’，陛下所梦将必是乎。”帝以为然，即遣郎中蔡愔、博士弟子秦景等，使往天竺，寻访佛法。愔等于彼遇见摩腾，乃要还汉地。腾誓志弘通，不惮疲苦，冒涉流沙，至乎雒邑。明帝甚加赏接，于城西门外立精舍以处之，汉地有沙门之始也。但大法初传，未有归信。故蕴其深解，无所宣述，后少时卒于雒阳。

有记云：腾译《四十二章经》一卷，初缄在兰台石室第十四间中。

根据《高僧传》，我国第一部汉译佛典应为《四十二章经》——“汉地见存诸经，唯此为始也”。《高僧传》“汉洛阳白马寺竺法兰传”记载如下：

竺法兰，亦中天竺人，自言诵经论数万章，为天竺学者之师。时蔡愔既至彼国，兰与摩腾共契游化，遂相随而来。会彼学徒留碍，兰乃间行而至。既达雒阳，与腾同止。少时便善汉言。愔于西域获经，即为翻译所谓《十地断结》《佛本生》《法海藏》《佛本行》《四十二章》等五部。移都寇乱，四部失本，不传江左。唯《四十二章经》今见在，可二千余言。汉地见存诸经，唯此为始也。

但目前关于摄摩腾、竺法兰和《四十二章经》还有诸多的争议。彭建华（2015：50）认为，迦叶摩腾和竺法兰翻译了《四十二章经》，虽然还未形成佛典翻译的“译场”，但包含了四个显著的特点：1.《四十二章经》在洛阳城外精舍译出，受到了官方的赞助和支持。2.《四十二章经》依据胡本或梵本翻译。3.《四十二章经》为迦叶摩腾和竺法兰共同翻译，汉译主要是竺法兰完成的，但是迦叶摩腾是该经的宣读者、阐述者和讲解者，迦叶摩腾显然通晓大乘佛教经典，《高僧传》中说他讲解过《光明经》。4. 佛典多有经抄，《四十二章经》与《法句经》有2/3的内容相同，或许是大月支高僧或者迦叶摩腾本人纂集而成。吕澂（1979：21）认为，《四十二章经》不是最初传来的经，更不是直接的译本，而是一种经抄，就内容看，是抄自《法句经》，对出来相同的有二十八章，占全经的2/3。因此，吕澂（1979：27）主张：不能凭借

《四十二章经》来考察佛学最初传入我国的情况，佛学初传只能从翻译家和他们的译籍中寻找线索，最初的翻译没有记载，传到后来才有经录家的著录——经录，目前看来，经录以道安所编的《综理众经目录》为较早而可信，以早期译籍的传习事实为旁证，同目录相对照，中国最早的译家有两人：一是安世高，一是支娄迦谶。王铁钧（2006：10—11）认为，称摄摩腾与竺法兰为西域沙门东土弘教传法先行者未尝不可，然称二人为发中土译经之先声者则证有不足。发中国佛典翻译之先端，最确可据信者，乃是汉末桓、灵间，西域沙门安世高与支娄迦谶，他们相继来至关中，以译经为传法之径，且译经与讲经并举，各译佛典数十部，共一二百卷。曹仕邦（1991：3）认为，我国佛典之翻译，肇自后汉安清、支谶。许理和（1998：46）认为，安世高无疑是中国佛教史的第一人，或许正是他开启了系统的佛典翻译，并组织了第一个译场，他的翻译虽然质朴，却标志着一种文学活动形式的开始。

梁启超（1984）、镰田茂雄（1986）认为《四十二章经》是一部伪经。梁启超（1984：52）认为，“故论译业者，当以后汉桓、灵时代托始”，称安世高和支谶二人为“译业开山之祖”。胡适认为《四十二章经》是一部编纂之书，不是翻译的书，故最古的经录不收此书，汉明帝求法本是无根据的神话（胡适，1984：69）。佛教传入中国当在东汉以前，明帝永平八年（65）答楚王英诏里用了“浮屠”“伊蒲塞”“桑门”三个梵文词，可见当时佛教已有很多人知道了。任继愈等（1981：100）认为，摄摩腾的名字刘宋以前不见记载，到底有无此人、《四十二章经》是不是他译的现虽难以考证，但说他是汉明帝时人，是没有充分根据的；至于竺法兰，则可以明显看出是伪造的。孔慧怡（2000：34）也对《高僧传》中最早于1世纪来中国的摄摩腾和竺法兰表示怀疑，“是否有其人，论者仍有保留”。

通过详细的考证，参话（1978：5）则明确地认为，佛教翻译事业开始于东汉明帝时代，最初的译人是迦叶摩腾，最初的译籍是《四十二章经》。对此，参话给出了详细的论证。由于该问题涉及佛典翻译最初的译人和最初的译籍这两个重要问题，同时参话的这篇文章又发表在张曼涛主编的《佛典翻译史论》中，该著作由台湾大乘文化出版社出版，在大陆不易看到，因此我们把参话（1978：3—5）对此问题的论证过程完整引用如下：

近代佛教史家，因为关于汉明帝求法的年代，以及他所派遣的使者，使者所到达的地方和使者的作为，有种种异说，以至于怀疑到明帝是不是有求法这件事，腾、兰是不是实在有这两个人。然而这个史实散见于群书，而且在东晋初年已经见于后赵著作——王度的奏章，可见流传已久，并非毫无故实。至于史实的互有出入，或者因为佛教刚传入中国，传闻异辞；怎么可以骤然武断为全属虚构呢？其次，关于《四十二章经》，《出三藏记集》（梁僧祐撰）说："古经现在，莫先于四十二章。"然而近代佛教史家，也因为它的文体，类似魏晋以后；它的体裁类似道德经和孝经，于是又武断为后世的伪作，而不是从梵本译出；因此佛教翻译事业开始在汉明帝时代一说，发生动摇。但是这种断案，是对于佛典翻译史没有仔细研究的错误，我们知道三国时代，东吴有一位翻译大家，叫做支谦，他不但翻译了许多梵本经典，并且喜欢把前人的译本拿来删正润色，像三宝纪说，他"正前翻多译语者"，又古今译经图纪（唐靖迈撰）说他"正旧译新"。三宝纪在支谦条说，著录《四十二章经》。同时又说"第二出，与摩腾本小异"。但是《出三藏记集》的成书，远在三宝纪以前，在支谦条下，却没有著录《四十二章经》的话，也没有在支谦传里说起，可见所谓第二出的《四十二章经》，也就是支谦把摩腾的译本拿来删正润色的，所以只和摩腾相异，而三宝纪却误认做重译本了。由此可以反证《四十二章经》，确实有摩腾译本，不过在支谦的删正本行世以后，因为“辞质多胡音”，不及支谦本的“文义允正，辞句可观”，于是湮没不彰了。但是删正本既然只和原译本小异，那就一定保存了许多原译本的面目，像东汉襄楷上桓帝的奏章，当中说到“浮屠不三宿桑下，不欲久生恩爱”，又“天神遗以好女，浮屠曰：此但革囊盛血，遂不盼之”等等，和现存丽本《四十二章经》第三章和第二十五章所说，大略相同；可以推知是采用《四十二章经》的辞意的，那就说明了这本经的原译本，在桓帝的时代是确实存在的；而在桓帝以前，已经传入，可以断言。然而明帝以后，中国和西域间佛教上的交通，差不多断绝八十年，那么这本经的传入，就不能不把它归到明帝时代了。根据上面的种种理由，我们可以说，佛教翻译事业，是开始在东汉明帝时代，最初的译人，是迦叶摩腾，最初的译籍，是《四十二章经》。

四、早期汉译佛典原文的语言

德国美因茨大学印度学学院李炜（2011，前言：2—3）梳理了从1913年开始世界上四位学者陆续提出的关于汉译佛典原文语言的四种观点：1. 法国学者列维（Sylvain Lévi）1913年在长篇论文《吐火罗语B即龟兹语》里指出，印度的佛典是先被译成吐火罗语，然后中国人再从吐火罗语译成汉语的；2. 季羡林于1947年和1989年在《浮屠与佛》《再谈“浮屠”与“佛”》两篇论文中提出，早期汉译佛典译自西域小国的语言，不是印度梵文；3. 1892年，法国格林勒（F. Grenard）在于阗（今新疆和田）附近发现用印度古代文字佉卢文写的《法句经》；4. 贝利（H. W. Bailey）于1946年提出，汉译佛典中的一些音译词来自犍陀罗语，布劳（John Brough）于1962年提出，汉译《长阿含经》译自犍陀罗语。

但李炜（2011，前言：3—4）认为，上面四位学者都是以汉译佛典中的几个甚至一个音译词或意译词为根据进行推论，证据是不足的。汉字不能准确地转写表音文字的语音，这是很清楚的；只有以一部汉译文献中的全部音译词和意译词为依据才更有说服力。以个别音译词的语音为根据判断原文语言的方法如盲人摸象，属主观臆测，不可信。

季羡林（1990：11）明确指出，支谦等人译经的原本都不是梵文，说他"妙善方言"，可能指通中亚民族语言，这一点从他们译经时使用的汉语音译中可以明确无误地看出来，比如汉译"弥勒"一词，不是来自梵文Maitreya，而是来自吐火罗文Metark，可是康僧会译《六度集经》《旧杂譬喻经》，佚名在后汉录译《大方便佛报恩经》，支谦译《佛说月明菩萨经》《撰集百缘经》《大明度经》《佛说八吉祥神咒经》，康孟详译《佛说兴起行经》，支娄迦谶译《杂譬喻经》《道行般若经》等等，用的都是"弥勒"，由此可见支谦等译经所根据的原本不是梵文，而是中亚和新疆一带的吐火罗文和伊朗语族的语言。对于"佛"字的原语，季羡林（2001：229）最初认为是梵语，后来则修正为大夏语：

我于1947年写了一篇论文《浮屠与佛》，阐明了这个字是从吐火罗文译过来的。汉代一般称"佛"为"浮屠"或"浮图"，我原以为这个字是印度俗语Buddho的音译，所以我说，佛教是直接由印度传入中国的。"佛"字代表西域少数民族的中介，在中国出现晚于“浮屠”。四十多年以后，到了1989年，由于得到了新材料，知道“浮屠”不是来自印度本土的Buddho，而是来自大夏语(Bactrian，Bahtrisch)。

根据佛典来源语种的修正，季羡林（1990：11）也将佛典传入我国的方式由直接传入修正为间接传入：

1947年文章中提出的佛教直接传入中国说，现在看来，不能成立了。我设想的佛教传入两阶段说仍然维持。用公式来表达是：

(1) 印度→大夏（大月支）→中国

buddha→bodo，boddop，boudo→浮屠

(2) 印度→中亚新疆小国→中国

buddha、but→佛

这两个阶段都不是“直接的”。

2001年，季羡林（2001：229、230）又对这一观点进行了再论证：

佛教史学者几乎都承认，佛教传出印度西北部第一大站就是大夏，大夏后来为大月支所征服。大月支遂据其国。中国典籍中关于佛教入华的说法虽然很多，但皆与大月支有关。这样一来，史实与语言音译完全合拍，我们不得不承认，这就是事实。我原来的假设：佛教最初是直接从印度传来的，现在不能不修正了，改为佛教是间接传进来的。

在当代中外学者的意见中，最让我服膺的还是汤用彤先生的观

> 点。我现在引用他在《汉魏两晋南北朝佛教史》第一部分第四章“汉代佛法之流布”中的两段话：“盖在西汉文景帝时，佛法早已盛行于印度西北。其教继向中亚传播，自意中事。约在文帝时，月氏族为匈奴所迫，自中国之西北向西迁徙，至武帝时或已臣服大夏。（中略）佛法之传布于西域，东及支那，月氏领地实至重要也。”另外一段是：“依上所言，可注意者，盖有三事。一汉武帝开辟西域，大月氏西侵大夏，均为佛教来华史上重要事件。二大月氏信佛在西汉时，佛法入华或由彼土。三译经并非始于《四十二章》，传法之始当上推至西汉末叶。”这一点同我在《再谈浮屠与佛》中的结论完全一致。

李炜（2011：40—43）不认可季羡林的观点，认为季羡林的推论与法国学者列维的一样，是不成立的。原因如下：1. 关于“浮屠”与“佛”。季羡林在两篇文章里讨论了汉语音译词“浮屠”与“佛”的来源。梵文 buddha 在吐火罗语里写为 ptāñkät、pättāñkät、pudñākäte 等，它们的读音与汉语音译词“浮屠”和“佛”有很大差别。很明显，汉语没有翻译这些词。季羡林 1947 年推测“佛”来自吐火罗语 ptāñkät 等词中的 pät、pūt 或 put。但是，在吐火罗语文献中 pät、pūt 或 put 没有被单独使用的例证；也就是说，它们在吐火罗语里不是词，不表示意义，汉语不可能只翻译一个不表达意义的音节。因此，吐火罗语不是音译词“佛”的来源。季羡林 1989 年修正了自己的看法，提出“佛”来源于中亚新疆小国的语言，但没说是哪种语言。他在文章里举例说回鹘文（Uighur script）中的“佛”作 but。但李炜认为，回鹘文在公元 1—2 世纪还不能对汉译佛典产生影响。2. 音译词“浮屠”与“佛”的来源。李炜认为，“佛”是音译词“佛陀、佛驮”的略称。“佛”从古至今被广泛使用，可能有两个原因。第一，“佛”在视觉形象上比其他音译词中的汉字更适合表示 buddha。《说文解字》：“佛，见不审也。”“佛”字的本义是“仿佛”，“人”是意符，“弗”是声符。由于“人”是意符，它很像是专门为释迦牟尼造的一个字。音译词“佛”从一开始就表示释迦牟尼这个圣人。《后汉记·明帝纪下》：“浮屠者，佛也，西域天竺有佛道焉。佛者，汉言觉，将悟群生也。”梵文 buddha 其他音译词中的汉字没有像“佛”字这样的有利条件，因而被逐渐淘汰。第二，粟特语是丝绸之路上各民族的通用语，buddha 在粟特语中有五种形式：（1）pwtty［pwty］，这个形式是正体；（2）在佛教、非佛教和摩尼教文献中经常出现的形式是 pwt［put，but］；（3）pwt'［puta，buta］，仅出现在佛教文献中；（4）pwty［puti］和（5）bwt［but］，仅出现在摩尼教文献中。常用形式 pwt［put，but］与汉语“佛”［bĭuзt］的读音相近。丝绸之路上的各族僧人可能都用粟特语 pwt［put，but］来称“佛”（buddha）。这就巩固了“佛”字在汉语中的地位。

杨德春（2018：159）也不同意早期汉译佛典来源于西域佛典的说法，认为应来源于印度梵文佛典，指出：在佛教传入中国之早期，西域仅仅是一个地理概念，绝不是文化概念，西域所起的作用也仅仅是地理通道之作用，绝不是文化作用；关于西域绝不是佛教传入我国之早期的文化或语言文字之中转站，还可以通过模拟研究得到证实，佛教传入我国并非仅仅通过西域一途，尚有南传和海路二途，佛教南传输入我国和海路输入我国所经过之国家和地区等只不过是些地理概念，绝不是文化概念。此外，杨德春（2018）指出，慧皎《高僧传》所记载之绝大多数西域译经高僧所依据翻译之底本基本上都是梵文佛典，下面仅举《高僧传》卷第一中的数例：

安清，字世高，安息国王正后之太子也。……天竺国自称书为天书，语为天语，音训诡蹇，与汉殊异，先后传译，多致谬滥，唯高所出，为群译之首。(本书着重号均为笔者所加)

支娄迦谶，亦直云支谶，本月支人。操行纯深，性度开敏，禀持法戒，以精勤著称。讽诵群经，志存宣法。汉灵帝时游于雒阳，以光和中平之间，传译梵文，出般若道行、般舟、首楞严等三经，又有阿阇世王、宝积等十余部经，岁久无录。

谦以大教虽行，而经多梵文，未尽翻译，已妙善方言，乃收集众本，译为汉语。从吴黄武元年至建兴中，所出维摩、大般泥洹、法句、瑞应本起等四十九经，曲得圣义，辞旨文雅。

竺昙摩罗刹，此云法护，其先月支人……外国异言三十六种，书亦如之，护皆遍学，贯综诂训，音义字体，无不备识。遂大赍梵经，还归中夏。自敦煌至长安，沿路传译，写为晋文。

僧伽跋澄，此云众现，罽宾人。毅然有渊懿之量，历寻名师，备习三藏，博览众典，特善数经，暗诵阿毗昙毗婆沙，贯其妙旨。常浪志游方，观风弘化。苻坚建元十七年，来入关中。先是大乘之典未广，禅数之学甚盛，既至长安，咸称法匠焉。苻坚秘书郎赵正，崇仰大法，尝闻外国宗习阿毗昙毗婆沙，而跋澄讽诵，乃四事礼供，请译梵文，遂共名德法师释道安等，集僧宣译。

竺佛念，凉州人，弱年出家，志业清坚，外和内朗，有通敏之鉴。讽习众经，粗涉外典，其苍雅诂训，尤所明达。少好游方，备观风俗，家世西河，洞晓方语，华戎音义，莫不兼解，故义学之誉虽阙，洽闻之声甚著。苻氏建元中，有僧伽跋澄、昙摩难提等入长安，赵正请出诸经，当时名德莫能传译，众咸推念，于是澄执梵文，念译为晋。质断疑义，音字方明。

昙摩耶舍，此云法明，罽宾人。……因共耶舍译舍利弗阿毗昙，以伪秦弘始九年初书梵书文，至十六年翻译方竟。

五、翻译概念外延的拓展：从“译”转向“出”

西汉时，我国已将描述翻译活动的术语基本统一为“译”。但自东汉至东晋，佛典翻译中描述翻译活动时常用的术语则是“出”，而不是“译”。张振龙、匡永亮（2018：33）指出，阅读汉晋时期有关佛典翻译活动的文献可以发现，在叙述经师佛典翻译活动时，经常使用“出某经”“某某经出”这类表述方式，目前学界多将汉晋时期佛典翻译活动中“出经”的“出”字解释为“译”，把“出经”与“译经”等同，这固然有一定道理，即“出经”的“出”确实有“译”之义，但这种意义只在东晋以后的佛典翻译活动中才具有普遍性，其实在东晋后期之前，佛典翻译活动中“出经”在不同语境中的确切含义需要具体分析，不能一概而论。

在我国现存最早的僧祐撰写的经录《出三藏记集》和慧皎的《高僧传》中，“出”使用的频率很高，且“出”常与“译”“撰”“传”合用，有时还与“显”“续”“演”“诵”“更”“广”“宣”等合用，语义搭配范围甚广。

例如，描述两汉时期的翻译活动：

其《古品》已下至《内藏百品》，凡九经，安公云，似支谶出也。(《出三藏记集》卷第二“内藏百品经”)

昔安息世高，聪哲不群，所出众经，质文允正。(《出三藏记集》卷第一“胡汉译经文字音义同异记第四”)

前人出经，支谶世高，审得胡本，难系者也。(《出三藏记集》卷第八“摩诃钵罗若波罗蜜经抄序第一”)

于是宣译众经，改胡为汉，出安般守意、阴持入、大、小、十二门及百六十品。(《高僧传》卷第一“汉洛阳安清”)

描述三国时期的翻译活动，支谦作“法句经序第十三”(《出三藏记集》卷第七)三次使用了“出”：

偈义致深，译人出之，颇使其浑漫。

将炎虽善天竺语，未备晓汉，其所传言，或得胡语，或以义出音，近于质直。

译所不解，则阙不传，故有脱失，多不出者。

时吴士共请出经，难既未善国语，乃共其伴律炎译为汉文。

（《高僧传》卷第一“魏吴武昌维祇难”）

描述两晋时期的翻译活动：

晋孝武帝时，西域沙门鸠摩罗佛提于业寺出。佛提执胡本，竺佛念、佛护为译，僧导、僧叡笔受。（《出三藏记集》卷第二“四阿含暮抄经二卷”）

道安在其多篇经序中频频使用“出”字：

由是道行颇有首尾隐者。古贤论之，往往有滞。仕行耻此，寻求其本，到于阗乃得。送诣仓垣，出为《放光品》。（《出三藏记集》卷第七“道行经序第一”）

安不量末学，庶几斯心，载咏载玩，未坠于地。检其所出，事本终始，犹令折伤玷缺，戢然无际。（《出三藏记集》卷第七“道行经序第一”）

出经见异，铨其得否，举本证抄，敢增损也。（《出三藏记集》卷第七“道行经序第一”）

《放光》《光赞》，同本异译耳。其本俱出于阗国持来，其年相去无几。《光赞》，于阗沙门祇多罗以泰康七年赍来，护公以其年十一月二十五日出之。《放光分》，如檀以泰康三年于阗为师送至洛阳，到元康元年五月乃得出耳。先《光赞》来四年，后《光赞》

出九年也。(《出三藏记集》卷第七“合放光光赞略解序第四”)

考其所出，事事周密耳。(《出三藏记集》卷第七“合放光光赞略解序第四”)

会建元十九年，罽宾沙门僧伽跋澄讽诵此经，四十二处，是尸陀槃尼所撰者也。来至长安，赵郎饥虚在往，求令出焉。其国沙门昙无难提笔受梵文，弗图罗刹译传，敏智笔受为此秦言，赵郎正义起尽。自四月出，至八月二十九日乃讫。(《出三藏记集》卷第十“鞞婆沙序第十五”)

昔来出经者，多嫌梵言方质，而改适今俗，此政所不取也。(《出三藏记集》卷第十“鞞婆沙序”)

“译”和“出”还不表示同一个意思，如：

今《大般泥洹经》，法显道人远寻真本，于天竺得之，持至扬都，大集京师义学之僧百有余人，禅师执本，参而译之，详而出之。(《出三藏记集》卷第五“喻疑第六”)

从此例中可以看出，“译”后才能“出”，“出”应该比“译”的内涵丰富。“出”可以不表示译，口诵出来可用“出”表示，如：

《须真天子经》，太始二年十一月八日于长安青门内白马寺中，天竺菩萨昙摩罗察口授出之。(《出三藏记集》卷第七“须真天子经记第五”）

“出”还与其他词合用：

译出 汉桓帝时，天竺沙门竺朔佛赍胡本至中夏。到灵帝时，于洛阳译出。（《出三藏记集》卷第二“道行经一卷”）

汉桓帝时，安息国沙门安世高所译出。（《出三藏记集》卷第二“难提迦罗越经一卷”）

晋简文帝时，沙门释僧纯于西域拘夷国得胡本，到关中，令竺佛念、昙摩持、慧常共译出。（《出三藏记集》卷第二“比丘尼大戒一卷”）

显出 初关中沙门竺佛念善于宣译，于符姚二代，显出众经。（《高僧传》卷第三“宋六合山释宝云”）

演（推演）出 元康四年十二月二十五日，月支菩萨沙门法护，于酒泉演出此经，弟子竺法首笔受。令此深法普流十方，大乘常住。（《出三藏记集》卷第七“圣法印经记第十七”）

诵出 后经记云：沙门竺法护于京师，遇西国寂志诵出此经。（《出三藏记集》卷第七“文殊师利净律经记第十八”）

宣出 太康七年八月十日，敦煌月支菩萨沙门法护手执胡经，口宣出《正法华经》二十七品，授优婆塞聂承远、张仕明、张仲政共笔受。（《出三藏记集》卷第八“正法华经记第六”）

说出　《持心经》，太康七年三月十日，敦煌开士竺法护在长安说出梵文，授承远。（《出三藏记集》卷第八“持心经后记第十出经后记”）

更出　乃以晋隆安元年丁酉之岁，十一月十日，于扬州丹扬郡建康县界，在其精舍更出此《中阿含》。（《出三藏记集》卷第九“中阿含经序第八”）

传出　汉境经律未备，新经及律多是什所传出，三千徒众，皆从什受法。（《出三藏记集》卷第十四“鸠摩罗什传第一”）

广出　嵩、朗等更请广出余经，次译大集、大云、大虚空藏、海龙王、金光明、悲华、优婆塞戒、菩萨地持，并前后所出菩萨戒经、菩萨戒本垂二十部。（《出三藏记集》卷第十四“昙无谶传第三”）

续出　续出摩得勒伽、分别业报略、劝发诸王要偈及请圣僧浴文凡四部。（《出三藏记集》卷第十四“僧伽跋摩传第六”）

撰出　晋孝武帝时，天竺沙门昙无兰在扬州谢镇西寺撰出。（《出三藏记集》卷第二“贤劫千佛名经一卷”）

除“出”外，有时还见到用“撰”“改”“转”“译写”等术语来描述翻译活动，但数量较少。例如：

汉孝明帝梦见金人，诏遣使者张骞、羽林中郎将秦景到西域，始于月支国遇沙门竺摩腾，译写此经还洛阳，藏在兰台石室第十四间中。其经今传于世。（《出三藏记集》卷第二“四十二章经”）

其四谛、口解、十四意、九十八结，安公云：似世高撰也。

(《出三藏记集》卷第二“难提迦罗越经一卷”)

时有天竺沙门竺佛朔，亦以汉灵之时，赍道行经来适雒阳，即转梵为汉。(《高僧传》卷第一“汉洛阳支楼迦谶”)

但改梵为秦，失其藻蔚，虽得大意，殊隔文体。(《出三藏记集》卷第十四“鸠摩罗什传第一”)

既然西汉时，我国已基本将描述翻译活动的术语统一为“译”，为何佛典翻译之初要弃“译”用“出”呢?“出”与“译”有何区别呢?“出经”的具体含义是什么呢?“出”首先是哪位译经师开始使用的呢?“出”又在什么时间不再用来描述翻译活动了呢?原因为何?这是我们下面要探讨的一系列问题。

根据慧皎的《高僧传》，我国最早的译经师摄摩腾仅译了一部《四十二章经》，竺法兰译了《十地断结》《佛本生》《法海藏》《佛本行》《四十二章》五部。《高僧传》描述摄摩腾和竺法兰的翻译活动时都没用“出”。描述摄摩腾的翻译活动时用的是“译”:“有记云：腾译《四十二章经》一卷，初缄在兰台石室第十四间中。”描述竺法兰的翻译活动时用的是“翻译”:“(蔡)愔于西域获经，即为翻译《十地断结》《佛本生》《法海藏》《佛本行》《四十二章》等五部。”但安世高却译了30多部，数量增了数倍。当时的佛典一般都书写在贝叶上，且运输路途险峻遥远，所以这30部经不太可能当时都有原本，有一些很可能是安世高诵出的。因此，《高僧传》描述安世高的翻译时有时用“出”，不用“译”:“其先后所出经论，凡三十九部。”从理论推理和文字描述两个方面来看，根据《高僧传》的记载，我们认为“出经”的使用应从安世高起。

为何佛典翻译之初要弃“译”用“出”呢？我们认为主要原因有两方面。第一，印度佛教经典本身就有口诵传统，翻译中无原本可参，因此，在佛典翻译之初，这种无书面原本的佛典翻译的性质不明确，需要新的术语进行描述，并与以前的“译”相区分。王文颜（1985：4）指出，最初印度的佛教经典，只凭口口相传，没有笔之于书的习惯。对于翻译而言，口诵传统带来的后果就是在翻译中无原本可参。与以前的翻译活动相比，这种由口诵而来的无原本的佛典翻译显然有别，翻译佛典的性质与象胥或译官的职务迥异，因此佛典翻译之初无法用“译”这个术语去描述。张佩瑶（Cheung，2006：9）指出，佛典翻译之初，人们的翻译概念及对翻译的认识都主要来自以口译为主的外交翻译，虽然佛典译家对译经的目的很清楚，但刚刚开始的佛典翻译作为我国文化翻译的开端，其性质并不明确，需要新的拓展和探索，于是在佛典翻译之初产生了一个新的翻译概念：出。第二，在我国佛典翻译的早期，由于原典的稀缺，人们把口诵梵文当作了译经过程中最重要的环节。美国康奈尔大学亚洲研究系布彻（Boucher，1996：91—92）指出，我国早期的佛教徒认为佛典生成过程中最主要的环节就是口诵梵文，因而将其定名为“出”。任继愈等（1981：91）指出，公元前1世纪以前，佛教经典没有成文的记载，全靠口头的传诵，甚至东汉时我国早期的译经也多从口授。王文颜（1994：20—21）也指出，诵经是僧侣们的重要工作之一，印度古代的圣书如《吠陀》《梵书》《奥义书》等重要经典，都靠师徒口诵相传，并不笔之于书，我国佛教发展初期的经典，承其遗法，也以师徒口诵相传为主，《分别功德论》卷上云“外国法：师徒相传，以口授相付，不听载文”。《出三藏记集》卷十三、十四所录的僧传中记载，早期的译经师们大都有惊人的忆诵能力：

（竺法护）诵经日万言，过目则能。

（昙摩难提）遍观三藏，谙诵增一、中阿含经。

（鸠摩罗什）从师受经，口诵日得千偈，偈有三十二字，凡三万两千言……诵杂藏、中阿含、长阿含四百万言。

（佛陀耶舍）年十五，诵经日得五六万言……十九，诵大小乘经二百余万言。

（求那跋摩）既受具戒，诵经百余万言。

（佛陀斯耶）天才秀出，诵半亿偈。

（求那毗地）聪慧强记，勤于讽习，所诵大小乘经十余万言。

由此可见，早期的众多佛教经典是口诵出的。

“出经”的含义到底是什么呢？与“译”有何区别呢？国外学者较早地注意到了“出”的这一特殊用法。布彻（Boucher，1996：89—90）指出，“出”是一个非常关键的词，虽然只是一个描写中土译经程序的普通动词，却很难被准确界定，它经常被翻译为“出版”，但这一点也没有澄清这种指定的活动。韦利（Waley，1957：196）主张，“出”指口译，相对于“译”，即笔译。布彻（Boucher，1998：487）指出，既然翻译都由印度和中亚的传教僧以口头的方式达成，看来这样的对照没有什么意义。罗宾逊（Robinson，1967：298）主张“出”至少有时候是指对印度经典的口诵，而不是将其译为汉语，他引证了数个例子。史接云（Robert Shih，1968：68）看起来部分支持这种立场：“在经序中，‘出’和‘译’的区别表现得很清楚，那些掌握印度经典的人比将这些经典翻译为汉语的人扮演了更为重要的角色。”布彻（Boucher，1998：487）指出，尽管印度师父的重要性为中土经录学家所公认，但我们检索资料时，疑问也随之产生——这种说法至少没有充足的理由。林阿释

(Arthur Link, 1960：30）更进一步指出，“出”是“佛教专有复合词‘译出’的省略——‘译出’意味着‘翻译［附带的结果是一本书的］出现’，或者更简单，‘翻译’”。布彻（Boucher, 1998）指出，这些解释没有一个令人完全满意。他（Boucher, 1996：93）认为，如果“出”指涉的是翻译活动，那么它似乎不专指汉语文本的生成，而是指汉语文本生成前的那个过程。布彻（Boucher, 1996：93）还吃惊地发现，“出”从来不和表示语言转换的词语连用，如一部译本从不被描述为“出为晋言”，而是“口敷晋言”“转之为晋”“口宣晋言”等。布彻（Boucher, 1998：487）亦认为，“‘出’（issue）指的是一个印度文本拂去它本土的面纱，使其可资利用”。布彻（Boucher, 1998）还进一步指出，这个过程至少需要两步，它不一定由同一个人完成。印度文本不得不被高声诵读，否则其深奥的抄本不能被本土助译理解。它也不得不用汉语注释，因为印度发音造成的迷惑一点也不比写本少。尽管我们能合理地假设法护诵出了《法华经》的印度文本，而且至少用普通的术语解释给他的汉族助译，然而“出”不太可能从我们今天所赋予的“翻译”的含义来考虑。在翻译《出三藏记集》时，张佩瑶（Cheung, 2006）还使用了 emanate，将此书名译为了 *A Collection of Records on the Emanation of the Chinese Tripitaka*。斯托奇（Storch, 2015：69）对我国中古时期的佛典目录进行了考察，在翻译我国现存最早的经录《出三藏记集》时，对“出”的翻译用的是英文的 production，将书名译为了 *Collection of Records about the Production of the Tripitaka*。陆扬（Lu Yang, 2004：4）将《出三藏记集》译为了 *Collected Records on the Making of the Tripitaka*，也就是说将此处的“出”译为了 making。

目前，“出”的概念在我国翻译学界仅引起了少数学者的注意。在我国，较早注意到“出经”概念的是孔慧怡。孔慧怡（2005：21）指出，从东汉至东晋，佛典翻译主要是着重于“出经”的观念。孔慧怡（2005：65）将“出经”定义为“某一部佛典能够来到汉土，被译成汉文，得以流传”，并对“出经”的含义进行了详细的描述：

> 在这整个过程中，牵涉的人包括把梵本或胡本带到中土的僧侣，又或是在没有写本的情况下，口诵梵文的人，此外尚有传语、笔受、润文、释义等人。以今人对“翻译”下的定义而言，他们未必真的都参与翻译过程，但因为佛学传统中认为上述每一步骤都是某部经典得以翻译成汉文的必要环节，所以他们的名字都列入了译经师表。例如支法领（东晋）只是带来胡本《华严经》，并没有参与语际转换工作，但仍列名译经师表中。这种做法，正好说明佛学观念中的“译经”很多时候都指“出经”，而并非单指制作汉文译本的过程，更非专指语际转换的过程。

张佩瑶（Cheung，2006：9）认为，“出”应该包含使佛典得以在我国流传和传播的每一个人的努力，既应该包含口译、笔受、润文、证义，也应该包括将佛典带入我国与记住经文并背诵出经文这两个环节，“出”的概念类似英语中的“bring firth”“produce”“translate and bring forth”或“translate and produce”。张佩瑶（2009）指出，“出”与“译”两者的意义并非完全相同，例如在僧祐编纂的《出三藏记集》中，“出”有“译”的意思，但其本义与引申义亦同时存在。根据僧祐本人记述，以及“出”在书中的使用情况，张佩瑶（2009）认为，作为概念词的“出”字起码有古汉语“出”字的下列两个含义：1.《说文·出部》：“出，进也，象草木益兹，上出达也。”甲骨文“出”，上像脚趾形，下像坎穴形，组合表示人从居住地走出去，故“出”有

"出去、出来，由内而外"之意。由于儒、释、道三教长期处于意识形态及权力碰撞的紧张状态，各方均称本门典籍为内经，"内"者在这里指来自西域并按之以作翻译的佛籍；"外"者则指所译之经，表示翻译出于源文。2.《故训汇纂》"出"字第十六个义项"出，承而布之也"，《诗·大雅·烝民》"出纳王命"，故"出"不仅有"出来""完成"之意，还有公布天下之意。从《出三藏记集》收录的文献可见，"出"包括了一部译经由开始到完成的每一项工作，例如口诵原文、抄录原文、译语、证义、缀文、校勘、正字等等。如果说"译"在汉以前的年代是指由舌人负责的相对简单的外事口译工作，而"口译"的含义也一直存在，那么在佛典汉译的团队合作模式出现之后，译人就开始感到需要另出新词，为这愈趋复杂、工序繁重的活动标示语义疆界。

张振龙、匡永亮（2018）提出了"出"的概念演化两阶段说：1. 汉晋时期，"出经"主要指以梵文文本形式将佛典呈现出来，作为翻译底本；2. 东晋后期，其含义发生转变，与"译经"混用并逐渐趋向于通用。根据掌握语言的情况，张振龙、匡永亮（2018：34）还对"译经"和"出经"进行了区分：从东晋后期之前叙述佛典翻译活动的文献来看，若从事佛典翻译活动者兼通梵汉双语则称为"译经"，若从事佛典翻译活动者不同时兼通梵汉双语则称为"出经"；也就是说该时期"译经"对从事佛典翻译活动者有明确的兼通梵汉双语的要求，而"出经"并没有明确的双语要求。对于此两阶段说，我们认为与《出三藏记集》《高僧传》等所描述的当时的翻译事实不符。一方面，汉晋时期"出经"的用法已含有翻译之意，不仅仅是"以梵文文本形式将佛典呈现出来，作为翻译底本"。例如：

昔安息世高，聪哲不群，所出众经，质文允正。（《出三藏记集》卷一“胡汉译经文字音义同异记第四”）

在此，“质文允正”是对“出经”及译文的评价，因此汉时安世高的“出经”就不仅仅是“以梵文文本形式将佛典呈现出来，作为翻译底本”，理应包括语言转换的翻译这个环节。此外，对汉晋时期翻译活动的描述，也有众多“译”“出”合并使用“译出”的例子。例如：

> 汉桓帝时，天竺沙门竺朔佛赍胡本至中夏。到灵帝时，于洛阳译出。（《出三藏记集》卷第二“道行经一卷”）

这说明，在汉时“译”和“出”是很难区分开的。另一方面，以译人是不是“同时兼通梵汉双语”来区分“出经”和“译经”也是站不住脚的。例如：

> 博综经藏，尤精《阿毗昙》学，讽持禅经，略尽其妙。既而游方弘化，遍历诸国，以汉桓帝之初，始到中夏。世高才悟机敏，一闻能达，至止未久，即通习华语。于是宣译众经，改胡为汉，出《安般守意》《阴持入》《大小十二门》及《百六十品》等。初外国三藏众护撰述经要为二十七章，世高乃剖析护所集七章，译为汉文，即《道地经》也。其先后所出经凡三十五部。义理明析，文字允正，辩而不华，质而不野，凡在读者，皆亹亹而不倦焉。（《出三藏记集》卷第十三“安世高传第一”）

在这段描述中，我们看到，安世高“通习华言”后，既“宣译众经”“译为汉文”，也“出安般守意”“出经论”，“译”“出”难分。又如

《高僧传》卷第一，对汉土译经师严佛调的翻译活动描述如下：

玄与沙门严佛调共出《法镜经》，玄口译梵文，佛调笔受，理得音正，尽经微旨，郢匠之美，见述后代。调本临淮人，绮年颖悟，敏而好学。世称安侯、都尉、佛调三人，传译号为难继。调又撰《十慧》，亦传于世。安公称佛调出经，省而不烦，全本巧妙。

严佛调是东汉时我国汉人出家第一人、撰写经书第一人、翻译佛典第一人，不通梵言，本是笔受，但也“传译”，也“出经”，二者难以区分。此外，何为“同时兼通梵汉双语”，也难以界定。鸠摩罗什还不算“同时兼通梵汉双语”吗？但仍是“出经”。《高僧传》中的记述如下：

什未终日，少觉四大不愈，乃口出三番神咒，令外国弟子诵之以自救。未及致力，转觉危殆。于是力疾与众僧告别曰：因法相遇殊，殊未尽伊心，方复后世，恻怆何言。自以暗昧，谬充传译，凡所出经论三百余卷，唯《十诵》一部，未及删烦，存其本旨，必无差失。愿凡所宣译，传流后世，咸共弘通。（《高僧传》卷第二“晋长安鸠摩罗什”）

通过对《出三藏记集》中“出”或“译出”使用情况的考察，陈金华（2016：96）指出，“出”或“译出”至少具有以下四种迥异的含义：（1）口诵胡本；（2）口译胡本；（3）在口诵的基础上的初译本（尚待一系列的编辑加工）；（4）译经过程的完结（包括口译和誊抄、润文、证义和校勘等一系列程序）。

总体来看，对于“出经”内涵的认识和理解，布彻、孔慧怡和张佩瑶是较为准确的，也是符合历史事实的。但我们认为，“出经”还应包括两方面的内容：一是佛典原文的选定。汉晋之初，我国的佛典翻译尚处于初创阶段，佛典翻译采取的方式多是抽译或节译，因此“出经”的第一个考量应该是选择何经，即佛典原文的选择。二是讲经释义。在汉晋之时，我国对于佛典尚不理解，因而在译经的同时也在讲经，即所谓的译讲同施，因此“出经”也理应包括讲经释义。在定义方面，目前只有布彻和孔慧怡为“出”下了定义。布彻对“出”的定义是“‘出’(issue) 指的是一个印度文本拂去它本土的面纱，使其可资利用”。我们认为，这一定义过于模糊、过于笼统。孔慧怡的定义是“某一部佛典能够来到汉土，被译成汉文，得以流传”。我们认为，这一定义似又延伸过度，“出经”似不应包括“来到汉土”和“得以流传”。本着简单明了的目的，我们尝试性地提出“出经”的一个新定义：我国汉晋时期在汉土一部佛典从原文选定、口诵梵文、书为梵文、口译汉语、讲经释义、书为秦言、证义缀文直至校定成文的整个生成过程。在此意义上，对于“出”的英文翻译，我们认为陆扬（Lu Yang，2004）译的“making”是较为合适的。

那么，“出”又在何时被佛典翻译者扬弃了呢？是何原因呢？王文颜（1994：22）指出，早期来华的译经大师，携梵本者少，凭口诵者多，但口诵毕竟有缺点：一来口口相授，容易传误；二来忆诵者若不经常温习，难免忘失部分经文。在中国译经史上，我们也经常发现因口诵而忘失部分经文的例子，或是无法谙诵原文的情况，例如：

> 有外国沙门昙摩难提者……诵二《阿含》……以秦建元二十年来诣长安，外国乡人咸皆善之，武威太守赵文业求令出焉……为四十一卷，分为上下部，上部二十六卷，全无遗忘，下部十五卷，

失其录偈也。(《出三藏记集》卷第九“增一阿含经序第九”)

以建元十九年，罽宾沙门僧伽谛婆，诵此经甚利，来诣长安，……胡本十五千七十二首庐，秦语十九万五千二百五十言。其人忘《因缘》一品，云“言数可与十门等也”。(《出三藏记集》卷第十“阿毗昙序第九”)

斯经序曰：其人忘因缘一品，故阙文焉。(《出三藏记集》卷第十“八犍度阿毗昙根犍度后别记第十四”)

王文颜（1994：23）还指出，我国读书人探求先圣先贤智慧的方法，仍以阅读写本经典为主，因而对于印度传来的佛典，在未取得写本以前，勉强以口诵充当翻译之依据，然对其可靠性依旧抱着几分不信任的态度。例如，后秦姚兴就曾怀疑佛陀耶舍忆诵四分律的能力：

初耶舍于罽宾诵《四分律》，不赍胡本，而来游长安，秦司隶校尉姚爽欲请耶舍于中寺安居，仍令出之。姚主以无胡本，难可证信，众僧多有不同，故未之许也。(《出三藏记集》卷第三“新集律来汉地四部记录第七”)

孔慧怡（2005：142）也指出，中国传统重视文字与典籍，光依赖口述来传授佛学教义，不足以应付传教的需求，经师和信众都感到必须以文字记载知识，方能使佛学教义广远流传。从另一个方面来看，自法显开始的众多西行求法者的主要动机就是寻求佛典的原本，以使佛典汉译时有可靠的底本作为依据，这也是我国重视书面文化传统在佛典翻译中的体现。通过考察，王文颜（1994：23—24）发现，正是由于我国有偏重写本的习惯，所以口诵经在写本佛典大量输入之后，就注定了没落的命运，大概从南北朝开始，写本译经已逐渐取代口诵经的地位。

因此，我们认为，南北朝时期，我国佛典翻译对“出经”概念的扬弃主要有两方面的原因。第一，正是由于口诵译经的不足或缺点，随着与西域之间的道路逐渐畅通，东来的梵本佛典越来越多，写本译经逐渐取代了口诵译经；第二，“出”的概念产生最初是为了与以前的非佛典翻译概念相区别，但“出”的概念边界流动不定，“出”总是包含“译”的意义，但“译”不一定总是“出”的意义。这样带来的结果是，概念不明确，意义难免含混，指代难免不清晰，难以适应译经事业以写本译经为主的时代新形势，也无法推动译经事业向专业化、明确化方向的发展。

东汉时佛典翻译中出现的“出”的概念是我国原有翻译概念的一次变革，是对翻译边界的巨大拓展和创新。在佛典翻译之前，我国的翻译概念主要是狭义的语言转换概念，即“小翻译”的概念，并且主要针对口译。但“出”的概念则是“大翻译”的概念，从最初的原本选择、生成，中间的语言转换，直到最后的译本校定，无所不包。道安所作的《出三藏记集》卷第十“鞞婆沙序第十五”记述了“出经”的典型案例，完整展示了“出经”的全过程，共五个环节，即诵经→笔受为梵文→译传→笔受为秦言→证义：

> 会建元十九年，罽宾沙门僧伽跋澄讽诵此经，四十二处，是尸陀槃尼所撰者也。来至长安，赵郎饥虚在往，求令出焉。其国沙门昙无难提笔受为梵文，弗图罗刹译传，敏智笔受为此秦言，赵郎正义起尽。自四月出，至八月二十九日乃讫。

张振龙、匡永亮（2018：37）认为，这说明“出经”是一项众人合作的文化工程，远非“翻译”这一个环节所能涵盖。在此意义上而言，“出经”使我国的翻译活动跳出了以前以语言转换为主的“小翻译”的窠臼，从而将我国的翻译活动提升到了以文化摄取、文化交流为主的“大翻译”阶段，使翻译活动融入了我国的文化界和思想界。因此，我们认为，“出经”是我国佛典翻译发展史上的重要开端，视域广大，文化意义深远，同时也是我国整个翻译发展史上的重要转折点，应引起我国翻译、宗教、文化等方面学者进一步的关注与重视。

第四节　翻译概念内涵的增添：“翻”的移植与添加

赞宁在其《宋高僧传》“唐经师满月传”中首次提到了“翻”及“翻译”的由来：

> 懿乎东汉始译《四十二章经》，复加之为翻也。翻也者，如翻锦绮，背面俱花，但其花有左右不同耳。由是翻译二名行焉。

从赞宁的描述中，可以看出三点：1. 在古代先有“译”，后来又加上了“翻”，然后才形成了“翻译”；2. “翻”字产生于我国古代的佛典翻译；3. “翻”的内涵是“如翻锦绮，背面俱花，但其花有左右不同耳”。夏登山（2017：81）指出，“翻”表翻译的用法起源于佛典翻译，已经基本上成为学界定论（孔慧怡，2005：20；王凤阳，1993：392；王向远，2016a）。孔慧怡（2005：20）明确表示，“翻”字用作翻译的意思，起源于中国第一次大型文化翻译运动——佛典汉译。

但关于“翻”及“翻译”起源的具体时代或出处意见还不一致，证据也不足。目前来看，主要有四种观点：1. 王向远（2016a）认为，梁代的慧皎最早明确提出了“翻译”的概念。2. 夏登山（2017）认为首次出现“翻”字的文献是《僧伽罗刹集经后记》（《出三藏记集》卷第十）。3. 孔慧怡（2005）认为，“翻”字进入主流，是隋代的事。4. 傅定淼（2007）认为，“翻”字表翻译意最早出现于后秦僧肇的《梵网经序》。

王向远（2016a：142）认为，南朝齐梁时代的高僧僧祐较早地拈出了“翻转”两字，在《出三藏记集》序中这样写道：

> 原夫经出西域，运流东方，提挈万里，翻转胡汉。国音各殊，故文有同异；前后重来，故题有新旧。

王向远（2016a：142）指出，这里“翻转胡汉”的“翻转”，可以作地理层面上的解释，就是在胡汉两地之间辗转；也可以作译文转换层面上的理解，即传译中的“翻转”。王向远（2016a：143）进一步指出，到了梁代，释慧皎则在“翻转”的基础上，明确提出了“翻译”的概念，在《高僧传》卷三之末的论中写道：

> 爰至安清、支谶、康会、竺护等，并异世一时，继踵弘赞。然夷夏不同，音韵殊隔，自非精括诂训，领会良难。属有支谶、聂承远、竺佛念、释宝云、竺淑兰、无罗叉等，并妙善梵汉之音，故能尽翻译之致。

王向远（2016a：143）还指出，稍后的释慧恺对“翻”的认识又有推进，在《摄大乘论序》中也反复使用了“翻译”一词，其中写道：

有三藏法师，是优禅尼国婆罗门种，姓婆罗堕，名拘罗那他。此土翻译称曰亲依。

夏登山（2017：840）认为，首次出现“翻”字的文献是《僧伽罗刹集经后记》，其中记载“佛图罗刹翻译，秦言未精”。孔慧怡（2005：21）指出，东汉第一代译人如安世高和他的同代人固然没有以“翻”字作翻译解，三国时的第二代译者似乎也没有这个做法，事实上，直到东晋，佛学翻译仍着重于“出经”的观念。孔慧怡（2005：21—22）认为，“翻”字进入主流，是隋代的事，虽仍然只用于佛典翻译活动，但随着政府致力于监管佛教事务，佛教词汇也被纳入官方语言，最好的例子莫如隋代政府所设的“翻经院”，此名唐代也沿用，还有隋代“翻经学士”、唐代“翻经大德”等头衔，这都说明就佛教领域而言，“翻”字表示语际转换的含义已确立了。由于政府对佛教的种种影响，到了唐代，“翻”字的使用量明显增加，不但和“译”字达到相辅相成的程度，而且在佛学圈中有时比“译”字用得更多。

对于以上三种观点的阐述，我们可以看到，王向远（2016a）只是探讨了“翻译”的起源，并未探讨“翻”的起源。夏登山（2017）的例子实际说的是“翻译”，并不是“翻”。孔慧怡（2005）探讨的是“翻”字进入主流的时间，并未探讨“翻”字的起源。真正探讨“翻”字起源问题的是傅定淼。傅定淼（2007）、邵有学（2018：146—157）都对古代“翻译”概念的形成及“翻译”二字的由来进行了详细的探讨。根据傅定淼（2007）的考察，“翻”字表翻译义，最早出现于后秦僧肇的《梵网经序》：

> 故弘始三年，淳风东扇，于是诏天竺法师鸠摩罗什在长安草堂寺，及义学沙门三千余僧，手执梵文，口翻解释五十余部，唯《梵网经》一百二十卷六十一品，其中《菩萨心地品》第十，专名菩萨行地。

僧肇为鸠摩罗什的得意弟子，曾在姑臧（今甘肃武威）和长安参与鸠摩罗什的译场，从事译经和经论评定，被罗什誉为"中华解空第一人"。东晋道安所作的经序中，表翻译意义时用的都是"译"或"出"，未见到用"翻"或"翻译"。道安不通梵文，因此从理论上来说，道安也不可能用到"翻"字。《全晋文》中也没见到用"翻"或"翻译"表示翻译意义的用法。这说明，"翻"和"翻译"表翻译意义的用法应出现在道安（312—385）之后。我们认为，"翻"表示翻译意义应始于鸠摩罗什的译场。但僧肇未必是使用"翻"字表示翻译之义的第一人，因为在《高僧传》"晋长安鸠摩罗什"与《高僧传》"晋长安释僧肇"中，我们未找到关于僧肇梵文水平与译经水平的相关记载。作为罗什的弟子，僧肇可能在罗什的译场中观察到了"翻"的这种用法，但未必在译经活动中实践过。这样，"翻"的来源还是不清楚。关于该问题，我们将在探索下一个问题——"翻"的来源——时再继续探讨。由此可见，鸠摩罗什的时代是佛典翻译的一道分水岭，此时人们对翻译产生了更深刻的认识。401 年即弘始三年，鸠摩罗什来到我国长安（Chen，1992：125；龚斌，2013：172）。《出三藏记集》卷第十四"鸠摩罗什传第一"关于鸠摩罗什到达长安的记载如下：

> 弘始三年，有树连理生于庙庭，逍遥园葱变为薤。到其年十二月二十日，什至长安，兴待以国师之礼，甚见优宠。

僧肇使用"翻"表示翻译之义描述的是鸠摩罗什，这说明僧肇使用"翻"表示翻译之义应在401年之后。再者，《高僧传》"晋长安鸠摩罗什"记述鸠摩罗什的翻译时有这样的话：

> 什既率多谙诵，无不究尽，转能汉言，音译流便。

这也说明，鸠摩罗什的翻译是很注重音译的。在《高僧传》中，这是首次提及音译问题，在对鸠摩罗什以前的僧人译经的记述中没有发现译音问题。僧叡在"大品经序"中对罗什的翻译还有如下的记载：

> 胡音失者，正之以天竺；秦言谬者，定之以字义。不可变者，即而书之。是以异名斌然，胡音殆半。斯实匠者之公谨，笔受之重慎也。(《出三藏记集》卷第八)

胡音不正确的，用天竺语订正；汉译有错误的，以字义来确定；许多术语不能用意译的，则大多采取音译。吕澂（1979：91）认为，这主要是针对旧译说的，像支谦就少用音译而多用意译，很多地方译得就不恰当，而罗什则采用音译来纠正。换言之，罗什对译音有新的认识，认为音译同等重要，并切实应用在了自己的翻译实践中。因此，这也应是"翻"用于指涉翻译活动并最初用来指代译音的证据。此外，五老旧侣（1978：171—172）将译经的时代分为了四期：第一，原始时代，也可以叫做草创时代，自佛教传来以后，经过后汉、三国而至西晋，其间翻译的术语和体裁都是草创的；第二，试验时代，自西晋经东晋至罗什以前，大概可以说是试验中的未完成时代；第三，完成时代，自罗什以后，译语渐次确立，经过流离四方的真谛，到了玄奘时代，正是完成时代，或可以说是钦定时代；第四，颓废时代，译经到了这个时代，一方面因为印度佛教灭亡经典散失，另一方面因为译语笔受不得适任之人，自然趋于颓废了。从该分期可以看出，罗什时代可以视作我国翻译确立的时代。因此，反推之，“翻”和“翻译”这两个表示翻译义的术语也应该出现在罗什的时代。

紧接着的问题是：“出”出现以后，形成的复合词是“译出”；但“翻”出现后，形成的复合词为何是“翻译”，而不是“译翻”？先有“翻译”还是先有“翻”？第一个问题我们认为主要是复合词的语义重心的问题。东汉时期，“译出”的重心是“出”，所以“译”和“出”形成的复合词是“译出”，而不是“出译”。东晋时期，虽然增添了“翻”，但语义重心仍是“译”，所以形成的复合词是“翻译”，而不是“译翻”。只是到了隋以后，随着人们对“翻”的认识的加深，“翻译”的语义重心逐渐转向了“翻”，于是“翻”就可以顺理成章地代表“翻译”了。对于第二个问题，现在的主要观点是，“翻译”这一术语出现得要比“翻”早。傅定淼（2007）就认为，“翻译”合用比“翻”出现得更早，前秦道安佚名弟子在《僧伽罗刹集经后记》中云：

> 大秦建元二十年十一月三十日。罽宾比丘僧伽跋澄于长安石羊寺口诵此经及《毗婆沙》。佛图罗刹翻译，秦言未精，沙门释道安，朝贤赵文业，研核理趣，每存妙尽，遂至留连，至二十一年二月九日方讫。

邵有学（2018：147）进而指出，弘始三年为东晋安帝隆安五年，即401年，建元二十一年为385年，显然“翻译”合用更早，早于梁慧皎至少110多年之久。根据《出三藏记集》，《僧伽罗刹集经后记》一文的作者“未详”。但根据该文最后一句话“余既预众末（按：指作者也跟在后面参与译场工作），聊记卷后，使知释赵为法之至”，朱志瑜、朱晓农（2006：48）认为可以推定该文作者的身份为道安的弟子或参与道安译场的译经僧人。由此可见，东晋时期已使用“翻译”的概念。

夏登山对六部佛教史籍和十六部正史中“翻”“译”“翻译”的使用情况进行了语料考察，具体情况如下：

表 1－1 六部佛教史籍中的翻、译和翻译

典籍	年代 作者	翻	翻译	译	合计
《高僧传》	梁·慧皎	8	8	156	172
《出三藏记集》	梁·僧祐	8	3	376	387
《历代三宝纪》	隋·费长房	115	21	667	803
《续高僧传》	唐·道宣	112	36	136	284
《开元释教录》	唐·智昇	335	62	6666	7063
《宋高僧传》	宋·赞宁	93	35	227	355
总计		671	165	8228	9064

（夏登山，2017：83）

《出三藏记集》是佛典目录中现存的第一部经录（苏晋仁，1995：29）。我们找出了《出三藏记集》中“翻译”和“翻”的具体出处。《出三藏记集》使用“翻译”仅三次，如下：

安清、朔佛之俦，支谶、严调之属，翻译转梵，万里一契，离文合义，炳焕相接矣。（《出三藏记集》卷第二）

佛图罗刹翻译，秦言未精。（《出三藏记集》卷第十“僧伽罗刹集经后记第七”）

政于长安城内集义学之僧写出两经梵本，方始翻译。竺佛念传译，慧嵩笔受。自夏迄春，绵历二年方讫。（《出三藏记集》卷第十三“昙摩难提传第十一”）

夏登山（2017）的考察是，《出三藏记集》中出现“翻”字共八次。我们通过对《出三藏记集》的检索，则共检索到“翻”字出现了十次（不包含“翻译”）。单独使用“翻”表翻译之义四次，如下：

其年冬，珣集京都义学沙门四十余人，更请提婆于其寺译出中阿含，罽宾沙门僧伽罗叉执胡本，提婆翻为晋言，至来夏方讫。（《出三藏记集》卷第十三“僧伽提婆传第十二”）

蒙逊素奉大法，志在弘通，请令出其经本。谶以未参土言，又无传译，恐言舛于理，不许即翻。于是学语三年，翻为汉言，方共译写。（《出三藏记集》卷第十四“昙无谶传第三”）

《皇帝敕诸僧抄经撰义翻胡音造录立藏等记》第二（《出三藏记集》卷第十二“法苑杂缘原始集目录序第七”）

其他六处不是单独使用“翻”字表示翻译之义，如下：

夫鹖鴠鸣夜，不翻白日之光；精卫衔石，无损沧海之势。（《出三藏记集》卷第十二“弘明集目录序第八”）

《成实论》十六卷，罗什法师于长安出之，昙晷笔受，昙影正写。影欲使文玄，后自转为五翻，余悉依旧本。（《出三藏记集》卷第十一“略成实论记第六”）

祇洹慧义执意不同，争论翻覆。（《出三藏记集》卷第十四“僧伽跋摩传第六”）

原夫经出西域，运流东方，提万里，翻转胡汉。（《出三藏记集》序）

此经天竺正音名毗沙真谛，是他方梵天殊特妙意菩萨之号也。详听什公传译其名，翻覆辗转，意思未尽。（《出三藏记集》卷第八“思益经序第十一”）

以为此经所记，源在譬喻；譬喻所明，兼载善恶；善恶相翻，则贤愚之分也。（《出三藏记集》卷第九“贤愚经记第二十”）

因此，就我国最早的佛典经录《出三藏记集》而言，“翻”的出现频次略高于“翻译”，说明“翻”的使用比“翻译”更频繁，更成熟。换言之，“翻译”不太可能比“翻”出现得要早。

表 1－2　十六部正史中的翻、译和翻译

史书	翻	翻译	译	合计
《晋书》	0	0	16	16
《宋书》	0	0	19	19

续表

史书	翻	翻译	译	合计
《南齐书》	0	0	5	5
《梁书》	0	0	6	6
《陈书》	0	0	0	0
《魏书》	0	0	21	21
《北齐书》	1	0	0	1
《周书》	0	0	2	2
《南史》	0	0	5	5
《北史》	0	0	10	10
《隋书》	1	2	42	45
《旧唐书》	3	8	17	28
《新唐书》	2	0	27	29
《旧五代史》	0	0	1	1
《新五代史》	0	0	2	2
《宋史》	0	1	56	57
总计	7	11	229	247

（夏登山，2017：83）

通过对这十六部正史中“翻”和“翻译”的使用考察，我们发现其中第一次出现的是“翻”，而不是“翻译”，最早使用“翻”表示翻译之义的是《北齐书》。我们找到了《北齐书》中“翻”的这一例用法，该例说的是用突厥语翻译《涅槃经》，译好后送给突厥可汗，载于《北齐书》卷二十《列传第十二·张琼等》，如下：

代人刘世清，祖拔，魏燕州刺史；父巍，金紫光禄大夫。世清

> 武平末侍中、开府仪同三司，任遇与孝卿相亚。情性甚整，周慎谨密，在孝卿之右。能通四夷语，为当时第一。后主命世清作突厥语翻《涅槃经》，以遗突厥可汗，敕中书侍郎李德林为其序。世清隋开皇中卒于开府、亲卫骠骑将军。

通过具体的史料考察，我们发现“翻”的出现要早于“翻译”。另一方面，从逻辑角度来思考这个问题，“翻”如果不表示翻译义，又怎能和“译”结合在一起表示翻译之义呢？因此，基于这两方面的原因，我们认为“翻”的出现要早于“翻译”。

接下来的问题是，“翻”的具体含义是什么？与“译”有何区别？夏登山（2017：81）指出，对于“翻”和“译”这两个概念的理解至少有三种不同的观点。王凤阳（1993：392）认为早期佛典翻译中的“翻”和“译”同义，“翻”起源于梵汉之间的反切注音法，用汉字表梵文的声韵需要译音，“译音法扩大到了译文、译经上”，“‘翻’就与‘译’同义了”。孔慧怡（2005：20）的观点与王凤阳的“译音说”正好相反，她认为“翻”不作名词使用，并以玄奘的“五不翻”为例，指出“翻”只表示译义，而不表示译音。王向远（2016a：138）则认为“译”是一种平面移动的、平行的互传活动，而“翻”是空间立体的“翻转”式语言交流和置换活动。

孔慧怡（2005：20）指出，“翻”和“译”有两点重要的分别：1. 不作名词使用；2. 只代表译义，不代表译音。这两点都显示，“翻”字着眼于语际转换过程，特别是语意的传达，玄奘所说的“五不翻”，最能显示“翻”与“译”的分别：“不翻”，就是不译义，只译音或写音，由此“翻”字专指译义，显而易见。王向远（2016a）认为，翻译研究界对中国传统译论中“翻”“译”及“翻译”概念中所包含的丰富的翻译思想缺乏阐释，运用词义考论、概念考古的方法加以考察辨析，可以发现在中国传统译论中“译”与“翻”是两种不同的运作方式，“译”是一种平面移动的、平行的互传活动，又称作“传”或“传译”，而“翻”则是一种空间立体的“翻转”式的语言交流与置换活动，两者相辅相成，互为补充。对“翻”的解释，阮诗芸（2019）基本上采纳的是王向远（2016a）的观点，即“翻”是立体化的翻转。通过考证，夏登山（2017：82）认为，“翻”可以指音译，而“译”也可以指释义，如《历代三宝纪》和《开元释教录》记载了“检上翻名昙无罗察，晋言即是法护”以及“然法护者，此土翻名昙摩罗刹”，竺法护原名 Dharmaraksa，“翻”为“昙无罗察”“昙摩罗刹”用的都是音译法，可见“翻”不表示音译的观点值得怀疑；而“译”也可以用来指解释性的释义，如《魏书》中载有“涅槃译云灭度”，《广弘明集》也记载了“未闲大觉即佛陀之译名也”等，按照王向远的定义，“灭度”“大觉”都应当是“翻”的结果，但《魏书》和《广弘明集》却都使用了“译”字，僧祐是“翻”的最早使用者之一，他虽然没有界定“翻”，但曾引用《胡汉译经文字音义同异记》提出“译者释也，交释两国”，明确指出“译”就是“解释”，这与王向远所声称的“翻”是翻转性解释的观点互相抵触。在此分析的基础上，夏登山（2017：83）提出了“翻”和“译”之别的另一种假设：

> 既然“翻”的使用是为了凸显“译”所不能表达的现象/特征，那么“翻”和“译”的差别就应该在佛经翻译和传统翻译的区别中寻找。佛经翻译与之前的外交翻译最明显的差别之一是：汉代以前的外交翻译基本上都是口译，几乎没有成文的原作和译作（马祖毅等，2006：2），而佛经翻译中译作大都是成文的佛经，除

> 早期原作是由僧人记忆、口传外，大多也都有成书的佛经原文本。在书写译文、校对覆勘时，佛经翻译者需要不断地“翻阅”原作和译作。我们推测，“翻”字始用于表示翻译，可能与佛经翻译的书面运作流程有关。

通过对作为主要语料的两类史籍（其一是代表古代规范汉语用法的正史文本，自首次出现佛典翻译的《晋书》至《宋史》共十六部史书；其二是六朝以后的部分佛教文献，首选具有较大影响力和代表性的作品，兼顾时间跨度和不同作者）中表达翻译概念的“翻”“译”和“翻译”使用情况的统计，夏登山（2017）得出的结论如下：

> “译”是自汉代以来的翻译概念通用词，使用频率最高、范围最广；“翻”表翻译的用法起源于六朝后期的佛经翻译活动，因南北朝以降的佛经翻译主要是书面文本的转换，译经僧最初用“翻”来凸显与朝廷外交活动中“口宣”“交释”不同的书面翻译方式，但使用范围仅限于佛经翻译，“翻”和“译”的区别在宋代以后开始逐渐淡化。

最后一个关于“翻”的问题是：“翻”表翻译之义是从何而来的？目前，对于这一问题的探讨还较少。在古籍之中，“译”字用来代表各种翻译活动和方法，既可以指笔译，也可以指口译，既可以指译音，也可以指译义，我们到底如何理解活动的详情，只能看上下文来判断（孔慧怡，2005：20）。孔慧怡（2005：20）进而指出，以“译”字覆盖不同翻译活动和不同翻译方式，不但不足以应付比较深入的讨论或技术性的叙事要求，而且如果翻译活动兴盛，“译”字作为含义不同的名词或动词不断在文中出现，会破坏行文的流畅（此乃主流文化的大忌），在主流文化并不关注外来事物的情况下，大而化之的“译”字不会让一般人感到有不足之处，但一旦翻译活动在某种层面或某种圈子里产生量和质的变化，引起较深入和带有技术性讨论的需要时，一个多功能的“译”字就不足以应付了，中文出现另一个代表语际转换的字——“翻”——也正是这个原因。在此，孔慧怡只是指出了“翻”字产生的原因，并未谈及“翻”表翻译义是从何而来的。阮诗芸（2019：142）认为，“翻译”是在单音词向双音词的过渡中出现的，但并没有对此观点进行论证。

目前来看，“翻”表翻译之义应主要来源于音韵学上的反切，虽然有少数学者持审慎的意见，如夏登山（2017：81）认为，“翻”是否起源于反切难以确证。王向远（2016a：150）的基本观点是“翻”表示翻译义来自反切：

> 作为中国传统翻译理论基础概念的“翻”有一个较长的形成演变过程。关于“翻”字，许慎《说文解字》的解释是“翻，飞也”，是一个普通动词。随着魏晋南北朝时期佛教及声明学的传入，为汉语引入了“反切”这种注音方法，而“反切”的“反”字，亦作“翻”。顾炎武在《音学五书》中认为：“反切之名，自南北朝以上皆谓之‘反’。孙愐《唐韵》谓之切，盖当时讳‘反’字。……代‘反’以‘翻’。……是则‘反’也，‘翻’也，‘切’也，‘纽’也，一也。”可知“切”、“反”、“翻”乃至“纽”是同义字，这样一来，“翻”便成为一个音韵学的概念。到了隋唐时代，一些佛经翻译家及翻译理论家明确使用“翻”字来表示两种语言之间的转换，表明“翻”又转化成为一个翻译学的概念。

傅定淼（2007：3）明确表示，翻译之“翻”由反切之“反”引申得名，最初取义于梵文、西域文字字母的拼读，引申则借代译事，“翻译”二字连用，应是取于“翻”的引申义的同义复词。傅定淼（2007：3）还进而指出了出现“翻”的原因：东晋出现别称“翻”，因汉人翻译梵文、西域文本，不能像外来传教者那样熟悉梵文与西域语言文字，必须通过拼读字母才能得其音节词句，这种拼读与汉语的反切相似，汉人自然而然地会把外来的字母拼读按中国本土文化理解为“反语成字”，于是取汉语表示拼音的“反”以表字母的拼读，再由此引申指代以字母拼读为特征的佛典翻译，书面上则字别作“翻”，聊相区别于反切之“反”。傅定淼（2007：2）还举出了“翻”在古籍中表示字母拼读的两个例子。唐释慧琳《一切经音义》卷廿五《大涅槃经音义·辨文字功德及出生次第》把梵文字母的拼读叫作“翻”或“翻字”。如：

> 悉谈文字亦不曾用“鲁、留、卢、娄”翻字，亦不除“暗、恶”二声。用前十二字（按：指元音字母）为声势，举后字母（按：指三十四个辅音字母）一字一字翻之，一字更生十一字，兼本成十二字，如此遍翻十四字，名为一番。

同样说法也见于景审为此书所作序中：

> 十二音是翻梵字之声势也，旧云十四音，误也；又有三十四字名为字母。每字以十二音翻之，遂成四百八字，共相乘转成一十八章，名曰悉谈。

傅定淼（2007：2）认为，显然慧琳、景审此所谓“翻”绝非翻译，而是指梵文辅音字母和元音字母拼读成音节。邵有学（2018：157）认为，傅定淼的解析能够自圆其说，合情合理。郑光（2018：90）也认为，“翻”表示翻译义来自反切：

> 直音法中采用相似的发音给其他汉字注音，这叫做“反”。也可能是取自“转变”意义上的“翻”。反切也被写作“反语、反音、反纽”。我们通过“切又反切，音韵辗转相协，谓之反亦作翻，两字相摩以成声韵，谓之切其实一也”（《梦溪笔谈》“艺文二”）。

唐代玄度的《九经字样》序文中也有这样的记载：

> 避以反言，但纽四声，定其音旨。其卷内之字，盖下云公害翻，代反以翻，字下云平表纽，代反以纽。是则反也，翻也，纽也，一也。

郑光（2018：89）还指出，在汉代以前，汉字的注音采用直音法，用发音相似的汉字来给未知的汉字注音，也就说明这个汉字的发音与另一个汉字的发音相同，但用这种方法不可能正确给汉字注音。后汉时期佛教传入，半字论引进，西域的高僧参与梵语佛典的汉译，为了用汉字标记梵语，他们需要熟知汉字正确发音，因而反切的方法得到发展。对此，《宋景文笔记》中以下记载可以确认：

> 切韵之学出于西域。汉人训字，止曰读如某字，未用反切。然古语已有二声合为一字者，如不可为叵，何不为盍？如是为尔，而

已为耳，之乎为诸之类。以西域二合之音盖切字之原也如软字文从而大，亦切音也。

我们简单介绍下反切，以有助于我们了解为何“翻”来自反切。在我国，古代没有拼音，因此为汉字注音就成了一大难题。最初，使用的是直音注音法，就是找一个同音字直接为另一个字注音，比如“郝”就可以注音为“好”。但是直音注音法有很大的局限性，有时候一个字没有同音字，比如“丢”就很难注音。后来，又发明了反切注音法。反切注音法就是用两个字注一个字的音，有时单称“反”或“切”，第一个字为“反切上字”，第二个字为“反切下字”。反切上字注声母，反切下字注韵母。然后上字辨阴阳，下字辨平仄。例如：“气”字注音为“去既切”，就是说取“去”的声母，取“既”的韵母，取“去”字的音调。反切的格式为：×，××切或×，××反，如：贡，古送切。反切也叫反语，反切的产生，是为了补救直音注音方法的不足，是汉字注音方法一个巨大的进步，标志着汉语语音学的开始（陈广恩，2005：34）。反切产生的年代，一般认为是东汉中晚期，北齐颜之推《颜氏家训·音辞篇》云：“孙叔然创《尔雅音义》，是汉末人独知反语，至于魏世，此事大行。”陆德明《经典释文》也说：“孙炎始为反语，魏朝以降渐繁。”事实上，孙炎以前已有人使用反切了，如东汉服虔注《汉书》“惴，音章瑞反”。反切最早在汉朝称为反语。“反”的用法是要早于“切”的。“反切”早期不用“切”字，只叫“某某反”或“某某翻”，自唐代宗大历以后，因忌讳“反”字，才改用“切”字。东汉末年的《尔雅音义》和南朝（梁）的《玉篇》都是用“反”法注音的。可以推知“反”是直音法的延续，即没有合适的同音字而用两个近音字来“反”推被注字的字音。再看看“切”。“切”始自“四声切韵”。到了唐代，有纽四声法，即在直音的字上加注声调，如唐玄度的《九经字样》“亨音赫平、亥孩上、贯关去、眺挑上声、绀干去声”，因此也有了切韵之说。“切”和“反”的区别在于“反”强调“声”，而“切”强调“调”（平上去入四声）。

我们都知道，梵文是拼音文字。僧祐《出三藏记集》卷第一“胡汉译经文字音义同异记第四”云：

> 至于胡音为语，单复无恒，或一字以摄众理，或数言而成一义。寻《大涅槃经》列字五十，总释众义十有四音，名为字本。观其发语裁音，宛转相资，成舌根唇末，以长短为异。且胡字一音不得成语，必余言足句，然后义成。译人传意，岂不艰哉。又梵书制文，有半字满字。所以名半字者，义未具足，故字体半偏，犹汉文“月”字，亏其傍也。所以名满字者，理既究竟，故字体圆满，犹汉文“日”字，盈其形也。故半字恶义，以譬烦恼；满字善义，以譬常住。又半字为体，如汉文“言”字；满字为体，如汉文“诸”字。以“者”配“言”，方成“诸”字。“诸”字两合，即满之例也；“言”字单立，即“半”之类也。半字虽单，为字根本，缘有半字，得成满字。譬凡夫始于无明，得成常住，故因字制义，以譬涅槃。梵文义奥，皆此类也。

我们可以清楚地看到，僧祐谈到的是梵文的“十四音”与“半字满字”之说。慧琳还进一步指出，梵文中只有把子音与母音拼合在一起才能表示出完整的意义。慧琳《一切经音义》卷二十五《大般涅槃经音义》曰：

梵天所演字母，条例分明，今且略说相生次第。用前十二字为声势，举后字母一字一字翻之，一字更生十一字，兼本成十二字。如此遍翻三十四字名为一番。又将野字遍加三十四字之下，一遍准前一一翻之，又成一番。除去野字，即将啰字遍加三十四字之下，准前以十二字声势翻之，一字生十二字。三十四字翻了成四百八字，又是一番。次以攞字嚩字娑字贺字仰字娘字拏字曩字麽字等十二字回换转加成十二翻，用则足矣。

慧琳的意思是：在梵文字母拼合时，首先将 34 个辅音分别与 12 个元音相拼，如此一遍则得到 408 个音节。其次将复合辅音和 12 个元音相拼，又可构成许多新的音节，如 ky、kr、pr、phr、kk、kkh、gg、ggh、dgh、nktr 等。最后，辅音与四流音也可构成一些新的音节。梵文 r、r^、l、l^ 四个字母本来是以响亮的辅音作音节主元音用，分为两组，r、r^ 是舌浊音，l、l^ 为齿浊音，每组中的两音有长短之别（有“^”号者为长元音），此四音在汉语中很难表示。同时，由于梵文 r 和 r^、l 和 l^ 仅为长、短音之别，东汉时汉语没有长元音，汉译很难分辨，故唐人慧琳在《大般涅槃经音义》中有云：

于此十二音外，更添四字，用补巧声，添文处用；翻字之处，辄不曾用，用亦不得，所谓乙，上声，微弹舌；乙，难重用，取去声，引；力，短声；力，去声，长引，不转舌。此四字即经中古译鲁流卢娄是也。后有三十四字，名为字母也。

南朝道士顾欢在《夷夏论》中讥讽佛教说：

夫蹲夷之仪，娄罗之辩，各出彼俗，自相聆解，犹虫欢鸟聒，何足述效？

季羡林先生曾在《梵语佛典及汉译佛典中四流音问题》一文中对四流音做过精密的研究。对梵文字母的研究就是所谓的悉昙学。悉昙（也作悉谈、肆昙、七昙），是梵文 siddham 的音译，又译成就、成就吉祥，本来指梵文的字母，而对此知识的研究，则叫悉昙学，其最基本的内容是梵文字母、字母拼写与语音语法方面的知识。中古时期，此种学问随佛典翻译传入中土。

从以上对反切的介绍中，我们可以看到，反切中的“反”与“翻”通用。这样的例子还有很多。宋代丁度等编撰的《礼部韵略》中说：“音韵展转相协谓之反，亦作翻；两字相摩以成声谓之切。”宋元之际黄公绍、熊忠《古今韵会举要》说：“一音展转谓之反，一韵展转相摩谓之切，以子呼母，以母呼子也。”清代顾炎武《音学五书·音论》说：“反切之名，自南北朝以上皆谓之反，孙愐《唐韵》谓之切，盖当时讳反字，……唐玄度《九经字样·序》云：‘避以反言，但纽四声，定其音旨。’其卷内之字，‘盖’字下云公害翻，代反以翻。”金代韩道昭《五音集韵·序》说：“夫《切韵》者，盖以上切下韵，合而翻之，因为号以为名。”

“翻”字来源于反切并用于佛典翻译表示译音最直接的证据是在《十四音训叙》中东晋鸠摩罗什的四大弟子之一僧叡有此用法的明确记载。东晋以前，我国几乎无人懂得梵文。道安是我国第一位认识到要学习佛教就必须学习梵文语言知识的僧人（Chou，2000：21）。我国第一部关于梵文的著述是《十四音训叙》。该书虽已失佚，但部分内容仍保存在日本平安朝僧安然的《悉昙藏》中（见《悉昙藏》卷一、卷五）。

据我们所知，《十四音训叙》应是我国可见的最早用反切法标记梵文读音的著述。对于该书的作者，有两种不同的说法。蒋述卓（1988）探讨了这两种说法，《中国佛教史》第二卷（中国社会科学出版社出版）在介绍慧叡时说："（慧叡）南朝宋时，至建康乌衣寺讲说众经，宋彭城主王刘义康请以为师，从受戒法。因谢灵运咨问，著《十四音训叙》，条例梵汉，解明经中字音词义。"这里把《十四音训叙》的著作权归于慧叡。但据《高僧传》卷七"慧叡传"载："陈郡谢灵运，笃好佛理，殊俗之音，多所达解，乃叡以经中诸学并众音异旨，于是著《十四音训叙》，条例梵汉，昭然可了，使文字有据焉。"从这一段话看，《十四音训叙》应该是谢灵运著。蒋述卓（1988）指出，从谢灵运以后的著作所载材料看，谢灵运的确写作过《十四音训叙》；南本《大涅槃经·文字品》也曾叙述了包括十四音在内的五十梵字的教义性含义，谢灵运曾参与过南本《涅槃经》的翻译，估计《十四音训叙》是他在翻译过程中就十四音问题向慧叡请教然后写出来的。

这里所说的慧叡即僧叡。《十四音训叙》无论是僧叡所著，还是谢灵运请教僧叡写的，我们认为僧叡都发挥了巨大的作用。僧叡博通经论，与道生、僧肇、道融并称鸠摩罗什的四大弟子。僧叡曾在《出三藏记集》卷第八"大品经序第二"中表明其翻译佛典之态度：

> 执笔之际。三惟亡师"五失"及"三不易"之诲，则忧惧交怀，惕焉若厉。虽复履薄临深，未足喻也。

翻译佛典有"五失本""三不易"，此为道安之译经原则，僧叡恪守其师之遗训，翻译时忧惧交怀，如履薄冰，如临深渊，足见其对译事之谨慎。关于僧叡的翻译水平，慧皎《高僧传》"晋长安释僧叡"中记载，罗什对其赞赏有加：“什叹曰：吾传译经论，得与子相值，真无所恨矣。”特别是在准确性和流畅性两方面，僧叡都体现出了很高的水平。在《高僧传》和《出三藏记集》中我们可以找到这两方面的记载。在流畅性方面，“晋长安释僧叡”记载了鸠摩罗什与僧叡讨论翻译《法华经》的过程：

> 什所翻经，叡并参正。昔竺法护出《正法华经》，受决品云：天见人，人见天。什译经至此，乃言：此语与西域义同，但在言过质。叡曰：将非人天交接，两得相见。什喜曰：实然。其领悟标出，皆此类也。

由此可见，僧叡才华出众，其译文流畅典雅。在准确性方面，僧叡所作的《思益经序》记载如下：

> 此经天竺正音名毗絁沙真谛，是他方梵天殊特妙意菩萨之号也。详听什公传译其名，翻覆展转，意似未尽。良由未备秦言，名实之变故也。察其语意，会其名旨。当是“持意”，非“思益”也。直以未喻“持”义，遂用“益”耳。其言益者，超绝殊异，妙拔之称也。思者，进业高胜，自强不息之名也。旧名“持心”最得其实。（《出三藏记集》卷第八）

《思益经》又称《思益梵天问经》《思益义经》，略称《思益经》，系叙述佛为网明菩萨及思益梵天等诸菩萨，说诸法空寂之理。西晋竺法护曾将此经译为《持心梵天所问经》，简称《持心经》。该经的梵文名称为 Viśesacintā，僧叡在此讨论的是该经名称的中文翻译，支持法护译文，反对罗什译文，有理有据。Chou（2000：29）认为，这段批评反映出僧叡的两点：一是其翻译的严谨，二是其对梵文的熟知。此外，僧叡与罗什其他弟子不同的地方是，他常与罗什讨论华梵语言及文体等问题。《高僧传》“晋长安鸠摩罗什”记载如下：

> 初沙门僧叡才识高明，常随什传写。什每为叡论西方辞体，商略同异，云：天竺国俗，甚重文制，其宫商体韵，以入弦为主。

查阅安然撰《悉昙藏》，可以清晰地发现，“翻”字最初表示用反切法标记梵文读音，即翻音。这也说明，“翻”字用在佛典翻译中应首先出现在鸠摩罗什的译场，僧叡肯定是使用过这种方法解说梵文或翻译梵文的。

在《高僧传》“晋长安鸠摩罗什”与“晋长安释僧肇”中，我们未找到关于僧肇与罗什讨论梵文语言及文体的记载。僧肇被誉为“解空第一人”，为后世留下的是其不朽的著作《肇论》，在译经方面的影响并不大，对其梵文水平我们也没能找到相应的记载。再者，僧叡参与罗什的翻译的时间也比僧肇早。401 年，僧叡就开始与罗什共同翻译《坐禅三昧经》，并于 402 年完成。罗什最重要的译经《大智度论》，也是与僧叡共译的。在《大智度论》的翻译过程中，罗什与僧叡的切磋尤为深刻与广泛，有可能产生了对翻译的新认识。与早期译经的笔受完全不同，僧叡深度介入了罗什的翻译（Chou，2000：30）。“什所翻经，叡并参证”，说明僧叡不只是被动抄写下罗什所译，而是积极参与并校正。这是因为僧叡先前曾参与了道安的翻译，道安已认识到早期的译经是不忠实的，很重要的原因是中土译者不懂梵文。因此，在翻译之前，僧叡很好地学习了梵文知识（Chou，2000：31）。东汉以前，我国就已经有了用反切来注音的方法，僧叡是深知这一点的，加上僧叡熟悉梵汉，又加上罗什的商讨，因此他们很有可能把我国本土原有的反切注音的方法应用到佛典翻译中。罗什虽在翻译实践中使用了大量的音译，但其可能未必熟知我国反切注音的方法，所以僧叡使用“翻”表译音的可能性较大。《大智度论》的翻译始于402年夏，完成于405年（Chou，2000：65）。到406年,《梵网经》的翻译才完成，僧肇才作了序（Chou，2000：54）。在年龄方面，僧肇也比僧叡年轻。吉藏《中论疏》中说，罗什“门徒三千，入室为八，叡为首领”，“老则融叡，少则生肇”（吕瀓，1979：99）。因此，我们认为，真正将“翻”字用于译经实践的第一人应是僧叡。

通过对反切的考察，我们认为，在佛典翻译中，“翻”字应来源于音韵学上的反切。最初“翻”应是用汉字来对梵文的发音进行注音，也就是音译。后来，随着使用频率的增高，“翻”字表示音译的概念范围得到了拓展，与“译”结合后，就既可以表示译音，也可以表示译义，从而从音韵学领域跨进了翻译学领域。

当然，在“翻”字之外，佛典翻译也探索过用其他词语表示翻译。例如，“转”就曾用于表示类似今天的音译。道安在谈到早期佛典《道行品》译文时写道：

> 桓灵之世，朔佛赍诣京师，译为汉文。因本顺旨，转音如已，敬顺圣言，了不加饰也。

值得我们关注的是，道安在这里用了“转音”这个词，而不是“译音”或“出音”。“转音”就是将汉语的发音与梵音加以互换。至于“转”为何没有被固定下来，我们认为，可能是反切已经成了固定的术语，所以“翻”理应也有术语的身份，作为术语的接受度较高，而“转”只不过是大概表示了转换的意思，并没有术语的身份。

第五节 翻译概念的最终确立：“翻”与“译”的合流及“翻译”的形成

张佩瑶（Cheung，2006：13）指出，与当下的翻译相比，我国佛典翻译开创有特殊的背景，主要有三方面的特征：1. 以前主要是外交翻译，形式为口头翻译；佛典翻译则主要是文化翻译，形式为书面翻译。无论是翻译的标准，还是翻译的方法，都无前例可循。2. 当今的翻译方式主要是一位原语和目标语都娴熟的双语译者独自进行的个体翻译，佛典翻译之初双语娴熟的译者几乎没有，因此需要仅掌握了原语的译者和仅掌握了目标语的译者组合进行团队翻译才能完成。也就是说，佛典翻译的方式主要是团队翻译，与今天的翻译方式相去甚远。3. 原文本不确定。印度文化本身主要就是口口相传的，书面文字记录较少。佛典翻译之初也是如此，确定的书面的佛典原文本少之又少。这也是佛典翻译之初翻译的重要特征。原文本不确定带来的影响就是，自佛典翻译开始，我国的翻译传统高度关注原文本；换言之，自佛典翻译开始，我国的翻译传统是将翻译视作一种目标文本与原文本的关系性行为（translating as a relational act）。正是佛典翻译所具有的这些以前翻译所不具有的特征和困难，使得译经师们披荆斩棘、前仆后继，不断探索翻译之内涵与外延。

我国早在上古时期就开始了对翻译的探究，中古时期初步奠定了我国译学的基础。如果要找寻我国翻译的先驱，那早期的译经师们，如竺法护、支谶、支谦、道安、鸠摩罗什、玄奘等，都是当之无愧的中国译学先驱。正是由于早期佛教译经师们的不懈探索，我国的翻译概念才不断深化，从“译”到“出”，再从“出”到“翻”，最后出现了“翻译”之名。

法云《翻译名义集》序中为“翻译”下的定义是：

> 夫翻译者谓翻梵天之语转成汉地之言，音虽似别，义则大同。宋僧传云，如翻锦绮，背面俱花，但左右不同耳。译之言易也，谓以所有易其所无，故以此方之经而显彼土之法。

由此可见，“翻译”应该是来自佛典的翻译。张振玉（1966：3）指出，见于我国最早者为“译”字，但“翻译”一语初见于史传典籍乃隋书《经籍志》：韩桓帝时，安息国沙门安静，赍经至洛，翻译最为通解。王向远（2016a）认为，“翻译”概念的出现，表明最晚到了隋代，对于翻译活动的认识，已经超越了此前的“传”“译”或“传译”的层面，而更注意大幅度立体转换的“翻”，于是相比以前的“译经”，更多地使用“翻经”这样的说法。邵有学（2018：151—152）指出了王向远观点的两个问题：1. 对“翻译”概念的认定晚了200多年，“翻译”概念在东晋时期就已经形成了；2. 没有说明大幅度立体转换的“翻”是如何进行的，更没解释为何说“翻经”。孔慧怡（2005：22—23）指出，“翻译”一词在主要佛教典籍中出现，似乎以《出三藏记集》为先，但全书只见此词一次，比《出三藏记集》成书稍晚的《高僧传》（成书约在530年），不但以“翻”字代表翻译的次数较《出三藏记集》多，而且也较多用上“翻译”这个双音节词，总数共八次，如：“舍利弗阿毗云，以伪秦弘始九年出书梵书文，至十六年翻译方竟。”根据现有文献，上文我们对“翻”的衍生进行了历史考察，“翻”应出现于东晋时期鸠摩罗什的译场。王向远（2016a：144）认为，把梵语中的读音用“拘罗那他”四个汉字来表示，就是此前的翻译理论家一直所说的“传”“译”“传译”“口传”；而把“拘罗那他”转化为“亲依”，那就不再是音译，而属于诠释，也就是“翻”。

我们不同意这种观点。通过上一节的分析，我们知道，“翻”字在佛典翻译中最初应该主要指的是译音，而“译”主要指的是译义，两者各有侧重。在佛典翻译中，“翻”和“译”两者又指涉同一事件，自然而然两者可以融合，并且融合之后也加深了对翻译活动的认识：翻译中既有译音，也有译义。由此翻译的概念内涵得以最终确立。同时，我们认为，在东汉时，汉语中也产生了双音化的趋势，这也促成了“翻”与“译”的合流及“翻译”的形成。朱庆之（2009）指出，双音化是汉语词汇在中古时期发生的最重要的变化，而佛典译本中词汇的双音化程度又远较同期的中土文献高。可以说，我国中古时期佛典的翻译推动了汉语词汇双音化的发展。至于双音化的原因，朱庆之（2009：19）认为，汉语全民语词汇双音化的原因比较复杂，目前还无法完全说清楚，但有一点已经形成共识，即以单音节词为主的词汇已经不能适应日益增多的新概念的需求。因此，我们认为，既然“翻”产生于东晋时期罗什的译场，“译”又是东晋前已有的术语，那么“翻”产生后与“译”的结合也应在东晋时期罗什的译场。傅定淼（2007）认为，“翻译”合用比“翻”出现得更早，举的例证是前秦道安佚名弟子在《僧伽罗刹集经后记》中使用了“翻译”一词。邵有学（2018：147）也据此指出，“翻译”合用更早，要早于梁慧皎至少 110 多年之久。但该说法存在两方面的问题：1.《僧伽罗刹集经后记》是道安的弟子所作，只能说明“翻译”一词是道安的弟子使用的，并不能说明“翻译”一词是在“大秦建元二十年（384）”使用的，道安的弟子使用“翻译”一词并不一定是在“大秦建元二十年（384）”。因此，在逻辑上是不通的。2. 在理论推理上也存在难题：“译”是早就有的，如果“翻”还没有开始表示翻译之义，那“翻”怎能去和“译”结合呢？换言之，在理论上，“翻”表示翻译之义的出现应早于“翻译”的出现。根据我们的考察，“翻”最初应该表示的是译音，道安并没有这方面的论述。“翻”被移植来表示翻译之义是对翻译认识的一次重要转型，因此其开创者也应该是翻译史上推动翻译实践和研究转型的重要人物，不应该是这样一位无名之辈。整体来看，通过对佛典翻译的考察，我们认为，佛典翻译中的四个关键翻译学术语的衍生顺序如下：

译→出→翻→翻译

东汉以前，我国各种表示翻译的说法基本统一为了“译”。东汉之初，由于佛典翻译的形式与以前的翻译迥异，所以佛典翻译中出现了“出”经的概念。东晋时期，随着对翻译活动认识的加深，译经家纠正了以前一些错误的认识，“翻”的概念从音韵学移植到了译学中来，又与已有的“译”相结合，于是最终产生了现在译学中最重要的本体概念“翻译”。经过概念外延拓展的“出”、内涵增添的“翻”以及“翻译”的合流三个阶段的发展，翻译之名最终得以确立，随之我国对翻译本体论的探索和认识也达到了高峰。在我国的话语体系中，“翻译”最终成了指涉不同语言间沟通和语言文字转换的最上位的翻译学术语。在概念上，翻译既包括狭义的表示不同语言之间文字转换的“小翻译”，也包括广义的从原文选取、语言转换、原文释义到出版发行的“大翻译”；既可指口译，也可指笔译；既可指翻译活动本身，也可指从事翻译活动的人。在方法上，翻译既应包括译音，也应包括译义。在词语的用法上，翻译既可用作动词，也可用作名词。

至于“翻译”这个双音节词如何逐渐脱离佛学范围，进入汉语主流，孔慧怡（2005：20）认为，“翻译”隋、唐之世才脱离佛学范围，进入汉语主流，清代时才完全确立，其论证过程如下：

> 我们可以用二十五史为探讨的基础。下面列出“翻译”在各朝断代史出现的条目数字：《隋书》：2；《旧唐书》：8；《宋史》：1；《元史》：3；《明史》：1；《清史稿》：83。二十五史在《隋书》以前未见“翻译”一词，此词进入汉语主流在隋、唐之世。由此可见，《隋书》及《唐书》中所有用“翻译”一词的地方，都和佛经翻译有关，而政府翻译事务则只用“译”字。但到了《元史》，“翻译”就不再限于佛学了。例如元代翰林学士阿鄰帖本儿“善国书”（即蒙古文），“翻译诸经”（指儒家经典）；资善大夫“鲁直班则为翻译”（指在元代儒家经筵为皇帝充当传译），可见“翻译”一词已推展到佛学以外的范围，而且用以代表笔译和口译两种工作。到了清代，“翻译”一词已完全确立，既用作动词，亦用作名词，政府官员和外国驻华使馆译者都以“翻译”为职衔，是其站稳主流地位的最佳佐证；而“翻译”一词在《清史稿》的出现频率激增，更是此词在20世纪占领主流位置的好证明。

在英语中，translation一词首见于约1340年，或源自古法语translation一词，或更直接来源于拉丁语translatio（传送，即英语transporting），而translatio一词则源自其动词transferre（传递，即英语to carry over）的过去分词（Munday，2016：8）。谭载喜（2004：5）指出，西方最早的翻译理论家是罗马帝国时期的西塞罗（Cicero，前 106—前 43）。他首次把翻译区分“作为解释员”（ut interpres）的翻译和“作为演说家”（ut orator）的翻译。“作为解释员”的翻译是指没有创造性的翻译，而所谓“作为演说家”的翻译则指具有创造性、可与原著媲美的翻译。这样，西塞罗便厘定了翻译的两种基本方法，从此西方翻译理论史便围绕着直译与意译、死译与活译、忠实与不忠实、准确与不准确的问题，被一条绵延不绝的线贯穿起来。

孔慧怡（2005）提出，我国的翻译传统是双元的：一是外交翻译，二是文化翻译。孔慧怡（2005：72）指出，华夏文化的一个重要特征是其自身强烈的优越感，这就导致其主流知识分子对异域知识或异域语言的兴趣甚低，这种对异域文化兴趣的缺失进而影响了实际的翻译工作以及人们对翻译的认知；翻译仅是政治、外交、军事等政府活动的必然要求，且历朝政府都设置了专门的翻译机构和翻译人员，这种政府活动中的翻译的受众是较为有限的，但文化翻译的受众则是无限的。

表 1－3　政府职业译员与文化译员的差异

对比点	政府职业译员	文化译员
语言能力	双语/多语	多数为单语
翻译方式	个人	合作或团队
负责对象	雇主	自身及具有同样信仰的群体或组织
翻译要求	遵循固定的方式和方法	自由探索、自由创新，为了有效地沟通经常必须进行探索与创新

续表

对比点	政府职业译员	文化译员
翻译材料	指定材料	自己/群体选择
意向受众	特定的小规模受众	受众尽可能多
目标	职业晋升	传播新知
显示度	匿名的，不为外界所知	公众人物，其形象对其译作是否成功有影响

（孔慧怡，2005：73）

由此可见，文化翻译才是真正的翻译，真正的不同文化间的交流与融合。在这个意义上而言，佛典翻译应该是我国第一次大规模的文化翻译活动。正是在这场文化翻译活动中，我国佛典翻译的先哲们不断探索翻译的真正内涵，“翻译”之名才最终得以确立。换言之，佛典翻译把我国的翻译活动从自然本体论的高度提升到了文化本体论，翻译从而也进入了我国的主流文化话语。刘宓庆（2005：59）指出了中国翻译传统的四个特征：文化战略考量、圆满调和、关注意义兼及审美以及强化主体、强调悟性。可以说，佛典翻译至少形成了我国翻译传统的第一个特征：文化战略考量。

第六节　佛典翻译对翻译本质的探索

在我国古代的佛典翻译过程中，译经师们一方面从事着翻译实践，另一方面也不断提炼着翻译的本质及功用。

一、译，传也

在佛典翻译中，有时“译”和“传”是通用的。根据《说文解字》

"传，遽也"，即古代送信的快车或快马，也就是传递、传送的意思。将"译"阐释为"传"，突出的是"译"的传播、传递讯息的性质与功用，有时在佛典翻译中也称"宣译"。这是从翻译对异域文化的传播功能的维度看翻译，也是我国古代对翻译的性质与功用的较早认识。也就是说，我国佛典翻译活动对翻译的认识首先是从其文化功能开始的，而非首先关注翻译过程中的语言转换。这是我国佛典翻译者从文化层面对翻译问题的观察与认识。三国支谦和西晋道安都曾将"译"阐释为"传"。例如《出三藏记集》载：

> 又诸佛兴，皆在天竺，天竺言语与汉异音，云其书为天书，语为天语，名物不同，传实不易。（卷第七"法句经序第十三"）

> 传胡为秦，以不闲方言，求知辞趣耳，何嫌文质？（卷第十"鞞婆沙序第十五"）

有时"译""传"并用。东晋僧人支敏度在"合维摩诘经序"中就有"译""传"合用的用法：

> 在昔汉兴，始流此土，于时有优婆塞支恭明。逮及于晋，有法护、叔兰。此三贤者，并博综稽古，研机极玄，殊方异音，兼通开解。先后译传，别为三经，同本、任殊、出异。（《出三藏记集》卷第八）

僧叡在"思益经序"中将"译""传"合用为"传译"：

此经天竺正音名毗絁沙真谛，是他方梵天殊持妙意菩萨之号也。详听什公传译其名，翻覆辗转，意似未尽。（《出三藏记集》卷第八）

慧皎《高僧传》不仅大量使用了“传译”一词，有时还将“传译”用作名词，指做翻译工作的人：

河西王沮渠蒙逊僭据凉土，自称为王，闻谶名，呼与相见，接待甚厚。蒙逊素奉大法，志在弘通，欲请出经本，谶以未参土言，又无传译，恐言舛于理，不许即翻，于是学语三年，方译写初分十卷。（《高僧传》“晋河西昙无谶”）

二、译，释也

梁僧祐旗帜鲜明地将“译”阐释为“释”。这一阐释记录在《出三藏记集》卷第一“胡汉译经文字音义同异记第四”中：

译者释也，交释两国，言谬则理乖矣。自前汉之末，经法始通，译音胥讹，未能明练。故“浮屠”、“桑门”，遗谬汉史。音字犹然，况於义乎？案中夏彝典，诵《诗》执《礼》，师资相授，犹有讹乱。《诗》云“有兔斯首”，“斯”当作“鲜”。齐语音讹，遂变《诗》文，此“桑门”之例也。《礼记》云“孔子蚤作”，“蚤”当作“早”。而字同蚤虱，此古字同文，即“浮屠”之例也。中国旧经，而有“斯”、“蚤”之异，华戎远译，何怪於“屠”、“桑”哉！若夫度字、传义，则置言由笔，所以新旧众经，大同小异。天

> 竺语称“维摩诘”，旧译解云“无垢称”，关中译云“净名”。“净”即“无垢”，“名”即是“称”，此言殊而义均也。旧经称“众佑”，新经云“世尊”，此立义之异旨也。旧经云“乾沓和”，新经云“乾闼婆”，此国音之不同也。略举三条，余可类推矣。

至于僧祐为何将“译”作“释”解，这主要是基于他对新、旧经翻译差异的观察。对于新、旧经间的差异，僧祐指出了三种情况：1.“言殊而义均”，即用词虽然不同，但意义是一样的，如“无垢称”与“净名”；2.“立义之异旨”，即突出的立意不同，如“众佑”与“世尊”；3.“国音之不同”，即不同的地方有不同的发音，如“乾沓和”与“乾闼婆”。虽然这些新、旧众经的翻译有所差异，但在僧祐看来，它们“大同小异”。原文只是一种，但由于受立意不同、表达方式不同、方言语音不同等因素的影响，产生了多种译文。因此，在此意义上而言，翻译应该是一种解释性的行为。

对于“翻译即解释”这一命题，当代国内翻译界一般认为是西方所提出来的命题。朱健平（2006）指出，“翻译即解释”这一命题在西方已有400多年的历史，在16世纪即已提出，17世纪又得到进一步巩固和强化，后来则成了一个不言而喻的预设。德国哲学家伽达默尔（Gadamer）指出，“一切翻译同时也是解释”，“翻译始终是译者对给定词语进行的解释过程”，“所有的译者都是解释者”（Gadamer，1975：346，349）。21世纪初，法国哲学家保罗·利科（Paul Ricœur）推出了翻译哲学专著《论翻译》，实现了翻译研究的诠释学转向（Kearney，2006：xv）。

实际上，在我国，早在6世纪时，梁朝僧祐就已经提出了“翻译即解释”这一命题，并明确地列出了“译者释也”的三种情形。换言之，我国提出“翻译即解释”这一命题的时间早于西方1000多年。这是我国佛典翻译者从哲学层面对翻译问题的观察与认识。因此，可以说，我国佛教翻译的史料中蕴含着丰富的宝藏，我国古代文献中有众多翻译理论资源可以挖掘。

三、译，易也

唐贾公彦《周礼义疏》提出：“译即易，谓换易言语使相解也。”后来，宋赞宁在《宋高僧传·唐京兆大荐福寺义净传》中又进行了深化：“译之言易也，谓以所有易所无也。”朱志瑜、朱晓农（2006：125）对此句话的解释是：“译”表示“易”，就是说拿此处所有的汉语去变换、去对照此处所无的梵语。即翻译就是语言转换。对“译即易”的观点，在《宋高僧传》中，赞宁举的例子是杨柳树：

> 譬诸枳橘焉，由易土而殖，橘化为枳。枳橘之呼虽殊，而辛芳干叶无异。又如西域尼拘律陀树，即东夏之杨柳，名虽不同，树体是一。自汉至今皇宋，翻译之人多矣。晋魏之际，唯西竺人来，止称尼拘耳。此方参译之士，因西僧指杨柳，始体言意。其后东僧往彼，识尼拘是东夏之柳，两土方言，一时洞了焉。唯西唯东，二类之人未为尽善。东僧往西，学尽梵书，解尽佛意，始可称善传译者。

“易”就是交换、转换的意思。这是我国佛典翻译者从语言层面对翻译问题的观察与认识。对于翻译而言，最明显、最核心的就是转换，不论是语言层面、符号层面还是文化等层面的转换。这是很容易观察到的。但难能可贵的是，赞宁指出了翻译过程中转换的对象：“以所有易所无。”对于西域语言中的尼拘律陀树，中土汉语中无此名称，但中土汉语中的杨柳与西域语言中的尼拘律陀树为同一树体，因此将西域语言中的尼拘律陀树翻译成汉语中的杨柳，就可以明白西域语言中的尼拘律陀树的意思了。

唐孔颖达《礼记正义》对“译”的解释为：“译，陈也，谓陈说内外之言。”《礼记·王制》篇记载：“五方之民，言语不通，嗜欲不同。达其志，通其欲，东方曰寄，南方曰象，西方曰狄鞮，北方曰译。”孔颖达疏：“其通传东方语官，谓之曰寄者，言传寄外内言语。通传南方语官，谓之曰象者，言放象外内之言。其通传西方语官，谓之狄鞮者，鞮，知也，谓通传夷狄之语，与中国相知。其通传北方语官，谓之曰译者，译，陈也，谓陈说外内之言。”“陈”就是陈述叙说的意思，就是用词句表达出来。孔颖达所说的“外内之言”，大概指的就是周代边境之外的夷、蛮、戎、狄等部落的语言和境内华族的语言。因此，“译”就是把“外之言”用“内之言”的词句表达出来，或者把“内之言”用“外之言”的词句表达出来。换言之，孔颖达也是从语言转换的层面来看翻译的。

四、译，诱也

我国著名学者钱锺书先生（1981：18）在《林纾的翻译》一文中也讨论了“译”的来源，现摘录如下：

汉代文字学者许慎有一节关于翻译的训诂，义蕴颇为丰富。《说文解字》卷六《口》部第二十六字：“囮，译也。从‘口’，‘化’声。率鸟者系生鸟以来之，名曰‘囮’，读若‘譌’。”南唐以来，“小学”家都申说“译’’就是“传四夷及鸟兽之语”，好

> 比“鸟媒”对“禽鸟”所施的引“诱”，“譌”、“讹”、“化”和“囮”是同一个字。“译”、“诱”、“媒”、“讹”、“化”这些一脉通连、彼此呼应的意义，组成了研究诗歌语言的人所谓“虚涵数意”(manifold meaning)，把翻译能起的作用（“诱”）、难于避免的毛病（“讹”）、所向往的最高境界（“化”），仿佛一一透示出来了。

在此，钱锺书认为翻译所起的作用为“诱”。也就是说，翻译在文化交流中起着一种“媒婆”的作用，是两种文化间的“沟通”“桥梁”，目的是要引导人向“原作过渡”，不仅是“要省人家的事，免得他们去学外文、读原作”。但同时，在钱锺书看来，翻译活动难以避免“讹”。对于何为翻译中的“讹”，钱锺书（1981：19）认为：

> 一国文字和另一国文字之间必然有距离，译者的理解和文风跟原作品的内容和形式之间也不会没有距离，而且译者的体会和他自己的表达能力之间还时常有距离。从一种文字出发，积寸累尺地度越那许多距离，安稳到达另一种文字里，这是很艰辛的历程。一路上颠顿风尘，遭遇风险，不免有所遗失或受些损伤。因此，译文总有失真和走样的地方，在意义或口吻上违背或不尽贴合原文。那就是“讹”，西洋谚语所谓“翻译者即反逆者”。

在此意义上而言，钱锺书是“不可译论”的支持者。这是少有的从翻译的消极层面对翻译活动的观察和认识。有些学者认为，钱锺书的翻译观体现了西方解构主义翻译观的解构特征，是中国的解构主义翻译观（黄汉平，2003；于德英，2009）。实际上，钱锺书对翻译的这些认识在我国古代的佛典翻译中业已存在。道安对翻译的“葡萄酒被水”的比喻和鸠摩罗什对翻译的“嚼饭与人”的比喻在一定程度上反映了二者所持的“不可译论”。更有甚者，隋代的佛典翻译家彦琮早在6世纪就将翻译这一消极层面推向了极端，提出了“取消翻译”的主张：

> 向使法兰归汉，僧会适吴，士行、佛念之俦，智严、宝云之末，才去俗衣，寻教梵字，亦沾僧数，先披叶典。则应五天正语，充布阎浮，三转妙音，普流震旦，人人共解，**省翻译之劳**，代代咸明，除疑网之失。（《续高僧传·隋东都上林园翻经馆沙门释彦琮传》）

梁启超（1984：62）指出：“然彦琮之结论，乃在废译。意欲人人学梵，不假传言。”故云“直餐梵响，何待译言？本尚亏圆，译岂纯实？”彦琮实则主张“翻译无益论”之人也。以吾观之，梵文普及，确为佛教界一重要问题。当时世鲜注意，实所不解。但学梵译汉，交相为用。谓译可废，殊非自利利他之通轨也。

这也说明，在佛典翻译中，译经师们对翻译的认识是多元的，有“建构”，也有“解构”。我国对于翻译解构性的认识远远早于西方。

整体来说，我国古代佛典翻译中对翻译性质及功用的认识是较为全面的，既有文化层面的认识，也有语言层面的认识，还有正反两方面的哲学体悟：

翻译的含义——
- 译，传也（突出传播）　文化层面
- 译，释也（肯定本体）　哲学层面
- 译，易也（突出语言）　语言层面
- 译，诱也（否定本体）　哲学层面

这些对翻译认识的单字总结都是我国古代佛典翻译中高度凝练的翻译思想，是翻译之“道”，是基于我国本土翻译实践对翻译的独到认识。刘宓庆（2005：2）认为：“翻译思想”指翻译家对翻译之“道”的经验的高度提升或高层级认知，这种认知又反过来指导他在更高层级上的实践，由此获得新的经验，从此周而复始；在表达方式上，按照中国的民族文化特别是思维方式和人文科学的传统，原则也好，主张也好，思想也好，都可以尽力箴言化，以便记诵力行。

近代以后，我国就不再使用单字的方式来阐释翻译，而是多用语词的方式，如傅雷的“神似”说、钱锺书的“化境”说等。到了现代，则多用完整的句式来阐释翻译。与傅雷的“神似”类似，台湾学者张振玉认为翻译追求的应该是“近似”，其为翻译下的定义是：翻译系以原文为素材，以译者之语言文字为工具，以译者之匠心为主宰，就译者所理解之原文而求近似性之表现（张振玉，1966：自序）。

第三章　中国古代佛典翻译认识论的演进与流变

在我国古代近千年的佛典翻译中，众多译经师潜心佛典翻译，对翻译中的重要问题的认识不断深化。本章将重点探讨我国古代佛典翻译中对原文、译者、翻译标准、翻译困难、不可译性、翻译理论的认识论的演进与流变。

第一节　翻译认识论

夏甄陶（1986：1—2）认为，认识论是对认识进行哲学反思的科学，其任务在于揭示认识本身的发生、发展过程及其规律，力求使认识成为自觉。在《译学词典》中，方梦之（2004：239）认为，认识论与实践论相对，是关于人类认识的起源、内容与发展过程的学说，翻译哲学的认识论问题主要研究主体对客观的认识过程与反应机制，着重说明翻译中认识与实践的关系。包通法（2014a：1）也对翻译认识论（epistemology）进行了界定：翻译认识论是对翻译和翻译活动的义理、现象、过程以及翻译本体的内外要素、实施工具理性识度，或人文诗性识度（译者的地位、作用和文本阐发、作者、译者、译本、译本读者和文本外部各要素的互为关系等）、语言文本识度、文化识度或整体性识度的思辨、描述以及规定等的认识论道统。同时，对思维与存在关系的认识又使认识论与本体论有着内在的千丝万缕的联系。翻译的本体论主要是从客体的角度研究翻译、研究翻译中思维与存在的关系，翻译的本体论涉及翻译的概念和性质、翻译活动的形式和特征、翻译活动的基本矛盾和内部规律、翻译学的研究对象与任务等一系列与翻译有关的问题（方梦之，2004：239）。实际上，这一系列与翻译有关的本体论问题在一定程度上也是翻译的认识论问题。

在西方哲学史上，认识论曾经历了两种属性和维度：一是摒弃和拨开现实世界和社会纷繁复杂现象，求索世界的本质、人类社会的根本，反映在科学上就是寻求自然界的简单构式和规律。这一现象与认识传承自苏格拉底前古希腊哲学以及苏格拉底后由柏拉图以降直至德国古典哲学：世界的本质是简单的，事物的本质是唯一的，一切皆源于逻各斯，这是西方哲学认识上形而上学的传统。二是当世界进入现当代时，人们发现，讨论和求索世界的唯一本质和事物发展的唯一规律或法则是人类的一种奢望，人们变得更现实、更务实，不再好高骛远，开始将视角转向世界的现象、事物发展和变化的过程，开始将认识目标由本体论转向知识论，不过近现代哲学仍具有本体论的某种情结，没有彻底放弃对世界本质的求索（包通法，2014b：17）。孙宁宁（2003：76）指出，哲学史上曾经历了两次重大的范式转向：第一次发生在古希腊罗马时代与中世纪之交，体现为本体论向认识论的转向；第二次则发生在 20 世纪初，其标志是认识论向语言论的转向。当代又出现了理论哲学向实践哲学的转向。

对于翻译学而言，吕俊（2003）指出，目前正在发生着从理论哲学向实践哲学的转向，我们应该以实践哲学为基础来进行译学建构。翻译活动是一种观念性活动，是精神创造活动，同样也是人类的社会实践活动，在这一过程中也是主客观辩证统一的关系（吕俊，2003：74）。以往翻译研究范式的一个共同特点是将翻译研究囿于观念性文本之中，没有把它置于社会交往的现实生活世界层面上，往往是以原文文本为一端，而以译文文本为另一端的语言性活动，其研究中心放在语言的转换规律或对作者原意的追寻上，而不是寻找跨文化的社会交往的规律性、合理性和可能性条件（吕俊，2003：72）。就认识论而言，吕俊、侯向群（2015）认为，应从主-客分离式的认识观走向人-世界的整体主义认识观。实际上，这也是翻译学的认识论从一元论到多元论的转向，翻译的本质是一还是多的问题。

蓝红军（2015：26）指出，翻译本质的多维属性越来越获得译学界的认同，翻译的本质是一个由多种维度特性所构成的复杂性存在，它在不同历史阶段以不同的现象或面貌呈现，既有着“一般本质”和“特殊本质”的层次之分，又有着“范畴”与“类属”的多元归属，从某一层面或某一角度去剖析翻译的本质，它始终都呈现出“亦此亦彼”的多维性。蓝红军还构建了一个由三种本质观构成的翻译本体论和认识论体系：

表 3－1　翻译本体论

概念	本质观	标准	研究关注
翻译	语言转换	忠实	原文、原文作者、原文到译文的过程
	文化信息传播	效果	文化身份、语境、译者行为合理性
	语言服务	质量	需求、职业、技术、用户满意度

（蓝红军，2015：30）

认识论与本体论既有联系，又有区别，且有先后之分。葛力

（1997：4）指出：没有本体论，则认识论漂浮不定、空洞无物；没有认识论，则本体论暗淡无光、无从展现。然而，必须承认彼此之间有先后之别，即本体论有先在性，随后才有认识论的产生；认识论以本体论为先导，否则就会陷入唯心主义泥沼。

对于翻译认识论的知识，我们认为，根据康德对知识的分类，也应分为两类：纯知识和经验知识。康德（Kant，2002：142）认为我们的知识（knowledge）始于经验，但并不都来自经验，因此区分出了先验的（a priori）纯知识（pure knowledge）和后验的（a posteriori）经验知识（empirical knowledge）两种知识。对于翻译学而言，经验知识就是从翻译经验直接获得的知识，而纯知识则是通过推理等间接获得的知识。同时，"知识"的成立需要一定的条件。胡摩尔（Huemer，2002：435）指出，认识论的中心任务之一是分析"知识"这一概念，即分析某人如何算已知道了命题 p。传统的对"知识"概念的分析是："知识"是"被证明是正当的、真的信念（justified，true belief）"，公式如下：

> S 知道 p =（i）S 至少相信 p，
> （ii）p 是真的，并且
> （iii）S 相信是 p 是有正当理由的。

"知识"的成立也要符合普通逻辑的四大基本规律：矛盾律、排中律、同一律、充足理由律（方梦之，2004：239）。矛盾律指在同一思维过程中，两个互相反对或矛盾的命题不能同时为真，其中至少有一个为假，其作用是要求人们在正确思维中排除自相矛盾的错误，矛盾律的公式为"A 不是非 A"。排中律表示在同一思维过程中两个互相否定的思想不能都假，可以用公式表示为"A 或者非 A"，其作用是保持思想的明确性。

同一律表示在同一思维过程中每个概念保持其自身的同一性，可以用公式表示为“A 是 A”，其作用是保持思想的确定性。充足理由律指任何一个陈述如果是真的，就必须有一个为什么这样而不是那样的充足理由。

此外，我们认为，对于翻译的认识论也应持历史认识论的观点。任何对翻译的认识都受一定历史条件的限制，因此人们对翻译的认识具有历史性，是随着历史的发展而不断发展的。例如，佛教出现后，人们对翻译的认识就有了新的变化。肖平、杨金萍（2004）从佛教量论的角度对翻译的实质做出界定，指出翻译的实质是一种为他（社会性）的比量活动。现量和比量被看成是两种根本的量，即为各家所共许的量。现量（pratyakSapramaANa）一般指由感官（根）和对象（境）接触产生的知识。比量（anumAna-pramANa）则指在现量基础上的推理。肖平、杨金萍（2004：95）的研究结论如下：

（1）译的实质不在于传统意义上的“转换”“变换”“解释”等，而在于“比”，即翻译是建构在两种语言之间的具有社会性的“比”的行为，在佛教量论中属于“为他比量”。

（2）两种语言之间所存在的事先约定性是构成翻译的基础。根据这一标准可以把翻译区分为两类：比知翻译和喻知翻译。比知翻译指具有事先约定性的翻译，如把 horse 翻译成“马”，离开事先的约定，翻译便不成立。喻知翻译指尚未获得事先约定性的翻译，如把 monk 翻译成“和尚”。原语与译语之间不存在事先的直接约定性，即译语是译者根据媒介推定出来。比知翻译是运用性的翻译活动，喻知翻译是建构性的翻译活动。

（3）依据佛教量论的启示，不可译性是不可知论或怀疑论在翻译理论中的显现。

佛典翻译是我国第一次大规模的翻译活动。自东汉始，随着对翻译实践认识的不断加深，我国佛典翻译中的认识论也不断趋于多元、趋于成熟。整体来看，就认识方式而言，我国古代佛典翻译主要以整体感悟为主，以理性分析为辅：主要诉诸于心，而不是诉诸于物；就知识形式而言，以高度概括为主，以复杂体系为辅，即喜欢形式的简练，厌恶推理的繁杂；就认识倾向而言，以形而下的认识为主，以形而上的认识为辅，即重视实践经验总结，轻视理论建构；就思维方式而言，重“比类取象”或“援物比类”的两点式类比思维，轻以概念为基点的“三段论”式逻辑思维。

第二节　对原文与译者概念的认识

一、对“原文”概念的认识

道安在《摩诃钵罗若波罗蜜经抄序》中首次提出了“五失本”的理论：

> 译胡为秦，有五失本也：一者，胡语尽倒而使从秦，一失本也。二者，胡经尚质，秦人好文，传可众心，非文不可，斯二失本也。三者，胡经委悉，至于叹咏，叮咛反复，或三或四，不嫌其烦，而今裁斥，三失本也。四者，胡有义说，正似乱辞，寻说向语，文无以异，或千五百，刈而不存，四失本也。五者，事已全成，将更傍及，反腾前辞，已乃后说，而悉除此，五失本也。

钱锺书（1984：28）认为，“吾国翻译术开宗明义，首推此篇”，而支谦的《法句经序》“仅发头角”而已。实际上，支谦的《法句经序》也提到了“本”的概念：是以自偈受译人口，因循本旨，不加文饰。也就是说，支谦提出的翻译主张是“因循本旨，不加文饰”。若按钱锺书先生的界定，将道安的《摩诃钵罗若波罗蜜经抄序》看作我国翻译学的开篇之作，可以看出我国翻译学奠基的基调是忠实于原文，即求本。换言之，“本”，即原文的概念，在我国译学中的地位尤其重要，是翻译中的旨归。

张佩瑶（Cheung, 2006）指出了我国佛典翻译话语的六个主要特征，其中两个（第5个和第6个）都与原文有关，这两个与原文相关的我国佛典翻译话语的特征是：1. 我国佛典翻译话语紧紧围绕一个核心概念“本”。对翻译过程、翻译方法、翻译中的损失、翻译中的困难、理想的译者素质等的讨论，都关注原文，将翻译视作与原文存在不同程度相关性的产物。描述翻译时，与“本”搭配的词语众多：案本、委本、得本、失本、乖本、违本、伤本、依本、守本。2. 我国佛典翻译话语由于高度关注“本”的问题，因而具有了自身独特的身份特征：将翻译，无论是过程还是产品，都视作一种与原文的关系性行为（translating as a relational act）。佛典翻译家们并没有很好地去区分三种翻译：译作代表原作（a translation represents the source）、译作替代原作（a translation functions as a substitute for the source）、译作独立存在（a translation exists as a work written in Chinese rather than translated into Chinese）。这从佛典经名的翻译可以管窥。第一种翻译的例子是《鞞婆沙》，因为这是梵文 *vibhāsā* 的音译。第二种翻译的例子是《摩诃钵罗若波罗蜜经抄》，“摩诃钵罗若波罗蜜”是梵文 *Mahāprajñāpāramitā* 的音译，“经”是“sutra”的翻译，“抄”表明这只是原文的临时替代品。第三种翻译的例子是《道行经》，名字听起来就像是中文写的，且在主题上似与中国古代重要的道家思想有关。王向远（2016b）指出了我国古代译学的五对范畴，其中有四对范畴与“本”有关：胡本/梵本、全本/抄本、异本/合本、失本/得本。

根据王力等编著的《古汉语常用字字典》，“本”有八个义项：1. 草木的根或茎干。《国语·晋语一》：“伐木不自其本，必复生。”2. 根本、基础的东西。《论语·学而》：“君子务本。”3. 本来的，原来的。萧统《文选序》：“变其本而加厉。”4. 根据，掌握。《周易·乾》：“本乎天者亲上，本乎地者亲下。”5. 底本、版本。《文选·魏都赋》注引刘向《别录》：“一人持本，一人读书。”（按：书指书写在竹简上的文字。）6. 本钱（后起意义）。7. 封建社会臣子给皇帝的奏章或书信（后起意义），如“奏本”。8. 量词。表示株、棵、丛等。在佛典翻译中，“本”主要为第2和第5个义项。对于第5个义项，即表示底本、版本的意义，一般没有歧义，如：“由是道行颇有首尾隐者。古贤论之，往往有滞。仕行耻此，寻求其本，到于阗乃得。”“放光、光赞，同本异译耳。其本俱出于阗国持来，其年相去无几。”“异出经者，谓胡本同而汉文异也。梵书复隐，宣译多变，出经之士，才趣各殊。辞有质文，意或详略，故令本一末二，新旧参差。”

但对于“本”的第2个义项，则有不同的阐释。在《出三藏记集》中，有众多重“本”的说法：

> 然世高出经，贵本不饰。天竺古文，文通尚质。仓卒寻之，时有不达。（卷第六“大十二门经序第九”）
>
> 桓灵之世，朔佛赍诣京师，译为汉文。因本顺旨，转音如已，敬顺圣言，了不加饰也。（卷第七“道行经序第一”）
>
> 是以先哲出经，以胡为本，小品虽抄，以大为宗。推胡可以明

理，征大可以验小。若苟住胸怀之所得，背圣教之本旨，徒常于新声，苟竞于异常。异常未足以征本，新声不可以经宗，而遗异常之为谈，而莫知伤本之为至。伤本则失统，失统则理滞，理滞则惑殆。若以殆而不思其源，困而不寻其本，斯则外不关于师资，内不由于分得。（卷第八“大小品对比要抄序第五”）

既蒙究摩罗法师正玄文，摘幽指。始悟前译之伤本，谬文之乖趣耳。（卷第八“毗摩罗诘提经义疏序第十四”）

什自手执胡经，口译秦语，曲从方言，而趣不乖本。（卷第八“法华宗要序第八”）

此诸经律凡百余万言，并违本失旨，名不当实，依悕属辞，句味亦差。（卷第九“中阿含经序第八”）

我国的翻译研究，特别是最初的佛典翻译研究，高度重视“本”的一个重要原因是原文不稳定（Cheung，2006：12）。印度佛教本来的传统就是口头相传，没有文本，因此最初传到我国的佛典多是僧人凭记忆背诵出来的，没有实物的佛典文本。即使后来将实物的佛典文本带到了我国，这些文本也往往支离破碎或经过过度的改编。此外，佛典文本的原语和间接翻译的问题更加重了佛典翻译中对“本”的重视（Cheung，2006：12）。有些传入我国的佛典其原语有时不是梵文，而是胡语，有些我国翻译的佛典可能依据的原文就是已经经过胡语翻译过的译文。

我国翻译研究中重视“本”的另一个原因是我国的文化高度重视文字。“夫神理无声，因言辞以写意，言辞无迹，缘文字以图音。故字为言蹄，言为理筌。”（《胡汉译经文字音义同异记》）对中国这样一个以“同文”为文化运作基础之传统的国家来说，以文字记载的知识就具有更大的权威性（孔慧怡 2000：22）。早期印度佛教全属口传心授，极重师承，不注重文字记载。因此，佛教要进入我国的本土文化，首先须解决的问题是原文的问题。孔慧怡（2000：23）指出，原文的权威性很大程度来自人们对翻译外来知识的期望：外来知识必须有所本，而不是凭空捏造的；其实中国知识僧团中对梵语有了解的是极少数，而一般信众对此更是一窍不通，因此原文的作用并非只是用以引证译文，而是一种权威的象征，同时也吻合中国传统对文字记载的重视。获得原文一般有两种途径：一是中土派人去西天取经；二是来华传经师带来经本。但早期佛教以口传为主，即使有文字记载，也是书写在贝叶上，极其沉重，不便于携带，加之路途遥远险峻，所以早期中土的经文原本应该是少之又少。为了弥补“没有原文”这一缺憾，早年来华的传经师往往是先朗诵梵文经典，由旁人笔录，再以此范文本为讲经和翻译的基础。铁木志科（Tymoczko，2010：72—73）指出，中国的翻译有着悠久的文本化的历史，这持续了一千多年，典型代表是始自2世纪的佛典翻译。与西方的声音文字（phonetic symbols）不同，中国书写的主要形式是文字（characters），这也是翻译在中国文本化的象征。使用文字的好处是可以保持文化的连续性，并且可以保证忠实（fidelity）。但对于翻译研究而言，使用文字的弊端在于难以对翻译进行理论化（difficult to theorize about translation），原因是文字的使用抹去了许多如口语化、时间等的语言特征，从而使得翻译中的语言和文化不那么透明，较难探索，较难理论化（Tymoczko，2010：74）。

由于我国早期的翻译传统是“案本”，重视译文与原文的关系，即主要重视“译作代表原作”的翻译，没能很好地重视“译作替代原作”与“译作独立存在”这两种翻译，所以翻译研究很难摆脱原文的束缚，主要是将译文与原文的文字与意义进行比较，翻译研究的范围难以拓展到文化学、哲学等方面，这在一定程度上限制了翻译研究的发展。对于翻译研究而言，一方面要重视原文的作用，但另一方面也要摆脱原文的束缚，仅仅重视原文是不够的，我们还要重视“译作替代原作”与“译作独立存在”这两种翻译。在翻译的认识论方面，这是我们翻译研究首先要突破的藩篱。

二、对“译者”概念的认识

方梦之（2004：81）对“译者”（translator/interpreter）的定义如下：

> 从事翻译工作的人，包括专业的和业余的。就笔译而言，译者的位置处于作者和读者中间。译者必须兼顾两头，瞻前顾后，既进入作者的创作活动，又进入读者的阅读过程；既要了解作者，又要了解读者；既要对作者负责，又要对读者负责。在翻译过程中，译者会受到两次接受活动或来自两方面的影响。首先，译者对原文的理解或交流会直接影响译文的生成。同时，译者会预测译文读者对译文的接受或参与，从而在另一方面影响译者对译文的生成。读者的期待视野和判断标准会影响他的二度创作活动。从某种意义上讲，翻译所依据的原文应是译文（译者的创作文本）和译者解读原文的相互作用的辩证统一。傅雷认为：“译书要认清自己的所短所长。”这就是说，译者应该翻译自己力所能及的东西。译作是译者的一面镜子，什么样的译者只能译出什么（样）的内容和什么样的风格的译品。

正如上述对“译者”的定义，在今天，我们会理所当然地认为“译者”既要懂原语又要熟悉目的语，应是一位双语者。但在我国古代，特别是在佛典翻译时期，对“译者”的认识远非如此。

孔慧怡首次对我国历史上的“译者”概念进行了系统分析。通过对我国翻译史广泛深入的研究，孔慧怡（2005）将我国历史上的“译者”分为了三种情形。

第一种情形是：有一段外国的文本需要译入中文，翻译工作由 X 和 Y 两人完成，X 既熟悉原语也熟悉汉语，但 Y 仅熟悉汉语，不懂外语。他们的翻译模式是：X 口头将原文本译入汉语，Y 再将口头汉语转化为书面汉语，即先进行语际翻译，再进行语内翻译（孔慧怡，2005：147）。实际上，这样的翻译是一种合作翻译的过程。竺佛念就是一个例子。《高僧传》竺佛念传中有竺佛念为“译”的记载：

> 至建元二十年五月，复请昙摩难提出增一阿含及长阿含，于长安城内，集义学沙门，请（竺佛）念为译，敷析研覈，二载乃竟。

《出三藏记集》卷第三中也有竺佛念为“译”的记载：

> 十五年，岁昭阳奋若，出《长阿含》。凉州沙门佛念为译，秦国道士道含笔受。（“新集律来汉地四部记录第七”）

竺佛念是凉州人，当然熟悉汉语，同时他也熟悉梵文和西域方言。道安在“比丘大戒序”中道：

> 至岁在鹑火，自襄阳至关右，见外同道人昙摩侍讽阿毗昙，于律特善。遂令凉州沙门竺佛念写其梵文，道贤为译，慧常笔受。（《出三藏记集》卷第十一）

根据道安法师的记载，竺佛念曾参加昙摩难提翻译戒律的工作，负责将律典的梵文记录下来，这说明竺佛念有着不错的梵文水平。换言之，竺佛念是既懂外语又懂汉语的译者。但在实际翻译过程中，竺佛念也只是口头将原文本译入汉语。

第二种情形是：一位非中国籍的某重要文本的权威专家 Y 被邀请主持一佛典的翻译，但 Y 不懂汉语。既懂汉语又懂外语的 X 充当 Y 的口译（interpreter）。此外，还有一些人协助笔受这些译文。译文完成后，不懂或仅懂一点汉语的 Y 则往往被认定为"译者"（translator）（孔慧怡，2005：151）。孔慧怡（2005：151）认为，虽然 Y 没有双语能力，但仍被称为"译者"，原因就在于：在佛典翻译中，最重要的是佛典教义的传播，而不是实际的双语转换过程。孔慧怡（2005：152）指出，在佛典翻译中，被称为"译者"的总是那些佛典方面的专家，不关乎他们是否拥有双语能力，而 17 世纪后"翻译"则多指向了拥有双语能力者。

第三种情形是：X 和 Y 一起共同完成译文后，又出现了不懂外语或仅懂一点点外语的 Z，Z 认为现有的翻译还需改进。Z 将各种版本的中文译文进行比对后，进行修改，生成新的译文。在这种情形下，Z 也常常被称为"译者"（孔慧怡，2005：152—153）。南北朝时的谢灵运就是一个例子。《大般涅槃经》最初有竺法护的译本，后来又有法显的译本。南北朝时，不懂梵文的谢灵运又对这两个译本进行了改译。于是，日后谢灵运也有了翻译家的称号。例如：

> 中国文坛历来对翻译及翻译家抱有成见，认为翻译之人不够"文雅"，就连谢灵运这样的大诗人兼翻译家，文史家对他的翻译都置之不理，只是在佛教界才对他有较高的评价。（王克非，1997：60）

佛典翻译传统里作主译的经师，有兼通双语的，有粗通汉语的，也有不懂汉语的，但绝大多数都不是以汉语为母语的人。不懂汉语的经师，译经时仍算主译，可见着眼点在于经义，而不在语言能力；也就是说，主译是就要翻译的经典而言佛学权威最高的人，他是否以双语运作，或如何运作，并非重要问题（孔慧怡，2000：27）。

通过对佛典翻译、明末清初的科技翻译以及19世纪西学的翻译这三个我国翻译活跃期的考察，孔慧怡（2000：27—28）认为，在中国翻译传统中，双语能力和合作方式都不是译者身份的必然或重要的考虑，只通一种语言就享“译者”之名，有不少先例，以人数而论，绝对说不上是例外，佛典翻译的主译和20世纪初的林纾就是代表。

总体来说，在我国古代，译者的概念有如下特征：1. 对于译者的认识，首先并不基于其语言能力，而主要基于其文化作用。凡在对异域文化译介中发挥作用者，都可称为“译”。2. 与今天不同，在古代早期，特别是佛典翻译时期，由于难以找到双语都娴熟的“译”，所以译者更多的是集体概念，而非个体概念。

第三节 对翻译标准及困难的认识

一、佛典翻译中对翻译标准的认识

在关于翻译的讨论中，翻译的标准问题始终是头等重要的问题，也是翻译理论的核心所在。在我国古代的佛典翻译中，也是如此，有大量的关于翻译标准的探讨。

1. 雅 vs. 信

支谦所作的《法句经序》可以说是我国翻译术的“头角”（钱锺

书，1984：30）。此文记录了我国佛典译者支谦和印度僧人维祇难关于翻译的一次对话，这或许是我国翻译学中第一次中西学者间的对话。支谦的观点是好的翻译要“雅”：

> 仆从受此五百偈本，请其同道竺将炎为译。将炎虽善天竺语，未备晓汉，其所传言，或得胡语，或以义出音，近于质直。仆初嫌其辞不雅。

但印度僧人维祇难则不同意支谦对于翻译的观点：

> 佛言“依其义不用饰，取其法不以严”。其传经者，当令易晓，勿失厥义，是则为善。

文中还记录了当时在场其他人的观点，他们都同意维祇难的观点：

> 座中咸曰：“老氏称‘美言不信，信言不美’；仲尼亦云‘书不尽言，言下尽意’。明圣人意深邃无极。今传胡义，实宜径达。”

维祇难的观点是好翻译（即善译）的标准有两点：当令易晓；勿失厥义。第一点类似我国后世严复所提的“达”，第二点类似严复所提的“信”。对于“达”和“信”的关系，在维祇难看来，“达”应在“信”的前面。这一观点也得到了钱锺书的呼应。钱锺书（1986：1101）在《管锥编》中指出：“译文达而不信者有之矣，未有不达而能信者也。”也就是说，“达”是“信”的前提。至于什么是“信”，钱锺书（1986：1161）的定义如下：

> 译事之信，当包达、雅；达正以尽信，而雅非为饰达。依义旨以传，而能如风格以出，斯之谓信。

也就是说，“信”包含两方面：一是“依义旨以传”；二是“能如风格以出”。

我们认为，支谦的“雅”与维祇难的“信”的对立的出现可能与当时的历史条件有关。三国时期，我国懂梵文的人士尚少，因此翻译佛典常常需要借助外国的僧人为“译”。由于不懂原文，翻译时我国的译者难以将译文与原文进行比对，所以关注的重点就在译文上了。根据我国古代文章的特点，就提出了“雅”的观点。对于印度译者来说，他们不懂中文，主要关注梵文原文，顺理就提出了“信”的观点。

在听了维祇难和众人的说法后，支谦的观点有所改变：“是以自偈受译人口，因顺本旨，不加文饰。”但在实际翻译中，支谦的译文仍讲究“雅”。支谦的译文十分流畅，所有文献都显示了他语言精熟、风格优雅（许理和，1998：68）。也就是说，支谦似乎只是在口头上接受了维祇难“信”的观点，但在实际翻译过程中仍然坚持自己所主张的“雅”。

钱锺书认为，严复所提的“译事三难：信、达、雅”，三字皆已见于支谦所作的《法句经序》。所以说，此文对我国翻译学来说影响远大。通过以上的分析可以看出，从佛典翻译的早期开始，我国的翻译标准就存在着“雅”与“信”的对立，只不过这一点尚未引起我国翻译学者的足够重视。

2. 失本 vs. 案本

众所周知，道安在《摩诃钵罗若波罗蜜经抄序》一文中提出了著名的“五失本”“三不易”的翻译学说。钱锺书称：“吾国翻译术开宗明义，首推此篇。”（钱锺书，1986：28）根据道安的观察，翻译中的“五失本”内容如下：

> 译胡为秦，有五失本也：一者，胡语尽倒而使从秦，一失本也。二者，胡经尚质，秦人好文，传可众心，非文不可，斯二失本也。三者，胡经委悉，至于叹咏，叮咛反复，或三或四，不嫌其烦，而今裁斥，三失本也。四者，胡有义说，正似乱辞，寻说向语，文无以异，或千五百，刈而不存，四失本也。五者，事已全成，将更傍及，反腾前辞，已乃后说，而悉除此，五失本也。

对于道安的“五失本”，钱锺书（1986：28—29）进行了阐释与解读，特别是对“一失本”的解读颇有独到之处：

> “五失本”之一曰“胡语尽倒，而使从秦”；而安《鞞婆沙序》曰“遂案本而传，不令有损言游字，时改倒句，余尽实录也”，又《比丘大戒序》曰：“于是案梵文书，惟有言倒时从顺耳。”故知“本”有非“失”不可者，此“本”不“失”，便不成翻译。道宣《高僧传》二集卷五《玄奘传之余》“自前代以来，所译经教，初从梵语，倒写文本，次乃回之，顺向此俗”，正指斯事。“改倒”失梵语之“本”，而不“从顺”又失译秦之本。安言之以为“失”者而自行之则不得不然，盖失于彼乃所以得于此也，安未克圆览而疏通其理矣。

在此，钱锺书很独到地从反面为翻译下了一个定义：故知“本”有非失不可者，此“本”不“失”，便不成翻译，即翻译时如果没有将梵语倒写的语序改顺过来，那就不是翻译了。换言之，要翻译，就要把梵语倒写的语序改顺过来，才可称之为翻译，否则就不是翻译了。钱锺书认为，道安之所以称为“失本”是因为其未理清翻译过程中失与得的关系，仅仅看到了“失”的一面。实际上，在翻译过程中，梵语的“失本”是得到了秦语的“得本”的补偿的。因此，可以说，“失本”（主要指的是“一失本”）就成了道安的翻译标准。也就是说，翻译要“失本”，这“本”主要指的是原文的语序。实际上，“失本”的原因主要在于梵汉语间语言结构上的巨大差异，翻译时不得不进行调整，“失本”的目的主要在于译文能够成为顺理成章。王宏印（2017：19）分析了道安“五失本”的认识论根源，认为其根源是多方面的：在认识方法上主要是中国传统认识论上的含混性和经验性在起作用；在译者的深层心理机制上，则由于缺乏源语知识而造成对于翻译现象本身的深度恐惧和处理效果上的缺乏安全感；在情感上，又有以虔诚的宗教信仰为旨归而形成的对于宗教经典的神圣感和高不可及的崇高感。我们以隋代笈多译的《金刚能断般若波罗蜜经》与玄奘译的《能断金刚般若波罗蜜经》中的第一段作一个对照。

笈多译文：

如是我闻，一时，世尊闻者游行胜林中，无亲搏施，与园中大比丘众共半三十比丘百。尔时，世尊前分时，上裙着已，器上络衣持，闻者大城搏为入。尔时，世尊闻者大城搏为已，作已食。作已后，食搏堕过，器上络衣收摄，两足洗。坐具世尊施设，如是座中跏趺结，直身作，现前念近住。

玄奘译文：

如是我闻，一时，薄伽梵在室罗筏住誓多林给孤独园，与大苾刍众千二百五十人俱。尔时，世尊于日初分，整理裳服，执持衣钵，入室罗筏大城乞食。时，薄伽梵于其城中，行乞食已，出还本处。饭食讫，收衣钵，洗足已。于食后时，敷如常坐，结跏趺座，端身正愿，住对面念。

显然，笈多的译本几乎无法看懂，似乎他只作了佛典翻译的第一步“笔受”的工作，没有进行“缀文”“润文”等工作，很难谈得上是翻译。相比而言，玄奘的译本也使用了不少难懂的佛门术语，但其语序已调整为中文语序，就大大增强了可读性。

显然，在翻译过程中，不能总是“失本”，否则就可能成了“改写”，而不是“翻译”了。因此，在翻译过程中，不仅要“失本”，还要“案本”。道安在《鞞婆沙序》中对“案本”的阐述如下：

赵郎谓译人曰：“《尔雅》有《释古》《释言》者，明古今不同也。昔来出经者，多嫌胡言方质，而改适今俗，此政所不取也。何者？传胡为秦，以不闲方言，求知辞趣耳，何嫌文质？文质是时，幸勿易之，经之巧质，有自来矣。唯传事不尽，乃译人之咎耳。”众咸称善。斯真实言也。遂案本而传，不令有损言游字，时改倒句，余尽实录也。（《出三藏记集》卷第十）

道安在《比丘大戒序》补充说：“于是案梵文书，惟有言倒时从顺耳。”也就是说，在翻译过程中，除了在语序上进行调整外，其他都按照梵文原本来进行翻译。这应是道安所提的“案本”的主要意旨所在。罗新璋（1984：18）认为，“案本而传”指的是即使“依实出华”，也应“趣不乖本”，这“本”里尚宜含“趣”。这里的“趣”应是旨趣、情趣之意。

罗新璋（1984：2—3）认为，道安“完全是直译派的做法，务求忠实审慎，兢兢于不失本，认为‘经之巧质，有自来矣，唯传事不尽，乃译人之咎耳’”。

通过以上分析可以看出，道安虽然不懂梵文，但对翻译有着深刻的洞见。在翻译过程中，有些方面是不得不失去的，有些方面是不得不保留的。这是对翻译较为客观、辩证的看法。在讨论翻译的过程中，无论是古代还是现代，往往都集中于讨论那些要保留的方面，而忽略了那些要失去的方面，即那些和原文不一样的方面。这是研究翻译标准的另一个重要维度。在讨论翻译之“失”的方面，道安应是较为全面、较为深入的。翻译之“失”是讨论翻译标准时不能回避的话题，今后我国翻译研究学者研究翻译标准时应进一步对此维度进行深入研究。

3. 圆通

在佛典翻译史上，鸠摩罗什是一流的译经大师，与真谛、玄奘、不空并称四大译经师，并在长安组织了中国历史上第一个官办性质的译经场。罗什的译本是公认流传最广、最受欢迎的本子，就其普及层面而言，后世的译经大师都望尘莫及（王文颜，1985：218）。陈寅恪曾如此评价罗什的翻译：“予尝谓罗什翻译之功，数千年间，仅玄奘可以与之抗席。然今日中土佛典译本，举世所流行者，如《金刚》《心经》《法华》之类，莫不出其手。故以言普及，虽慈恩犹不能及。所以致此之故，其文不皆直译，较诸家雅洁，当为一主因。”（转引自王文颜，1985：236）《大正藏》第三十三册《金刚经编纂要刊定记卷一》云：“然此一经，罗什所译，句偈清润，令人乐闻，至今长幼高卑，盈于寰宇，靡不受持此经也。”陈兵（2013：7）为龚斌的《鸠摩罗什传》所作的序言中指出：罗什的翻译，极其严谨，再三锤炼，一改以往朴拙的直译及以华语“格义”因而多少失真的做法，力求既不失原意而又保存梵文原本的语趣，所谓“曲从方言，趣不乖本”，创造出一种典雅而又通俗的意译法，信、达、雅兼备，读起来有华语与外来语调和之美。

慧皎对罗什的翻译成就评价很高，其《高僧传》“译经篇”中的论曰：

> 故汉明帝诏楚王英云：“王诵黄老之微言，尚浮图之仁祀。”及通梦金人，遣使西域，乃有摄摩腾、竺法兰怀道来化。协策孤征，艰苦必达，傍峻壁而临深，蹑飞絙而渡险。遗身为物，处难能夷，传法宣经，初化东土，后学而闻，盖其力也。爰至安清、支谶、康会、竺护等，并异世一时，继踵弘赞。然夷夏不同，音韵殊隔，自非精括诂训，领会良难。属有支谦、聂承远、竺佛念、释宝云、竺叔兰、无罗叉等，并妙善梵汉之音，故能尽翻译之致。一言三复，词旨分明，然后更用此土宫商，饰以成制。论云：“随方俗语，能示正义，于正义中，置随义语。”盖斯谓也。其后鸠摩罗什，硕学钩深，神鉴奥远，历游中土，备悉方言。复恨支、竺所译，文制古质，未尽善美，乃更临梵本，重为宣译，故致今古二经，言殊义一。时有生、融、影、睿、严、观、恒、肇，皆领悟言前，词润珠玉，执笔承旨，任在伊人，故长安所译，郁为称首。

道宣在《续高僧传》“唐京师大慈恩寺梵僧那提传二”中对罗什也有很高的评价：“后秦童寿，时称僧杰，善披文意，妙显经心，会达言方，风骨流变，弘衍于世，不亏传述。”罗什的翻译史称“新译”，此前的译经相对则称为“旧译”，因此罗什所翻译的佛学经典在中国译经史上有着划时代的意义。由此可见，到了罗什的时代，佛典翻译发生了质的变化。这种变化应该首先就体现在翻译标准上。与支谦、道安、玄奘等相比，罗什的一个重要特点是其关于翻译的论述记载甚少，难以查找。罗什的翻译标准是什么呢？对于这一问题，我们在《出三藏记集》的佛陀耶舍传中找到了旁证。罗什的翻译标准是“文义圆通”：

> 什曰：夫弘宣法教，宜令文义圆通。

僧祐也持“圆通”的标准：

> 是以义之得失由乎译人，辞之质文系于执笔，或善胡义而不了汉旨，或明汉文而不晓胡意，虽有偏解，终隔圆通。若胡汉两明，意义四畅，然后宣述经奥，于是乎正。前古译人莫能曲练，所以旧经文意，致有阻碍。岂经碍哉。译之失耳。（《出三藏记集》卷第一“胡汉译经文字音义同异记第四”）

“圆通”本是佛教语。圆，不偏倚，通，无障碍，谓悟觉法性，是佛、菩萨达到没有无明、烦恼的障碍，恢复清净本性的境界。《楞严经》卷二二：“阿难及诸大众，蒙佛开示，慧觉圆通，得无疑惑。”智慧神通，圆融无碍，称为“圆通”。据《三藏法数》解释：“性体周遍曰圆，妙用无碍曰通。乃一切众生本有之心源，诸佛菩萨所证之圣境也。”《楞严经》中介绍了二十五位大士“一门深入”、各证“圆通”之事，至观世音菩萨“耳根圆通”为止。因此，观世音菩萨又称“圆通大士”。后来，“圆通”也可用来指文章文辞周密畅达。南朝梁刘勰《文心雕龙·封禅》：“然骨掣靡密，辞贯圆通，自称极思，无遗力矣。”“圆通”也可指人通达事理，处事灵活。《梁书·处士传·陶弘景》：“弘景为人，圆通谦谨。”根据罗什提出的“文义圆通”，佛典翻译中的“圆通”，既应包括译文与原文在内容（义）上的“圆通”，也应包括译文与原文在行文和表达（文）上的“圆通”。赞宁在《宋高僧传》中这样赞扬罗什的翻译：“如童寿译《法华》，可谓折中，有天然西域之语趣矣。”“折中”也就是不偏倚，也就是“圆通”。实际上，我们认为，罗什的“圆通”和钱锺书的“化境”异曲同工，“圆通”本来指的就是佛学中的一种境界。与以前的“雅 vs. 信”“失本 vs. 案本”的翻译标准相较，“圆通”的标准应该说是进了一步，即摆脱了原文本的束缚，考虑到了原文与译文的融合。在这个意义上，罗什可以说是第一位系统认识到翻译中原文和译文都重要的译家。

对于罗什的“圆通”的翻译标准，可以《金刚般若波罗蜜经》最后一段六个传世译本的比照来进行说明。

罗什译文：

须菩提，若有人以满无量阿僧祇世界七宝，持用布施，若有善男子善女人发菩萨心者，持于此经，乃至四句偈等，受持、读诵、为人演说，其福胜彼。云何为人演说？不取于相，如如不动。何以故？

一切有为法，如梦幻泡影，如露亦如电，应作如是观。

佛说是经已，长老须菩提，及诸比丘、比丘尼、优婆塞、优婆夷，一切世间天、人、阿修罗，闻佛所说，皆大欢喜，信受奉行。(167 字)

玄奘译文：

复次，善现。若菩萨摩诃萨以无量无数世界盛满七宝，奉施如来、应、正等觉；若善男子或善女人，于此《般若波罗蜜多经》中乃至四句伽陀，受、持、读诵、究竟通利，如理作意，及广为他宣说开示，由此因缘所生福聚，甚多于前无量无数。云何为他宣说开示？如不为他宣说开示，故名为他宣说开示。

尔时，世尊而说颂曰："诸和合所为，如星、翳、灯、幻、露、泡、梦、电、云，应作如是观。"

时，薄伽梵说是经已。尊者善现及诸苾刍、苾刍尼、邬波索迦、邬波斯迦，并诸世间天、人、阿素洛、健达缚等，闻薄伽梵所说经已，皆大欢喜，信受奉行。(248 字)

菩提流支译文：

须菩提。若有菩萨摩诃萨以满无量阿僧祇世界七宝，持用布施；若有善男子、善女人发菩萨心者，于此《般若波罗蜜经》乃至四句偈等，受持、读诵为他人说，其福胜彼无量阿僧祇。云何为人演说？而不名说。是名为说。

尔时，世尊而说偈言："一切有为法，如星、翳、灯、幻、露、泡、梦、电、云，应作如是观。"

佛说是经已。长老须菩提及诸比丘、比丘尼、优婆塞、优婆夷、菩萨摩诃萨，一切世间天、人、阿修罗、乾闼婆等，闻佛所说，皆大欢喜，信受奉行。(206 字)

义净译文：

妙生。若有人以满无量无数世界七宝，持用布施；若复有人，能于此经乃至受持读诵四句伽他，令其通利，广为他人正说其义，以是因缘所生福聚，极多于彼无量无数。云何正说？无法可说，是名正说。

尔时，世尊说伽他曰："一切有为法，如星、翳、灯、幻，露、泡、梦、电、云，应作如是观。”

尔时，薄伽梵说是经已。具寿妙生及诸菩萨摩诃萨、苾刍、苾刍尼、邬波索迦、邬波斯迦，一切世间天、人、阿苏罗等，皆大欢喜，信受奉行。(197 字)

笈多译文：

若复时，善实！菩萨摩诃萨无量无数世界七宝满中作已，如来等、应等、正遍知等施与；若善家子、若善家女，若如是《智慧彼岸到》乃至四句等偈，受持、分别、读诵为他等及分别广说，此如是彼缘，多过福聚生无量、不可数。云何及广说？如不广说，彼故说名广说。“星、翳、灯、幻、露、泡、梦、电、云，见如是此有为者。”

此语，世尊。欢喜，上座善实，彼及比丘、比丘尼、优婆塞、优婆夷，彼天、人、阿修罗、乾闼婆等，闻世尊说，大欢喜，归命一切佛、菩萨海等。(213 字)

真谛译文：

须菩提。若有菩萨摩诃萨，以满无数无量世界七宝持用布施；若有善男子、善女人，从此《般若波罗蜜经》乃至四句偈等，受、持、读诵，教他修行，为他广说。是善男子、善女人，以是因缘，所生福德，最多于彼无量无数。

云何显说此经？如无所显说，故言显说。如如不动，恒有正说。

“应观有为法，如暗、翳、灯、幻、露、泡、梦、电、云。”

尔时，世尊说是经已。大德须菩提心进欢喜，及诸比丘、比丘

尼、优婆塞、优婆夷众，人、天、阿修罗等，一切世间踊跃欢喜，信受奉行。(215字)

通过对比，我们可以发现，很明显罗什的译本最为简洁，仅用了167个字。相比而言，玄奘的译本最长，用了248个字。罗什的译本也最为流畅、通俗上口，特别是四句偈“一切有为法，如梦幻泡影，如露亦如电，应作如是观”的翻译，朗朗上口，既保留了原文的旨趣，又考虑了译文的表达需求，文义兼备，可谓是翻译中“圆通”的经典之作，现流传最广。相比而言，其他译经师多是考虑原文的因素较多，将一切有为法的比喻形象一一罗列出来：星、翳、灯、幻、露、泡、梦、电、云。这在中文中，显得啰嗦，不够简洁，也没有文采，因而也难以流传。特别是玄奘的译本，用了很多生僻的字眼来翻译佛典中的术语，如诸苾刍、苾刍尼、邬波索迦、邬波斯迦、阿素洛、健达缚等，难以传颂。因此，玄奘的译本可以说得上“信”，但似乎难以说得上“圆通”。

罗什重视译文文体流传最广、最经典的例子记载在《高僧传·僧叡传》中。在译《妙法莲华经》之时，“什所翻经，叡并参正”，当罗什看到竺法护所译“天见人，人见天”的句子便评价说：“此语与西域义同，但在言过质。”当时僧睿应声答曰：“将非天人交接，两得相见。”罗什喜而曰：“实然！”罗什便采用了僧叡的译文。因此，可以说，罗什的翻译“曲从方言，而趣不乖本”，“文虽左右，而旨不离中”。

罗什的译文求文不文，求质不质，那么究竟呈现的是一种什么风格呢？王文颜（1985：224）将这种风格归纳为“明白晓畅”“深入浅出”两大特点。明白晓畅是就译文而言，罗什大量运用方言，所以辞不艰深；深入浅出是就经义而言，这一点最得后人敬仰。

在翻译过程中，罗什常常对原文进行删略。在罗什的翻译中，对原典的删减是一项重要的任务，也是有别于其他人翻译的方法（崔峰，2013：110）。《大智度论》有三百二十万言，近千卷，罗什却只译出百卷，三十万言，只相当于全文的1/10。那是不是罗什的翻译态度不够认真呢？罗什对待翻译的态度十分严谨。西域人昙摩流支“乃与什共译《十诵》都毕。研详考覆，条制审定，而什犹恨文繁未善。既而什化，不获删治”。根据慧皎《高僧传》鸠摩罗什传的记载，鸠摩罗什自己曾说：“自以暗昧，谬充传译，凡所出经论三百余卷，唯十诵一部，未及删烦，存其本旨，必无差失。愿凡所宣译，传流后世，咸共弘通。今于众前发诚实誓，若所传无谬者，当使焚身之后，舌不焦烂。”

王文颜（1985：225—227）认为，罗什对于经典的删补，掌握三项原则：1. 使译本更合乎原典的形式。罗什译经时，许多佛典早已有译本，所以罗什的译本许多是重译本。此前翻译参考的原本往往来自西域胡本，并非直接来自天竺的梵本。对于胡人增损的地方，罗什就正以天竺梵本，还其本貌。《出三藏记集》卷第八“大品经序第二”云：胡本唯序品、阿鞞跋致品、魔品有名，余者直第其事数而已，法师译名非佛制，唯存序品，略其二目。2. 斟酌汉地的需要程度。《出三藏记集》卷第十“大智释论序第十九”云：胡文委曲，皆如初品。法师以秦人好简，故裁而略之，若备译其文，将近千有余卷。3. 删补原典，以求译文更流利显达。《出三藏记集》卷第十一僧叡“中论序”云：所出者是天竺梵志，名宾罗伽，秦言青目之所释也。其人虽信解深法，而辞不雅中，其中乖阙烦重者，法师皆裁而裨之，于经通之理尽矣。文或左右，未尽善也。《中论》即《中观论》，相传有五百颂，但《大正藏》收录罗什译本仅有四百四十六颂。同时，与以前译本相比，罗什还进行了补译，独译青目释本者，因为青目“信解深法”，义最可取，但此本“辞不雅中”，罗什将“乖阙烦重者”，“皆裁而裨之”。王文颜（1985：

228）指出，据僧叡“文或左右”的评价，罗什可能曾经大手笔的损益原典，在保存原典意义的原则下，甚至不惜用相反的文辞传译出来，几近于重新改写一番。

对于为何是罗什提出了“圆通”的翻译标准？我们认为有两方面的原因。一是这种“圆通”的翻译标准是当时时代的要求，也是佛典翻译发展到一定阶段后的必然结果。罗什生活在魏晋南北朝时期，这时佛典翻译刚刚过了其开始阶段，进入了发展阶段。当时，人们对佛典的接受能力还不足，因此要想广泛传播佛教教义，翻译就得通俗易懂。此前的佛典翻译直至道安，都讲究“案本而传”，忠实有余，而流畅不足。再者，当时的统治阶层对旧译也深感不满。“大秦天王（姚兴）……每寻玩兹典以为栖神之宅，而恨支竺所出理滞于文，常惧玄宗缀于译人”，“有秦太子者（姚泓）……深知译者之失”（《出三藏记集》卷第八“大品经序第二”）。由于统治阶级对旧译不满，这也促使罗什寻求“新译”。二是罗什本人自身所具备的素质：熟谙经义及梵汉两语，又具有较高的文学才华。罗什有着高深的佛学造诣。七岁出家，一日能诵千偈，十几岁时已把小乘佛教全部学完，此后转向大乘，可谓博览群书。在来到中原之前，罗什早已声震四海。“西域诸国，咸伏什神俊，每年讲说，诸王皆长跪座侧，令什践而登焉，其见重如此。”罗什精熟梵汉两种语言。慧观的《法华宗要序》中说：“什自手执胡经，口译秦语，曲从方言，而趣不乖本，即文之益，亦已过半。”僧叡《大品经序》说：“法师手执胡本，口宣秦言，两释异音，交辨文旨。”

4. 八备

与前面所提的翻译标准不同，彦琮创建了译者维度的翻译标准。针对译经者的素质，彦琮提出了“八备”之说。所谓“八备”，即译员的标准，是指做好佛典翻译工作必须具备的八个最基本条件：

(1) 诚心爱法，志愿益人，不惮久时，其备一也。

(2) 将践觉场，先牢戒足，不染讥恶，其备二也。

(3) 签晓三藏，义贯两乘，不苦暗滞，其备三也。

(4) 旁涉坟史，工缀典词，不过鲁拙，其备四也。

(5) 襟抱平恕，器量虚融，不好专执，其备五也。

(6) 耽于道术，淡于名利，不欲高炫，其备六也。

(7) 要识梵言，乃闲正译，不坠彼学，其备七地。

(8) 薄阅苍雅，粗谙篆隶，不昧此文，其备八也。

备一要求译经人诚心热爱佛法，自愿服务他人，不怕占用自己很长的时间。备二要求译经人首先要有戒心，不讥讽诋毁别人。备三要求译经人熟悉佛教经典，深谙大小乘佛教的宗旨，理解上无晦涩之处。备四要求译经人知悉我国经史，具表述准确，不笨拙。备五要求译人心平气和，虚心好学，不固执。备六要求译经人刻苦钻研，淡于名利，无奢求。备七要求译经人研习梵文，要采用正确的翻译方法，但又不被梵文所迷惑。备八要求译经人熟悉文字的使用，使译文流畅。彦琮所提出的“八备”，是他长期从事翻译工作的经验总结，是对合格的译经者所应具备的素质要求的综合提炼。第一、二、五、六条讲的是翻译人员的思想道德修养。第三、四、七、八条分别讲的是翻译人员的佛学、史学、梵语学和翻译学修养以及中文文字学修养。“八备”要求译者必须不仅要有高尚的品德，还要有佛学及汉梵两文的高深的修养和造诣。

此外，谈佛典翻译就不能不谈玄奘的翻译。王文颜（1985：270）认为，寻求全本、忠于原典、五种不翻，是玄奘译经理论的重心，他在这方面的成就也最为可观。玄奘以寻求全本、厘订“详略不同”、“尤舛误者”为主要工作（王文颜，1985：251）。由此可见，玄奘的翻译标准应还是以“信”为主。《大唐大慈恩寺三藏法师传》卷第七记载了玄奘对翻译过程中“信”的追求：

> 帝又问：“《金刚般若经》，一切诸佛之所从生，闻而不谤，功逾身命之施，非恒沙珍宝所及。加以理微言约，故贤达君子，多爱受持；未知先代所翻，文义具不？”
>
> 法师对曰：“此经功德，实如圣旨，西方之人，咸同爱敬；今观旧经，亦微有遗漏。据梵本具云‘能断金刚般若’，旧经直云‘金刚般若’。欲明菩萨以分别为烦恼，而分别之惑，坚类金刚，唯此经所诠，无分别慧，乃能除断，故曰‘能断金刚般若’，故知旧经失上二字。又如下文，三问阙一，二颂阙一，九喻阙三，如是等。什法师所翻舍卫国也，留支所翻婆伽婆者少可。”
>
> 帝曰：“师既有梵本，可更委翻，使众生闻之具足。然经本贵理，不必须饰文而乖义也。”
>
> 故今新翻《能断金刚般若》，委依梵本。奏之，帝甚悦。

《佛说阿弥陀经》一卷，罗什的译文为1857字；而玄奘的译文（同本异经《称赞净土佛摄受经》一卷）则多达4075字，字数是罗什译文的一倍多（王文颜，1985：260）。现将其中描写极乐世界的一段译文比对如下。

> 罗什译文：
>
> 又舍利佛，极乐国土，七重栏楯，七重罗网，七重行树，皆是四宝周匝围绕，是故彼国名曰极乐。

玄奘译文：

又舍利子，极乐世界净佛土中，处处皆有七重行列妙宝栏楯，及有七重妙宝罗网，周匝围绕四宝庄严，金宝、银宝、吠琉璃宝、颇胝迦宝，妙饰间绮。舍利子：彼佛土中有如是等众妙绮饰，功德庄严，甚可爱乐，是故名为极乐世界。

通过比对，我们很容易就发现，罗什没有翻译玄奘译文中画线的关于细节的部分，玄奘的译文更翔实。至于“五不翻”，其内容全属“音译”佛教名相的问题，也就是订出了五条音译的基本原则（王文颜，1985：264）。鸠摩罗什的翻译方式多为抽译，常以读者为中心，可以说是工具性翻译。鸠摩罗什的译文兼顾信（对译理）、达（对受众，节译）、雅（对语言），因此在这个意义上说鸠摩罗什虽没有总结出“信、达、雅”，却是我国综合实践“信、达、雅”这一译学圭臬的第一人。王文颜（1994）认为：鸠摩罗什重译的主要原因是使译理正确，纠正之前中观思想的误译，其重译大小品般若经的动机，是为了纠正旧译本的错误思想，主要是纠正用魏晋玄学的“有”“无”概念去理解阐释般若“性空”学说；玄奘重译的主要原因是玄奘发现以前的译本不全，属抽译、节译，所以他追求全译，面向原文，以信为主，属文献性翻译。

一般认为，彦琮的《辩正论》是我国第一篇系统的翻译专论，对我国历代的译经进行了梳理与批评：

佛教初流，方音鲜会。以斯译彼，仍恐难明。无废后生，已承前哲。梵书渐播，真宗稍演。其所宣出，窃谓分明。聊因此言，辄铨古译。汉纵守本，犹敢遥议。魏虽在昔，终欲悬讨。或繁或简，理容未适。时野时华，例颇不定。晋宋尚于谈说，争坏共淳。秦凉重于文才，尤从其质。非无四五高德，缉之以道。八九大经，录之以正。自兹以后，迭相祖述。旧典成法，且可宪章。展转同见，因循共写。莫问是非，谁穷始末。“僧鬘”惟“对面”之物，乃作“华鬘”。“安禅”亦“合掌”之名，例为“禅定”。如斯等类，固亦众矣。留支洛邑，义少加新。真谛陈时，语多饰异。若令梵师独断，则微言罕革。笔人参制，则余辞必混。意者宁贵朴而近理，不用巧而背源。倘见淳质，请勿嫌烦。

彦琮对我国古代佛典翻译的得失进行了历时的分析，多批评之词，并在最后提出了自己的“宁贵朴而近理，不用巧而背源”的翻译标准，即“信”的翻译标准。

从以上分析可以看出，在我国古代佛典翻译标准的讨论中，已全面涉及翻译过程的各方面要素：译文、原文、作者、读者、译者。总体来说，我国佛典翻译标准的参照点流变历程如下：

译文（雅 vs. 信）→原文（失本 vs. 案本）→作者 & 读者（圆通）→译者（八备说）

当然，翻译标准也具有一定的相对性，并非完全绝对的一个标准。张振玉（1966：自序）就指出，因两种文字性质之差异，对原文而言，译文永远无法表现原文之优美，故译文无法达到完美之境界；但若以译文为独立之艺术品而论，其文字之美妙自有其完美之境界，亦应当有其完美之境界。

二、对佛典翻译困难及其产生原因的认识

纵观佛典翻译史，总体来说，译经家对翻译的认识大多是：翻译是较困难的。在发我国译论“头角”的《法句经序》中，支谦就提出了“名物不同，传实不易”的翻译观点。在此，支谦指出翻译困难的原因在于“名物不同”，即由于两种文化的差异，在一种文化中不言而喻的名目和物产，在另一种文化中则很难表达。这应是对翻译困难最朴素的认识。

到了两晋时期，随着佛典翻译事业的深入开展，道安对翻译中的困难有了更深一层的认识。这就是到目前为止对翻译困难描述较为深入和全面的道安的“三不易”：

> 《般若经》三达之心，覆面所演，圣必因时，时俗有易，而删雅古以适今时，一不易也。愚智天隔，圣人叵阶，乃欲以千岁之上微言，传使合百王之下末俗，二不易也。阿难出经，去佛未久，尊者大迦叶令五百六通迭察迭书。今离千年，而以近意量裁。彼阿罗汉乃兢兢若此，此生死人而平平若此，岂将不知法者勇乎？斯三不易也。（《出三藏记集》卷第八“摩诃钵罗若波罗蜜经抄序第一”）

梁启超（1984：60）在《翻译文学与佛典》中说：“三不易者：（一）谓既须求真，又须喻俗。（二）谓佛智悬隔，契合实难。（三）谓去古久远，无从询证。”吕澂（1979：61）在《中国佛学源流略讲》中对“三不易”的解释如下：

三种不易翻译的情况是：第一，经籍本是佛因时而说的，古今时俗不同，要使古俗符合今时很不容易；第二，要把圣智所说的微言深意传给凡愚的人理解，时间距离又那么远，这也不容易；第三，当时编经的人都是大智有神通的，现在却要一般人来传译，这更是一件不容易的事。

王铁钧（2006：105）对"三不易"的解释是：

一、用现代语翻译古代语，难得恰当。

二、古代圣贤，哲理精微，后世浅学难得契合。

三、阿难等人出经极为审慎，后人随意翻译难得正确。

从维度来看，我们认为"三不易"是较为全面的，也是颇有理论高度的。"一不易"考量的是翻译在时间维度上古今之间契合的困难，"二不易"考量的是翻译在作者和读者之间契合的困难，"三不易"考量的是翻译在作者和译者之间契合的困难。朱志瑜、朱晓农（2006：21）认为，"三不易"指出了情景因素、受众因素以及译者因素，再加上与此三因素都有关的时间因素。因此，"三不易"主要讨论的是翻译的外部影响因素。

到了南北朝时期，对翻译困难的认识从道安的理论层面走向了僧祐的语言层面：

至于梵音为语，单复无恒，或一字以摄众理，或数言而成一义。寻《大涅槃经》列字五十，总释众义十有四音，名为字本。观其发语裁音，宛转相资，或舌根唇末，以长短为异。且胡字一音不得成语，必余言足句，然后义成。译人传意，岂不艰哉。又梵书制文，有半字满字。所以名半字者，义未具足，故字体半偏，犹汉文“月”字，亏其傍也。所以名满字者，理既究竟，故字体圆满，犹汉文“日”字，盈其形也。故半字恶义，以譬烦恼；满字善义，以譬常住。又半字为体，如汉文“言”字；满字为体，如汉文“诸”字。以“者”配“言”，方成“诸”字。“诸”字两合，即满之例也；“言”字单立，即半之类也。半字虽单，为字根本，缘有半字，得成满字。譬凡夫始于无明，得成常住，故因字制义，以譬涅槃。梵文义奥，皆此类也。（《出三藏记集》卷第一“胡汉译经文字音义同异记第四”）

在此，僧祐谈及了梵汉两语之间的两点具体差异：语音上，梵音单复无恒；语法上，梵语有半字满字。由于梵语的这两个特点，故“梵文义奥”，难以翻译。

总体来说，我国古代佛典翻译中对翻译困难的认识历经了三个阶段：

朴素的认识→理论层面的认识→语言层面的认识

第四节　对翻译文体的认识

翻译文体是佛典翻译中一直持续受到高度关注的问题。在翻译文体的论题中，最早最著名亦是影响最大的论题当属“文质之争”。汪东萍、傅勇林（2010b）认为，佛典翻译的文质之争是我国翻译思想的第一次争论，历时长久，影响深远。张春柏、陈舒（2006）认为，“文质之争”是中国翻译传统的一道分水岭，是对148年起的译经活动的一个总结，也是中国译经活动的一个重大转折点。

文质的概念早在《论语》中就已出现，是我国本土的固有概念。《论语·雍也》：“质胜文则野，文胜质则史。文质彬彬，然后君子。”在此孔子讲的是如何做人，如何做到君子：质朴超过文采，就会流于粗俗；文采超过质朴，就会流于虚华。只有把内在的质朴和外在的文采恰当地结合起来，才能做到君子。后来，文质的概念又延伸到了文章学领域。范文澜、蔡美彪等的《中国通史》曾言：“散文分质言、文言两体。质言如《周书·大诰》《康诰》《酒诰》等篇，直录周公口语，辞句质朴，不加文饰。凡朝廷诰誓、钟鼎铭文多属质言体。文言如《周书·洪范》《顾命》以及《仪礼》十七篇，都是史官精心制作，条理细密，文字明白。”在佛典翻译之时，又被用来描述翻译经文的文体。

对于“文质之争”，我们主要探讨以下三个问题：1.“文质之争”是如何发生的，“文”主要体现在哪些方面；2.“文质之争”是如何演变的；3.“文质之争”对我国的译学研究有何影响。

对于“文质之争”的起点，一般认为是支谦与竺将炎和维祇难关于《法句经》译文的争论，其大体过程最早记载在支谦所作的《法句经序》中（汪东萍、傅永林，2010b：71）。张春柏、陈舒（2006：51）还确定了“文质之争”发生的具体年份：224年。这可能主要是因为《法句经序》中记载了“始者维祇难出自天竺，以黄武三年来适武昌”。“黄武”是东吴孙权的年号，黄武三年即224年。当时竺将炎与维祇难共译《法句经》，“将炎虽善天竺语，未备晓汉，其所传言，或得胡语，或以义出音，近于质直”，支谦看后“嫌其为词不雅”。维祇难进行了反击，“佛言依其义不用饰，取其法不以严。其传经者，当令易晓，勿失厥义，是则为善”。其他在场的人还引用了老子的“美言不信，信言不美”和孔子的“书不尽言，言不尽意”来支持维祇难的观点，并提出了“今传梵义，实宜径达”。从《法句经序》的措辞来看，最初的“文质之争”实际上是“雅”“质”之争，还不是“文质之争”。到了两晋时期，道安则在《合放光光赞略解序》中首先明确提出了“文质之争”的论题：“《光赞》，护公执胡本，聂承远笔受，言准天竺，事不加饰。悉则悉已，而辞质胜文也。”实际上，道安所讲的“五失本”中的二失本对“文质之争”矛盾的阐述更具体：“胡经尚质，秦人好文，传可众心，非文不可。”因此，在实质上，虽然支谦和维祇难关于翻译文体的争论是“文质之争”，但仅是破题，真正在命名上明确提出“文质之争”并指出其产生原因的当属道安。梁启超（1984：58）认为，翻译文体之讨论，自道安始。朱志瑜、朱晓农（2006：8）也持同样的观点：翻译文体成为一个学术问题，是从道安开始的。

紧接着的问题就是，佛典翻译为何在三国和两晋时期发生了“文质之争”？我们认为，主要有三方面的原因。一是东汉是佛典翻译的初期，到三国时佛典翻译逐步深入，译经家已具有一定的翻译经验。根据现有记载来看，支谦之前的佛典翻译大体可归入“质”类，如安世高、竺法护、支谶等的翻译。在《大十二门经序》中，道安对安世高译文的评价是：“然世高出经，贵本不饰，天竺古文，文通尚质，仓卒寻之，时有不达。”在《合放光光赞略解序》中，道安对竺法护译文的评价是：“言准天竺，事不加饰。悉则悉已，而辞质胜文也。”在《合首楞严经记》中，东晋僧人支敏度对支谶译文的评价是“凡所出经，类多深玄，贵尚实中，不存文饰”，且“越（支谦）嫌谶所译者辞质多胡音”。这主要是因为，东汉时期正处于佛典翻译的初期，翻译经验不足，且译者多为西域或天竺僧人，对中文不甚熟悉，不了解中土文化习俗，所以大多采用了“质”的翻译策略。

二是三国时的社会环境发生了重要变化。三国时期，佛教在我国的发展出现了重要转折：由宫廷走向了大众。王毓（2017：14）指出，三国之前的佛教只是狭窄地流传于宫廷之中，世人对佛陀的认知停留在“神仙”的层次，此时有零星的佛典译出，绝大多数人对佛教教义的知识是零。三国以后，佛教开始进入中国知识分子的日常生活，成为儒、道以外，中国知识分子思索的对象，进而成为中国思想的组成部分。也是从三国时期开始，佛教进入普通百姓的日常生活，逐渐对普通中国人的生活产生了具体影响，佛教开始了民俗化的过程。要使佛教在广大民众中流行，就得要求译文通俗易懂，具有较强的可读性。支谦正是处在这样一个时代的杰出译经家。王毓（2017：73—75）认为，支谦的翻译是中国佛典翻译语言及翻译风格的分水岭，在翻译上开创了新的局面。支谦改变了东汉译经尚质的倾向，开创了佛教翻译史上的“文丽”派（季琴，2004：4）。此外，三国时我国文章学正处于“汉赋”向“骈文”的过渡期，人们追求美妙的文辞和非凡的想象力，接受了绘画上的穷白原理，认为文章应该由质朴趋向藻饰，这一崇尚文采、喜好简约的时俗对刚刚兴起的佛典翻译影响很大，直接催发了文派的产生（汪东萍、傅勇林，2010a：98）。

三是与以前的译经者不同，支谦本人了解中国文化，具备“文”的译者素养。支谦，大月氏人，三国时期著名的译经家，与其师支亮、师祖支谶并称“三支”。《高僧传》中对支谦的记述是：“博览经籍，莫不精究，世间伎艺，多所综习，遍学异书，通六国语。”可见，支谦不仅知识渊博，还通晓六国语言。虽为大月氏的后裔，但支谦在汉地土生土长，对中国文化了解较深。僧祐在《出三藏记集》“支谦传”中对支谦译文的评价是："曲得圣义，辞旨文雅。"

支谦译经文派的特点主要体现在以下三方面。一是在词语翻译上，由以音译词为主转向以意译词为主。东汉支谶译《道行般若经》和三国支谦译《大明度经》是同经异译，前者篇名以音译为主，而后者篇名则逐一改为了意译。

表3-2　《道行般若经》与《大明度经》篇名对照

《道行般若经》	《大明度经》
沤惒拘舍罗劝助品第四	变谋明慧品第四
泥犁品第五	地狱品第五
阿惟越致品第十五	不退转品第十五
恒竭优婆夷品第十六	恒竭清信女第十六
萨陀波伦菩萨品第二十八	普慈闿士品第二十八
昙无竭菩萨第二十九	法来闿士第二十九

在专有名词的翻译方面，《道行般若经》以音译为主，而支谦《大明度经》也逐一改为了意译，如：

佛告比丘、比丘尼、优婆塞、优婆夷："今四部为证，欲天、梵天、阿会亘修天皆证知。"（《道行般若经》）

佛告除馑众、除馑女、清信士、清信女："今是四部为证，爱欲天、梵天、无结爱天皆知。"（《大明度经》）

支谦用意译词"除馑众、除馑女、清信士、清信女、无结爱天"来改译音译词"比丘、比丘尼、优婆塞、优婆夷、阿会亘修天"（季琴，2004：62）。

佛言："弥勒菩萨摩诃萨作阿耨多罗三耶三菩阿惟三佛时，亦当于是说般若波罗蜜。"（《道行般若经》）

佛告善业："慈氏闿士作无上正真平等觉时，亦当于是说明度。"（《大明度经》）

支谦用意译词"无上正真平等觉、明度"改译了音译词"阿耨多罗三耶三菩阿惟三佛、般若波罗蜜"（季琴，2004：62）。

二是在句式上，《道行般若经》参差不齐，《大明度经》则较为整齐，句式上最突出的一个变化是支谦努力地将译文变为四言句（季琴，2004：60，61）。如：

其城中无有异人，皆是菩萨，中有成就者，中有发意者，皆共居其中，快乐不可言，其中所有服饰玄黄，琦珍不可复计，其国中有菩萨，名昙无竭，在众菩萨中最高尊。（《道行般若经》）

城中皆是闿士，有成就者，有发意者，服饰炫黄，珍琦无量，中有闿士字法来，众圣中王。（《大明度经》）

是时闻师名声，大欢欣踊跃，不能自胜，用欢欣踊跃故，即得悉见，十方诸佛三昧。（《道行般若经》）

我闻师名，心大欢喜，不自胜，用欢喜故，即得悉见，十方佛定。（《大明度经》）

三是在表达上，支谦的译文更为简洁练达，删削重复之处，合并同义之处（叶慧琼，2014：124，114）：

其有闻者，若讽诵读有行者，我辈恭敬视如怛萨阿竭，我辈恭敬视菩萨摩诃萨持般若波罗蜜者。(《道行般若经》)

有闻者学之诵之，我敬视之如如来。(《大明度经》)

无目者，般若波罗蜜为作天目，天中天！其迷惑者，般若波罗蜜悉授道路，天中天！(《道行般若经》)

无目惑者授道慧眼。(《大明度经》)

季琴（2004：61）对《道行般若经》卷九《萨陀波伦菩萨品》与《大明度经》卷六《普慈闿士品》中的四言句进行了抽样调查，发现《萨陀波伦菩萨品》中四言句约占总句数的20%，而《普慈闿士品》中四言句约占总句数的38%。四言句是深受中国文人喜爱的一种传统作文句式，它具有一种修辞作用，不仅读起来朗朗上口，节奏鲜明，而且还颇富文采，给人一种典雅庄重之感。支谦提倡雅化，十分注重与中国本土的流行文风结合，因此他在《大明度经》的翻译中进行了一系列改变，使之趋于四言化（季琴，2004：61）。实际上，支谦对于四言句的使用增强了其译文的文言色彩，比较书面。相比之下，支谶的译文就显得较为质朴，类似口语。

我们以主题相似的两个完整的佛典语篇来比较安世高与支谦佛典译文的质与文。

佛说八正道经

后汉安息国三藏安世高译

闻如是。一时佛在舍卫国祇树给孤独园。佛告诸弟子。听我说邪道亦说正道。何等为邪道不谛见不谛念不谛语不谛治不谛求不谛行不谛意不谛定。是为道八邪行。

何等为道八正行。一者谛见。谛见为何等。信布施信礼信祠信善恶行自然福信父母信天下道人信求道信谛行信谛受。今世后世自黠得证自成。便相告说是为谛见。

第二谛念为何等。所意弃欲弃家不嗔恚怒不相侵。是为谛念。

第三谛语为何等。不两舌不传语不恶骂不妄语。是为谛语。

第四谛行为何等。不杀盗淫。是为谛行。

第五谛受为何等。是闻有道弟子法求不可非法。饭食床卧病瘦正法求不可非法。是为谛受。

第六谛治为何等。生死意共合行所精进行出力因缘行。乃精进不厌意持。是为谛治。

第七谛意为何等。生死行合意念向意念不妄不共意求。是名为谛意。

第八谛定为何等。生死意合念止相止护已止聚止。不可为。不作所有罪。不堕中庭。是名为谛定。

比丘。所有道弟子。当受是八种行谛道。如说行可得道八行觉。谛见者信布施后世得具福。信礼者见沙门道人作礼福。信祠者悬缯烧香散花然灯。信所行十善是为自然得福。信父母者信孝顺。信天下道人者喜受经。信求道者为行道。信谛行者断恶意。信谛受者不犯戒。今世后世自黠为得黠。能教人得证。自成者能成人。能成他人便相告说。是名为谛见知。如是便自脱亦脱他人。

第二谛念所意起者为失意。欲弃家者为念道。不嗔恚怒者为忍辱。不相侵者当正意。

第三谛语者。不恶骂不犯口四过。但说至诚道品谛要。

第四谛行者不杀盗淫而行诚信。

第五谛不堕贪者。但求一衣一食为贱医。

第六谛治者为向三十七品经。

第七谛意者日增三十七品经不离意。

第八谛止者不忘因缘。止者常还意护。已止者一切无所犯。聚止者得福道。佛说如是。皆欢喜受。

（大正新修大藏经　第二册　No. 112《佛说八正道经》）

八正道是指佛门弟子修行的八项内容——正见、正思维、正语、正业、正命、正精进、正念、正定，其所指较为清晰，八项内容之间的逻辑关联也较为清晰。而安世高的此篇译文对八项内容所指及它们之间的逻辑关系的阐释是不明确的；同时，受原文的羁绊，译文句式奇异，如“何等为邪道不谛见不谛念不谛语不谛治不谛求不谛行不谛意不谛定”“信布施信礼信祠信善恶行自然福信父母信天下道人信求道信谛行信谛受”，读来没有明晰晓畅之感。因此，整体来看安世高的此篇译文偏于质。

佛说斋经

吴月氏国居士支谦译

闻如是。一时佛在舍卫城东丞相家殿。丞相母名维耶。早起沐浴着彩衣。与诸子妇俱出。稽首佛足一面坐。佛问维耶。沐浴何早。对曰。欲与诸妇俱受斋戒。佛言。斋有三辈。乐何等斋。维耶长跪言。愿闻何谓三斋。佛言。一为牧牛斋。二为尼犍斋。三为佛法斋。牧牛斋者。如牧牛人求善水草饮饲其牛。暮归思念何野有丰饶。须天明当复往。若族姓男女已受斋戒。意在家居利欲产业。及念美饮食育养身者。是为如彼牧牛人意。不得大福非大明。尼犍斋者。当月十五日斋之时。伏地受斋戒。为十由延内诸神拜言。我今日斋不敢为恶。不名有家彼我无亲。妻子奴婢非是我有。我非其主。然其学贵文贱质无有正心。至到明日相名有如故事斋如彼者。不得大福非大明。佛法斋者。道弟子月六斋之日受八戒。何谓八。

第一戒者。尽一日一夜持。心如真人。无有杀意慈念众生。不得贼害蠕动之类。不加刀杖。念欲安利莫复为杀。如清净戒以一心习。

第二戒者。尽一日一夜持。心如真人。无贪取意思念布施。当欢喜与自手与。洁净与恭敬与。不望与却悭贪意。如清净戒以一心习。

第三戒者。一日一夜持。心如真人。无淫意不念房室。修治梵行。不为邪欲心不贪色。如清净戒以一心习。

第四戒者。一日一夜持。心如真人。无妄语意思念至诚安定徐言。不为伪诈心口相应。如清净戒以一心习。

第五戒者。一日一夜持。心如真人。不饮酒不醉。不迷乱不失志。去放逸意。如清净戒以一心习。

第六戒者。一日一夜持。心如真人。无求安意。不着华香。不傅脂粉。不为歌舞倡乐。如清净戒以一心习。

第七戒者。一日一夜持。心如真人。无求安意。不卧好床。卑床草席。捐除睡卧。思念经道。如清净戒以一心习。

第八戒者。一日一夜持。心如真人。奉法时食。食少节身。过日中后不复食。如清净戒以一心习。

佛告维耶。受斋之日当习五念。何谓五。

一当念佛。佛为如来。为至真。为等正觉。为明行足。为善逝世间父无上士经法御天人师。号曰佛。是念佛者。愚痴恶意怒习悉除。善心自生思乐佛业。譬如以麻油澡豆沐头垢浊得除。斋念佛者。其净如是。众人见之莫不好信。

二当念法。佛所说法三十七品。具足不毁思念勿忘。当知此法为世间明。是念法者。愚痴恶意怒习悉除。善心自生用乐法业。譬如以麻油澡豆浴身垢浊得除。斋念法者。其净如是。众人见之莫不好信。

三当念众。恭敬亲附依受慧教。佛弟子众。有得沟港受沟港证者。有得频来受频来证者。有得不还受不还证者。有得应真受应真证者。是为四双之八辈丈夫皆为戒成定成慧成解成度知见成。为圣德为行具。当为叉手天上天下尊者福田。是念众。愚痴恶意怒习悉除。喜心自生乐众之业。譬如以淳灰浣衣垢污得除。斋念众者。其德如是。众人见之莫不好信。

四者念戒。身受佛戒一心奉持。不亏不犯不动不忘。善立慎护为慧者举。后无所悔不以有望。能等教人。是念戒者。愚痴恶意怒习悉除。喜心自生乐戒统业。如镜之磨垢除盛明。斋念戒者。其净如是。众人见之莫不好信。

五当念天。第一四天王。第二忉利天。盐天。兜术天。不憍乐天。化应声天。当自念。我以有信有戒有闻有施有智。至身死时精神上天。愿不失信戒闻施智。是念天者。愚痴恶意怒习悉除。喜心自生乐天统业。譬如宝珠常治清明。斋念天者。其净如是。奉持八戒习五思念。为佛法斋。与天参德灭恶兴善。后生天上终得泥洹。是以智者。自力行出心作福。

如是维耶。斋之福佑明誉广远。譬是天下十六大国。是十六国满中众宝不可称数。不如一日受佛法斋。如此其福者。则十六国为一豆耳。天上广远不可称说。当今人间五十岁。为第一天上一日一夜。第一四天上寿五百岁。彼当人间九百万岁。佛法斋者。得生此天上。人间百岁为忉利天上一日一夜。忉利天寿千岁。当人间三千六百万岁。人间二百岁为盐天上一日一夜。盐天寿二千岁。当人间一亿五千二百万岁。人间四百岁为兜术天上一日一夜。兜术天寿四千岁。当人间六亿八百万岁。人间八百岁为不骄乐天上一日一夜。不骄乐天寿八千岁。当人间二十三亿四千万岁。人间千六百岁为化应声天上一日一夜。化应声天寿万六千岁。当人间九十二亿一千六百万岁。若人有信有戒有闻有施有智奉佛法斋。当命尽时。其人精神。皆生此六天上安隐快乐。犹善众多我少说耳。凡人行善魂神上天受福无量。维耶闻佛语欢喜言。善哉善哉世尊。斋之福德甚快无量。愿受佛戒。从今已后月月六斋。竭力作福至死。佛说经已。皆欢喜受教。

八关斋，全称八关斋戒，又名八戒斋。内容有八：（1）不杀生；（2）不贪盗；（3）不邪淫；（4）不妄语；（5）不饮酒；（6）不着华贵璎珞，香熏涂身，不听不习歌舞戏乐；（7）不于高好床卧；（8）不非时食（过日中后不复食）。八关斋戒，计时一日一夜，一月六次，上半月、下半月各三，分别是：初八、十四、十五、二十三、二十九、三十。《八关斋经》是佛教著名典籍之一。在佛教诸仪式中，八关斋是起源最早、最重要的仪式之一。远在原始佛教时期，这一仪式就已经产生了。

整体来看，支谦此篇译经，明白晓畅，可读性强，偏于文，利于佛教在大众中的传播。佛法东传，该仪式也风行华夏。汉地的八关斋，大抵是依据三国支谦所译的《八关斋经》。

“文质之争”是如何演变的呢？对于支谦与维祇难“文质之争”的结果，任继愈（1981：175）认为，在理论上质派获得了胜利，但在实践上却是由文派最后成书。换言之，“文”与“质”两派并没有哪一派取得绝对的胜利。因此，“文”与“质”两派在三国之后的佛典翻译中不断反复，彼消此长。梁启超（1984）认为，在东汉佛家翻译的启蒙时代，语义两未娴洽，依文转写而已，因此安世高、支谶、竺佛朔等的翻译可称为“未熟的直译”；稍进，则顺俗晓畅，以期弘通，而于原文是否吻合，不甚介意，因此将支谦、法护等的翻译称为“未熟的意译”。所以，支谦与维祇难的“文质之争”当属初级的“文质之争”。

到了东晋时，佛典翻译的风尚又发生了变化，先有道安，后有罗什。道安虽不懂梵文，却是我国佛典翻译史上划时代的人物。马祖毅（1998：35）总结出了道安对佛教的四大贡献：一是总结了汉代以来流行的禅法与般若二系学说；二是确立成规；三是主张僧侣以释为姓，为后世所遵行；四是整理了新旧译经的经典，编出了我国第一本译经目录《综理众经目录》。僧祐在《出三藏记集》中对此有着高度的评价：“爰自安公，始述名录，铨品译才，标列岁月，妙典可征，实赖译人。”此外，道安与秘书郎赵正还开创了我国佛典翻译史上的第一个译场，此前的佛典翻译尚未得到政府的赞助，多为私人的翻译。由于赵正主张直译，所以道安受了赵正的影响，也主张直译（马祖毅，1998：35）。对于道安，大多数学者将其归为质派。梁启超（1984）认为，道安“极力为纯粹直译之主张”；罗新璋（1984：3）认为道安倡导的“完全是直译的做法，务求忠实审慎，兢兢于不失本”；道安是质派的典型代表（汪东萍、傅勇林，2010a：98）。一方面，道安不赞成支谦在文字上求“巧”，不主张多删；另一方面，道安虽主张直译，但要求译文符合汉语习惯，不致令人费解（马祖毅，1998：38）。关于译文的“文”“质”问题，道安和赵正采取了这样的原则：经文的文质，是由其本身决定的，译大乘经可以“文”一些，译戒律就非“质”不可了，至于毗昙一类，有一定的格式，不能删除（马祖毅，1998：35）。可见，道安所主张的翻译，相比“未熟的直译”来说，可以说是“较熟的直译”。当然，在苻姚两代，也有持相反主张的，如竺佛念翻译时，因不满梵文繁质，“每存莹饰，文句减其繁长”，恰恰与道安和赵正的观点相反（《僧伽罗刹集经后记》）。

道安之后，罗什来到中土，使大乘学说在中国得以空前发展（许理和，1998：86）。鸠摩罗什的翻译，受到了广泛的好评，“其文约而诣，其旨婉而彰”（僧肇语），“曲从方言，而趣不乖本”（慧观语），“义皆圆通，众心惬服”（僧祐语），“词喻婉约，出口成章”（法云语），可以说是“较熟的意译”。在文体方面，罗什的一个重要贡献是纠正了中土对梵文文体的认识。鸠摩罗什告诉人们梵文也非常重视文采，看来前面道安所言“胡经尚质”和赵正所言“胡言方质”“经之巧质”是一种认识上的局限，是由于他们不懂梵文造成的误解（汪东萍、傅勇林，2010a：99）。罗什每与僧睿言：“天竺国俗，甚重文制，其宫商体韵，以入弦为善。凡觐国王，必有赞德，见佛之仪，以歌叹为尊。经中偈颂，皆其式也。但改梵为秦，失其藻蔚，虽得大意，殊隔文体，有似嚼饭与人，非徒失味，乃令呕哕也。”在此，罗什认为翻译中最困难的是文体问题。罗什认为译梵为秦，意义大体都可以翻译，但“殊隔文体”，梵文的“宫商体韵”及“藻蔚”无法翻译，结果是“非徒失味，乃令呕哕也”。因此，罗什翻译的重点放在了译经文体的传译上。佛教经典一方面有哲理性，另一方面也有较强的文学性。我们认为，罗什可能看到以前译经的主要问题是其文学性表达不足，所以罗什力图使其译文富有优美的文学色彩。但鸠摩罗什的翻译还存在两个问题。一是众所周知，鸠摩罗什在汉译佛教经典时，并未忠实地翻译原文，或是大篇幅地改变原文的内容，或是在译文中糅合自己的思想（中村元，1994：6）。二是罗什译经有时过于归化。鸠摩罗什《维摩诘所说经》对十四品名的翻译，窥基认为多与梵本不合，如论及罗什对第三、第八品的翻译时说："第三《声闻品》，什公名《弟子品》。菩萨、声闻，二俱弟子，声闻何故独得弟子之名，以小对大，应名声闻，不应名弟子，何况梵本无弟子之言。……第八今名《菩提分品》，什公名《佛道品》。……言佛道者，佛是佛果，道是因名，道路之义，取佛之道。义虽可尔，然肇公意欲以老子之道同佛之道，而以为名。菩提觉义，未伽道义，梵音既违，义亦有滥。岂在佛位而无道也，故应正云《菩提分品》。"（《大正藏》38：1002b-c）何剑平（2007：87）认为，窥基的这段评论说明鸠摩罗什及其弟子僧肇等在翻译《维摩诘经》的过程中，对语汇的选择明显带有考虑中国读者的成分（多用中国固有的字词），其译本往往牵合中国文化。到了玄奘，可以说是"成熟的直译"。如《俱舍论·界品》中有一段话，原文是 bhajana bhojana vyan jana karttr bhoktr bhutu hi rupudayah skandhah，若是直译，应该是"色等蕴好象器皿、食物、菜肴、炊事员、吃饭的人"，但是这样的译法，意义很不容易看清楚，玄奘就把它分成几句话，一个一个地来比拟，就好懂多了，玄奘将其译为："或色如器，受类饮食，想同助味，行似厨人，识喻食者，故随器等立蕴次第。"（张建木，1983b：10）这样对表达方式的转换是可以的，也是较为能够被接受的，可谓"成熟的直译"。但过多的增益或添加在佛典翻译中往往是不允许的，即便是玄奘这样的大师也不可以。《宋高僧传》卷四《法宝传》中有这么一段记载："奘初译《婆沙论》毕，宝有疑情，以非想见惑，请益之。奘别以十六字入乎论中，以遮难辞。宝白奘曰：'此二句四句为梵本有无？'奘曰：'吾以义意酌情作耳。'宝曰：'师岂宜以凡语增加圣言量乎？'奘曰：'斯言不行，我知之矣。'"玄奘为解释佛典中疑难词句，加了十六个字，此举遭到法宝的反对。反对的理由并非翻译的忠信问题，而是凡人的话怎能添到佛祖的话里，玄奘以为然（朱志瑜，2006：140）。

梁启超（1984：57）分析了翻译文体的演变历程及原因：

> 翻译文体之问题，即直译意译之得失，实为焦点。其在启蒙时代，语义两未娴洽，依文转写而已。若此者，吾名之未熟的直译。稍进，则顺俗晓畅，以期弘通，而于原文是否吻合，不甚措意。若此者，吾名之为未熟的意译。然而初期译本尚希，饥不择食，凡有出品，咸受欢迎。文体得失，未成为学界问题也。乃兹业浸盛，新本日出，玉石混淆。于是求真之念骤炽，而尊尚直译之论起。然而矫枉太过，诘鞠为病；复生反动，则意译论转昌。卒乃两者调和，而中外醇化之新文体出焉。

鲁迅在评论严复的翻译时，提纲挈领地勾勒出了我国古代佛典翻译的发展脉络："中古之译佛典，汉末质直——六朝真是'达'而'雅'了——唐则以'信'为主，粗粗一看，简直是不能懂得。"（鲁迅，1984：275）罗新璋（1984：3）认为，鲁迅的这段话大致隐括了当时直译、意译和新译三种译派。我们认为，鲁迅的这段话大致也勾勒出了我国佛典翻译史上"文质之争"的演变历史。如果以玄奘作为佛典翻译文质之争的终点的话，可以说，出现了"成熟的直译"，但未出现"成熟的意译"。换言之，这场历时数百年的古代佛典翻译中的文质之争是以"成熟的直译"的胜利而结束的。

当然，在"文质之争"中也出现过文质中和论，也就是说，既对"文"不满意，也对"质"不满意。慧远最早表达了这种观点："或文过其意，或理胜其辞。"（《出三藏记集》卷第十"三法度经序第十二"）这是佛典翻译史上第一次对"文过"和"质甚"的批判（朱志瑜、朱晓农，2006：26）。陈福康（1992：27—28）称此为“厥中论”（“以此考彼，殆兼先典。后来贤哲，若能参通晋胡，善译方言，幸复译其大归，以裁厥中焉”，引自慧远为僧伽提婆译《三法度论》所写序）。慧远还进一步谈及了文质不对应的后果：“若以文应质，则疑者众；以质应文，则悦者寡。”（《出三藏记集》卷第十“大智论抄序”）在这种情况下，文质中和论自然就产生了。僧祐也持这种文质中和的观点。僧祐不懂梵文，也没有参与过佛典翻译，但他天资高，领悟力强，对佛教典籍理解深，中文修养又好，所以他有资格批评佛教经籍的译本（朱志瑜、朱晓农，2006：69）。在《胡汉译经文字音义同异记》中，僧祐表达了文质中和论：

> 然文过则伤艳，质甚则患野，野艳为弊，同失经体。故知明允之匠，难可世遇也。

僧祐对纯粹的“文”和纯粹的“质”都不满意，纯粹的“质”就是“野”，纯粹的“文”就是“艳”，批评其为“野艳为弊，同失经体”，只有“明允之匠”才值得称赞，但“难可世遇”（朱志瑜、朱晓农，2006：63）。南朝陈代僧人慧恺（518—568）也持文质中和论：“乃可令质而得义，不可使文而失旨。故今所翻，文质相半……”（《摄大乘论序》）实际上，“文质相半”意为“又文又质”或“不文不质”。文、质作为两个相互依存而又相互对立的概念，分则并立，合则两亡。至此，“文质”已失去其作为翻译标准的意义了。慧恺的“文质相半”论与其说是调和，不如说是彻底放弃了或者推翻了“文质”的标准（朱志瑜、朱晓农，2006：84）。所以，文质中和论在实际的翻译中难以成立，只是一种理想罢了。东晋的一名僧人就表达出了这种观点：

辞旨如本，不加文饰。饰近俗，质近道，文质兼唯圣之有耳。

（《出三藏记集》卷第七“首楞严经后记第十一”）

此作者未详，他主张“质”（质近道），不赞成“饰”，至于“文质兼”，当然最好了，但那只是一种理想罢了（朱志瑜、朱晓农，2006：32）。

最后，我们探讨“文质之争”的内涵及其历史影响。依前述中国传统的文质概念，我国佛典翻译中的“文质之争”应该主要来自我国古代文章学的考量。

对于“文”与“质”的内涵，孟昭连（2009）认为，“文质之争”的实质就是文白之争。通过对东汉支谶所译的《道行般若经》和三国支谦译的《大明度经》的比较，我们发现“文质之争”实际上不仅包括文白的语体之争，还包括音译、意译之别等。张春柏、陈舒（2006：56）认为，“文质之争”在某种意义上可以说是佛典的神学性翻译与非神学性翻译之争，这是两种诉求，即知识分子的诉求和广大民众的诉求之间的斗争，争论的结果是前者在理论上占了上风，而后者却在实践上获得了胜利，这也是主体文化的需求使然。汪东萍、傅勇林（2010b：72）认为，“质”为质朴，“文”为文丽，文质之争是关于译文语言风格的争论，是对译文要不要加工润饰的一场争论。汪东萍、傅勇林（2010b：72）还指出，“文质之争”就是重视佛祖还是关注众生的问题，其实质是“作者中心论”还是“读者中心论”这一永恒的哲学问题在佛典翻译初期的反映。西方学者勒弗维尔（Lefevere，2001：22）将“文”与“质”的关联理解为“形式”与“内容”的关系，认为在中国古代的翻译传统中，翻译的形式应为中国的形式，不能带一丝原文的形式，至少从支谦开始形式总是和内容同等重要，只是到了近代，才开始允许归化西方的形式。进而，勒弗维尔（Lefevere，2001：22—23）

还指出了形式与内容在中西方翻译传统中的差异：在西方传统中，一般认为形式不如内容重要，特别是在翻译如《圣经》这样的宗教文本时，中国的概念“雅”从来没有发挥重要的作用。“雅”之所以没有成为西方翻译传统的主流，是因为在西方的翻译传统中，翻译是不可以代替原文的，相反原文总是存在于翻译之后或翻译之外，作为试金石，拥有最终的权威，换言之，译文从来都不是独立的存在，译者总是要去回视原文。张春柏、陈舒（2006：56）对此进行了反驳，认为不能用一个“雅”字来概括支谦以后佛典翻译的传统，更不能把佛典翻译的传统与严复的“雅”等量齐观，勒弗维尔等人的观点之所以是错误的，源于他们对“文”的片面理解，没有用历史唯物主义和辩证唯物主义的观点去理解佛典翻译史上的许多事实。我们认为，“文质之争”的一大难点是判断“文”和“质”的依据。要“文”还是要“质”，不能没有依据，依据应是原文是质还是文。这一观点，道安早就指出了：

> 昔来出经者，多嫌胡言方质，而改适今俗，此政所不取也。何者？传胡为秦，以不方言求知辞趣耳，何嫌文质？文质是时，幸勿易之，经之巧质，有自来矣。唯传事不尽，乃译人之咎耳。（《出三藏记集》卷第十“鞞婆沙序第十五”）

王向远（2017：45）对此段进行了解读：“文”与“质”是由时代所决定的，是有其形成的必然原因的，因而翻译者要好好传达出原文本来具有的“文”或“质”，而不应该随意加以变动；如果做不到这一点，那就是“译人之咎”了。“四阿含暮抄序”的未详作者也持相似的观点：“近敕译人，直令转胡为秦，解方言而已，经之文质，所不敢易也。”（《出三藏记集》卷第九）此外，道安还又向前迈进了一步，意识到了原文类型和翻译策略之间的关系：

> “此土《尚书》及与《河》《洛》，其文朴质，无敢措手，明祇先王之法言而慎神命也。何至佛戒，圣贤所贵，而可改之以从方言乎？恐失四依不严之教也。与其巧便，宁守雅正。译胡为秦，东教之士犹或非之，愿不刊削以从饰也。”众咸称善。于是案胡文书，唯有言倒，时从顺耳。前出戒《十三事》中起室与檀越议，《三十事》中至大姓家及绮红锦绣衣及《七因缘法》，如斯之比，失旨多矣。将来学者，审欲求先圣雅言者，宜详览焉。诸出为秦言，便约不烦者，皆葡萄酒之被水者也。（《出三藏记集》卷第十一“比丘大戒序第十一”）

朱志瑜、朱晓农（2006：16）认为，这在理论上是一重大突破，使文质、繁简的评判有了理论依据。

对于“文质之争”，在佛典翻译中还有一层意思，即“繁简之争”。苏晋仁（1985：33）指出，在梵文中有两种偈颂：一种称偈陀，译名为孤起颂，是单独存在的；一种称祇夜，译名为重颂，是长行（散文）的复述。这两种便是印度的诗，但是它们与印度的散文一样，是“丁宁反复、不嫌其烦”的，所以有些句子在文中会重复出现多次，在印度人读来反复咏叹，更能增加其韵文的华美和意味的深长，但是译为汉文，形式上虽然没有中国格律诗的约束，可是一句话在一段经文中重复出现几次，读者便会感到多余、厌烦。下面以西晋法炬译的《难提释经》为例，以见梵文的繁复：

> 闻如是：一时佛行在俱舍梨国，树名尼拘类。是时多聚会比丘

> 在迦梨讲堂，树间会坐，为佛做衣。今佛不久夏竟，夏已尽，佛自说，三月已竟做衣已，当到多人处。彼难提释闻多聚会比丘在迦梨讲堂树间会坐，为佛做衣。今佛不久夏竟，夏已尽，佛自说，三月已竟做衣已，当到多人处。难提释已闻如是，便到佛所，已到，为佛足礼，便坐一处，已坐，难提释白佛言："如是我闻，多聚会比丘在迦梨讲堂树间会坐，为佛做衣，今佛不久夏竟，夏已尽，佛自说，三月已竟做衣已，当到多人处。我闻是即愁忧。"

在这一段译文中，一件事竟三番重复，像这样的繁复在梵文中是很常见的。道安《比丘大戒序》中有一段纪事，很值得重视：

> 考前常行世戒，其谬多矣。或殊失旨，或粗举意。昔从武遂法潜得一部戒，其言烦直，意常恨之。而今（昙摩）持戒规矩与同，犹如合符，出门应辙也。然后乃知淡乎无味，乃真道味也。而嫌其丁宁，文多反复，称即命慧常，令斥重去复。常乃避席谓："大不宜尔。戒犹礼也，礼执而不诵，重先制也，慎举止也。戒乃径广长舌相三达心制，八辈圣士珍之宝之，师师相付，一言乖本，有逐无赦。外国持律，其事实尔。此土《尚书》及与《河》《洛》，其文朴质，无敢措手，明祇先王之法言而顺神命也。何至佛戒，圣贤所贵，而可改之以从方言乎？恐失四依不严之教也。与其巧便，宁守雅正。译胡为秦，东教之士犹或非之，愿不刊削以从饰也。"众咸称善。于是案胡文书，唯有言倒，时从顺耳。……诸出为秦言，便约不烦者，皆葡萄酒之被水者也。

译梵文为汉文，如果不斥重去复，便会像《难提释经》一样的啰嗦；如果“便约不烦”，便会是葡萄酒兑水。在这两难之间，道安提出“五失本”中后三条（三者，胡经委悉，至于叹咏，叮咛反复，或三或四，不嫌其烦，而今裁斥，三失本也。四者，胡有义说，正似乱辞，寻说向语，文无以异，或千五百，刈而不存，四失本也。五者，事已全成，将更傍及，反腾前辞，已乃后说，而悉除此，五失本也）的范围内，可以进行删削，这当然是不得已而如此。“斥重去复”的翻译方法也暗合了我国的文章学传统。唐代刘知几著《史通》就有《点烦》篇，主张对文章要芟芜去杂，去掉多余烦琐的文字。后世，对“斥重去复”这一翻译方法运用取得突出成就的当属杨绛——译界共知的杨绛“翻译点烦法”。在杨绛看来，点烦是一道很细致也很艰巨的工序，一方面得设法把一句话提炼得简洁而贴切，另一方面得留神不删掉不可省的字。在这道工序里得注意两件事：（1）“点烦”的过程里不免又颠倒些短句，属于原文上一句的部分，和属于原文下一句的部分，不能颠倒，也不能连结成一句，因为这样容易走失原文的语气；（2）不能因为追求原文的利索而忽略原文的风格，如果去掉的字过多，读来会觉得迫促，失去原文的从容和缓，如果可省的字保留过多，又会影响原文的明快（杨绛，1986：27）。对于“点烦”法的灵活运用，杨绛（1986）举出了以下短例：

译文（1）：他们都到伦敦去了；我没有和他们同到那里去，因为我头晕。

译文（2）：他们都到伦敦去了；我头晕，没去。

对比之下，上述两句，孰繁孰简，一目了然：译文（2）省去了“因为”“所以”等表示因果关系的关系代词，用颠倒语序的方式来实现语义的表达，较之译文（1）简洁干练，代词、介词、关联词等词类在外文中运用广泛，往往不可或缺，但在汉语中却常常是多余的（辛红娟、郭薇，2018：64）。杨绛翻译的《堂吉诃德》，可谓点烦法运用的典范。经过逐字逐句“点烦”后，她将自己所译80余万字《堂吉诃德》删至70余万字，译文凝练流畅、神形兼备，受到评论者的普遍好评（辛红娟、郭薇，2018：65）。

“文”与“质”是我国传统译论的核心概念，影响深远。唐朝时帮助玄奘翻译经文的缀文大德辨机甚至将“文”与“质”的要求看作对翻译的基本要求：“说而不文，辩而不质，则可无大过矣，始可与言译也。”（《大唐西域记赞》）换言之，“文”与“质”是翻译的基本条件，“文”与“质”做得不到位，就不能言“译”。任继愈（1981：174）认为，在中国佛典翻译史上，始终存在“质朴”和“文丽”两派。因此，在一定意义上来说，“文质之争”即翻译方法论之争。当然，“文质之争”仅是我国译学发展的萌芽，尚不成熟。刘芳（2018）指出，在佛典翻译时期，囿于翻译理论的不完备，人们对翻译质量的评价以对译文文字的评估为主，因而以“文”“质”为代表的本土文学概念也常被用于描述译文的风格差异，但“文”“质”尚是模糊的相对性概念，不能简单地以“文”“质”来归纳译经家的翻译标准和立场。无论“文”还是“质”，都没有统一的标准，也没有完整的理论科研，更谈不上指导翻译实践，而“文质之争”不过为翻译理论的发展提供了一个论坛（朱志瑜，1998：118）。

“文质之争”对我国翻译学传统的影响主要有两方面。一是形成了二元式的思维模式。我国后世的三次翻译论争“直译 vs. 意译”、“异化 vs. 归化”、翻译学是“科学 vs. 艺术”都延续了这种二元式的思维模式。二是形成了重翻译方法论的讨论与研究、轻翻译本体论与认识论的讨论与研究的传统，从而在一定意义上使得我国的翻译学日后具有了强应用的倾向。这应当首先源于梵文和中文间巨大的语言差异，在跨越语言差异之余，译者无暇顾及其他。在翻译的初期，由于翻译经验不够成熟，译者往往局限于翻译方法的探讨。

当然，“文质之争”也为我国的翻译学传统留下了宝贵的“争论”传统。这有利于我国译学发展的辩证性和客观性，避开了一元化的弊端。汪东萍、傅勇林（2010a：100）认为，翻译理论的发展正是在翻译思想的争论中向前推进、逐步完善的，佛典翻译的“文质之争”就是一个很好的例证，佛典翻译家从东汉、三国，一直争论到唐朝，才有了结局，玄奘新译为“文质之争”找到了出路，为我国翻译史上的首次争论画上了一个圆满的句号。实际上，我们并不认为玄奘新译为“文质之争”画上了一个圆满的句号，但这种思想的碰撞是我国译学的优秀传统。郭建中（2002：127）指出，纵观中外翻译理论史可以发现，翻译理论不是直线向前发展的，也不是曲线前进的，而是在两种对立观点之间的辩论中发展的……在辩论中，两种似乎对立的观点，一方面自我完善，一方面又互相补充，这是中外翻译理论发展的普遍规律。

第五节　对不可译性的认识

陈登（1996：70）指出，可译性问题与翻译的对等概念是翻译理论中两大中心问题。庞焱（2009：87）也认为，翻译理论研究中的一个根本性问题就是可译性问题，这个问题包括可译性和不可译性两个方面。在当下，可译性与不可译性的问题可以说已是翻译学中的一个根本问题。特别是对不可译性的探讨尤为重要，因不可译性直接关乎着翻译这项事业的存续（Hermans，2019：27）。

在西方，19世纪以前，不可译性没有成为一个根本性的问题。18世纪新古典主义视语言为思想的外衣，同一思想可以由不同的语言外衣来表征，因此用一种语言表达的思想，一定能翻译成另一种语言（王宾，2004：83）。19世纪欧洲浪漫主义盛行之后，特别是洪堡特（Huntebury）的新的语言哲学观认为，语言不再只是思想的解码器，语言形塑着思想，也被思想形塑，每一种语言都有自己独特的聚合方式，每一种语言都包含了一种独特的“世界观”（Weltanschauung），不同的“世界观”无法相互转换。洪堡特曾说：“在我看来，任何翻译毫无疑问都是试图完成无法完成的任务，因为每个译者必然要撞到两个暗礁中的一个而碰得头破血流；或者过分囿守原作而损害本国人民的审美习惯和语言，或者过于照顾本国人民的特点而损害了原作。要找出某种折中的办法来不仅困难重重，而且简直是不可能。”（杨衍松，2000：51）。因此，在浪漫主义欧洲时期，特别是在德国，不可译性首次概念化为了一个根本性问题（a fundamental issue）（Hermans，2019：34）。同时，不可译性也不仅仅是一个翻译问题或语言问题，而且成了一个哲学问题。如果我们不能找到一种方法来解释我们如何能够翻译彼此的语言，我们的意义理论就不可能取得任何进展，最终也不可能对任何解释取得任何进展（Malmkjær，2019：42）。

刘宓庆（2019：80）认为，翻译理论中的所谓“可译性”（translatability）指双语转换中原语的可译程度，它高于方法论，属于对策论课题。田庆芳（2007：47）给出的“可译性”与“不可译性”的定义如下：所谓“可译性”是指两种不同的语言、文字之间，通过翻译，将源语文本或单位用另外一种语言表达出来，实现使用两种不同语言的人群对同一个事物的理解；反之，一种源语文本或单位不能翻译成另一种语言或单位，实现不了使用两种不同语言的人群之间沟通或理解的，即为不可译性。刘传珠（2000）认为，可译性与语言功能相关：当语篇主要利用了语言的认知表达功能时，其可译性程度就高；当语篇主要利用了语言的美学功能时，其可译性程度就低；而当语篇所讨论的是原语所特有的尚不为译语所熟悉的文化事物时，译者可能就会感到译事倍艰。对于不可译性，刘传珠（2000）区分出了绝对不可译性和相对不可译性：因语言本身差异造成的不可译性是真正的不可译，可称为绝对不可译性；而特有的文化事物本身是可以被认知、被表达的，因而在本质上是可译的，只是译语中一时缺乏相应的表达方式而已，因此，由文化差异造成的不可译是一种暂时不可译，宜称为相对不可译。刘宓庆（2019：80）指出，可译性问题历来有三种解释：第一种解释是就双语表层结构诸如文字形态、表层形式设计而言；第二种解释集中于语义，包括隐喻问题，文化翻译中的意义转换、审美转换，这是中介层级的可译性问题；第三种解释以德国的译论家本杰明（W. Benjamin）的观点为代表，可译性指双语最深层的意蕴上的相通相应，因而可以互补互释。我们认为，第一种解释和第二种解释可看作形而下的解释，而第三种解释可看作形而上的解释。换言之，不可译性可分为形而下之不可译性与形而上之不可译性两大类。在西方，用力最多的是第二种，即形而上之不可译性。在这方面，最典型的代表人物是本雅明和德里达。

本雅明关注的是可译性的形而上本体论根基。本雅明认为可译性与语言、文化关系甚微，可译性来自原作。本雅明（2002：199—200）的翻译观是：翻译是一种样式（mode）。在此翻译观下，可译性就存在于原作之中："把翻译理解为样式，人们就得返诸原作，因为这包含了支配翻译的法则：可译性。"问一部作品是否可译是一个双重问题，它要么是问：在这部作品的全体读者中能不能找到一个称职的译者？要么它可以更恰当地问：这部作品的本质是否将自己授予翻译，并在充分考虑到翻译这种样式的重要性之后，呼唤着译作呢？从原则上讲，第一个问题取决于偶然性，而第二个问题取决于必然性（本雅明，2002：199—200）。译文不再是原文的附属。相反，所谓原文的“存在”，恰恰有赖于翻译才成为可能。本雅明指出，一部作品的水准越高，它就愈有可译性。王宾（2004：85）认为，本雅明的翻译观早已超出从而悬置了当代翻译研究所言的“可译/不可译”二分，他提出的“可译性”，与原文/译文的两种语言之间在形式上或内容上的可能对应无必然联系，它是某些文学作品固有的本体特征和“再生”能力，现代意义的可译与不可译问题被消解。但我们认为，本雅明对待可译性所持的态度是悲观的。本雅明（2002：203）自己指出，一切翻译都只是对付语言的外来性或异己性的权宜之计。德曼（2002：227）在解读本雅明“译者的任务”时指出，Aufgabe 是“任务”，同时也可以解作“被逼放弃的人”，从这个意义上看，译者是注定失败而且要放弃任务的了。同时，本雅明认为译者的任务就是找寻“纯语言”（pure language），这也是富有神秘主义色彩的。这种神秘主义无论从逻辑上还是从经验上都难以证实，往往充满谬误。例如，自浪漫主义时期以来，一个理论神话是“只有诗人才能译诗”（Amos，1973：165）。欧阳桢（2002：259—260）驳斥了这种观点，认为这个建议或许很富吸引力，其实却谬误连篇：第一，诗人这个身份并不是何时何地都可以验证的，很多蹩脚诗人也能够滥竽充数。第二，即使是公认的诗人，也不能无时无刻都写出优美的诗篇。荷马或会偶有失手，莎士比亚或会矫揉造作，济慈或会感情用事。第三，如果细看极有诗意的译诗，就不得不承认这些佳译并不全是出自公认的诗人的手笔。一个最明显的例子：人们普遍认为，1611 年出版的《圣经》钦定本是《圣经》英译本中最富诗意的版本。但它却是由几十人翻译出来的，他们之中并没有一人是当时的大诗人。解构主义大师德里达也是不可译论者。德里达（2002：220）指出，翻译是一项必需而又不能完成的工作。解构主义解构了传统翻译研究中的忠实观，所以不可译就是解构主义的题中之意了。实际上，任何忠实的或等值的翻译都不可能百分之百准确或完备地传达原作的信息和风貌，不可译论的观点正是在这里找到了立足的根基（杨衍松，2000：53）。

在我国古代佛典翻译中，虽然不可译性这一字眼没有出现，但不可译性的主题始终萦绕在译经师的脑海之中。我们认为，“不可译性”这一主题在我国古代佛典翻译中首先是由道安在《摩诃钵罗若波罗蜜经抄序》中的“五失本”“三不易”开启的。“失本”，换言之，就是译文无法做到与原文一致之处，也就是不可译之处。因此，“五失本”也就是道安所发现和总结的佛典翻译中的五种不可译之处。“五失本”主要讲的是文本中语言、文化层面的制约翻译的不可译性，即形而下的不可译性。“三不易”主要讲的是文本外制约翻译的不可译性的情景因素、受众因素与译者因素，也就是翻译难以达到与原文同等效果的外部影响因素。但这些不可译之处并不只是困难之处，实际上也是成全翻译之处，正如道安所指出“涉兹五失经三不易，译胡为秦，讵可不慎乎！”也就是说，道安在当时实际已意识到了不可译性之中孕育着可译性。

到了后秦，译经大师鸠摩罗什感叹曰：“改梵为秦，失其藻蔚，虽得大意，殊隔文体，有似嚼饭与人，非徒失味，乃令呕哕也。”借此，杨衍松（2000：52）认为，罗什在我国翻译史上首度提出了翻译“失味”与文体、风格不可译的观点。实际上，我们认为道安的“二失本”（胡经尚质，秦人好文，传可众心，非文不合）讲的就是文体、风格问题，因此并不是罗什首次提出文体、风格不可译的观点。罗什强化了这一观点，并创造了一个新奇的比喻“嚼饭与人”。《出三藏记集》卷第八“法华宗要序第八”记述了慧观描述的罗什译经的情况：“秦弘始八年夏，于长安大寺集四方义学沙门二千余人，更出斯经，与众详究。什自手执胡经，口译秦语，曲从方言，而趣不乖本。即文之益，亦已过半。虽复霄云披翳，阳景俱晖，未足喻也。什犹谓语现而理沉，事近而旨远。又释言表之隐，以应探赜之求。虽冥扉未开，固已得其门矣。”这段话反映出罗什翻译时不仅“详究”，还译文增幅“过半”，但罗什仍然对译文不满意，谓“语现而理沉，事近而旨远”，还要“释言表之隐”。看来，罗什确是“翻译不可能”论者（朱志瑜、朱晓农，2006：174）。

至唐时，玄奘大师提出了著名的“五不翻”。“不翻”实际上就蕴涵了无法翻译，即“不可译”。正是因为认识到无法翻译，才提出“不翻”。在此意义上而言，玄奘是赞同不可译性的。应该说，从道安到罗什再到玄奘，在佛典翻译中，译经师都切实地感受着不可译性。

到宋时，彦琮更是将不可译性推向了又一个高峰，提出了消解翻译的观点。彦琮在《辩正论》中曰：“向使法兰归汉，僧会适吴，士行、佛念之俦，智严、宝云之末，才去俗衣，寻教梵字，亦沾僧数，先披叶典；则应五天正语，充布阎浮，三转妙音，并流震旦，人人共解，省翻译之劳，代代咸明，除疑网之失。”朱志瑜、朱晓农（2006：102）认为，彦琮是翻译悲观论者，认为梵汉文字文化不同，总有很多难以释解的地方。正是因为认识到了不可译性，彦琮才会提出“省翻译之劳”的极端观点。这实际上是用不可译性消解了翻译的本体。这不是对不可译性的客观和实事求是的态度。翻译不仅是可能的，而且也是现实世界中正在发生的事实（刘传珠，2000：31）。彦琮这种极端的抵制翻译的观点是相当前卫的。在西方，直到 18 世纪后，叔本华和海德格尔才提出类似的观点：要了解外国的概念与文化，不要依赖翻译，而是必须去学习这门外语（Large，2019：57）。

刘传珠（2000：31）指出，可译性与不可译性一直是翻译研究领域中一个长期争论不休的理论问题。赫曼斯（Hermans，2019：27）指出，现在译学界存在这样两组悖论：我们不能翻译，我们必须翻译；一切都可译，一切都不可译。从理论上而言，杨衍松（2000：53）认为，可译与不可译是人们在探索翻译奥秘的思考中一种自然的对分，可译论内在地包含着对不可译性的思考，不可译论内在地兼容着对可译性的承认，它们相辅相成，推动着翻译理论研究不断向前发展。关于可译性与不可译性的争论，实际上是对翻译本质不同认识的反映（任淑坤，2010：177）。在佛典翻译之初，翻译的要求是“案本而传”“趣不乖本”，这实际上是认可语言和意义的同一性，把翻译视作信息转换的过程。随着对翻译认识的加深，译经师认识到翻译中“失本”“失味”是不可避免的。这有利于打破传统上仅追求原文至上、忠实至上的翻译原则，有利于凸显译者和译文的价值，走向更为多元、更为现实的翻译实践。因此，在一定意义上而言，可译性与不可译性的争论打破了传统中原文与译文的二元对立关系，提升了译者的主体地位，鼓励了翻译中的创造性。在实践上，我们应该对可译性与不可译性持一种现实的态度。庞焱（2009：87）指出，任何文本都是能够传译的，但绝对完全的传译却是不可能的，因为原文文本是可译性和不可译性的对立统一。钟述孔（1997：149—150）指出：不可译论者倾向于以“绝对”的字眼讨论问题，他们倾向于坚持翻译不能有任何信息丢失，这种进路在理论上是先验的和形而上学的，在实践中是非建设性的；如果我们接受这种“无任何信息丢失”的标准，那么不要说翻译，就是所有的交流都不作谈了。

应该说，可译性与不可译性问题是翻译学的本原性问题。解决不好可译性与不可译性问题，翻译学根基就不牢。从我国古代的佛典翻译来看，对不可译性的思考始终伴随着对可译性的思考。不可译性从来不是一个“恶”（vicious）的概念（Malmkjær，2019：48），消解不了翻译。邓恩等（Dünne et al.，2013：4）为“不可译性”下的定义就是“不是翻译中失败的一个症状，而是建构翻译行为的事件”。在理论上，不可译性从反面逆向建构着翻译。在一定意义上而言，不可译性孕育了可译性，没有不可译性就没有可译性。翻译自身实际上可能就是由不可译性组构而来的（Large，2019：55）。在实践上，不可译性就像一把达摩克利斯之剑始终悬在译者的头上，鞭策着译者对翻译要慎而为之，使翻译日臻成熟。当然，佛典翻译中对不可译性的认识和讨论主要是形而下的，还应开展形而上的探索与讨论。

第六节　翻译理论的演进

一般认为，我国古代的佛典翻译理论主要是经验式的，没有形成体系式的翻译理论。通过具体分析，我们则认为我国古代的佛典翻译理论是成体系的，螺旋上升的；在我国古代佛典翻译中，存在三个成体系的翻译理论：道安的翻译理论、玄奘的翻译理论以及赞宁的翻译理论。彦琮的“八备”说指涉的是译员的标准，在此不做翻译理论处理。

一、道安的翻译理论：“五失本”说

道安在《摩诃钵罗若波罗蜜经抄序》一文中提出了著名的“五失本”“三不易”的翻译学说。如上文曾提及，“三不易”主要探讨的是翻译的外部因素（情景因素、受众因素、译者因素），而不是翻译本身，所以我们认为道安的翻译理论主要体现为“五失本”：

一失本讨论的是语序的问题，二失本讨论的是文质问题，三失本讨论的是繁复的问题，四失本讨论的是删削佛典里的义辞的问题，五失本讨论的是删除佛典里重复前说的“反腾”的问题。

整体看来，道安的“五失本”实际上讨论的都是翻译中的文体问题，特别是梵汉不同之处的文体问题。因此，从内容维度来说，道安的翻译理论尚未覆盖翻译过程的全部，更像是梵文原文与汉语译文间的文体对比，但这种梵汉语言间的对比是日后翻译理论生成所必需的知识基础。此前，翻译文体问题始终是我国佛典翻译界悬而未决的问题。慧皎《高僧传》称竺法护“经法所以广流中华者，护之力也”，即使如此广受赞誉，从事译经事业 43 年（266—308），但竺法护还是未形成固定的翻译风格和术语翻译方法。竺法护翻译风格不固定的一个明显表现是，翻译前后不一致，有时意译，有时音译，随意性较大，规律性不统一：例如 Mañjuśrī 有时被译为“软首”“溥首”“濡首”，有时又被音译为“文殊师利”；在地名的翻译方面也是如此，例如有时将 rājagrha 翻译为“王舍城”，有时又音译为“罗阅衹”（Mai，1994：45—46）。荷兰学者许理和（Zürcher，1980：97—98）指出，后汉时期是佛典翻译风格及术语翻译的实验时期，术语的翻译方法不一，对于梵文中难懂的词语有的翻译中保留，有的翻译中删除，但到了汉末不同的翻译流派逐渐形成了统一的翻译语言（conventionalized idiom）：自由且能够被理解的佛典译文。但随着经院哲学深奥佛教的输入，其哲理和词汇复杂，这种自由且能够被理解的翻译方法就行不通了。在 3 世纪到 4 世纪初，翻译逐渐形成了两大流派：一是长江流域以支谦为代表的文派，他们倾向于使用文言和传统的文学风格，主要面向有文化的受众；二是以竺法护为代表的北方的质派（Zürcher，1980：98）。4 世纪晚期，随着佛教经院哲学和律宗的输入，翻译的语言（translation idiom）又倾向了准确，产生了大量的翻译术语，特别是在鸠摩罗什时期，这种术语翻译的量和创造性都达到了顶峰（Zürcher，1980：98）。实际上，翻译的语言始终是一个有争议的问题，并没有如许理和所言在汉末已解决。三国时期，支谦虽主张意译，但其译《明度经》的专有名词既有意译也有音译。意译如：dīpamkara buddha 定光佛；arhat 应仪；prajñāpāramitā 智度无极；sākyamuni 能儒；abhisambuddha 最正觉；akanistha 无结爱天；mahāyāna-samprasthita 升于大乘；subhūti 善业。音译如：bhiksu 比丘；samādhi 三昧；upāsaka 优婆塞；bodhisattva 菩萨；mahāsattva 摩诃萨；anuttara 阿耨陀罗三（Lancaster，1969：248—249）。因此，佛典翻译初期，翻译的文体应该怎样是亟待解决的问题。到晋时，道安的"五失本"给出了回答。道安的"五失本"回答的也是翻译应该是什么样子的问题，即翻译的本体问题。道安"五失本"说之前，支谦曾提出"因循本旨，不加文饰"，但只是触及一点，未成体系。道安的"五失本"说从五个方面论述翻译的文体与翻译的本体，可以说是我国第一个初步成体系的翻译理论。

彦琮对道安"五失本""三不易"的评价是："详梵典之难易，诠译人之得失，可谓洞入幽微，能究深隐。"梁启超先生也极为推重道安的这一译论："后世谈译学者，咸征引焉！要之，翻译文学程式，成为学界一问题，自安公始也。"（梁启超，2005：184）。

此后，在道安的基础上，鸠摩罗什又增添了对术语翻译的讨论。达尼科娃（Daňková，2006）提出，鸠摩罗什有三个翻译原则（principles of translation）：（1）重视文饰；（2）删略，增补；（3）订正名实。实际上，早在1985年，王文颜（1985：219）就将鸠摩罗什的翻译理论归结为上述三点。鸠摩罗什对佛教术语的翻译更加准确，可谓"订正名实"。anātman（non-self）在罗什以前的翻译是"非身"，汤用彤（1938：

176）认为翻译为“非身”没有正确阐述出该词的真正含义。实际上“非身”的翻译是受了道教的影响（例如：“吾所以有大患者，为吾有身。及吾无身，吾有何患?”）（Fan，2016：58）。罗什将该词译为了“无我”，汤用彤（1938：176）认为直到罗什时才正确翻译出了该词空无自觉的状态（empty of conscious spirit）。但鸠摩罗什并未提出成体系的翻译理论。

二、玄奘的翻译理论：“五不翻”及“正翻”“义翻”说

玄奘的“五不翻”一般都由宋代法云《翻译名义集》卷一和该书周敦义的序文中征引。其实远在法云之前唐五代间的景霄的《四分律行事钞简正记》有更详细的叙述，其卷二曰：

> 故诸家相承，引唐三藏译经，有翻者有不翻者，且不翻有五：一、生善不翻，如佛陀云觉，菩提萨埵此云道有情等。今皆存梵名，意在生善故。二、秘密不翻，如陀罗尼等总持之教，若依梵语讽念加持即有感征，若翻此土之言全无灵验故。三、含多义故不翻，如薄伽梵一名具含六义：① 自在（原注：“不永系属生死故”，下同）② 炽盛（智火猛焰烧烦恼薪）③ 端严（相好具足所庄严故）④ 名称（有大名闻遍十方故）⑤ 吉祥（一切时中常吉利故，如二龙注水，七步生莲也）⑥ 尊重（出世间所尊重故）。今若翻一，便失余五，故存梵名。四、顺古不翻，如阿耨、菩提，从汉至唐，例皆不译。五、无故不翻，如阎浮树影透月中，生子八解瓮大。此间既无，故不翻也。除兹以外，并皆翻译。就翻译中，复有二种：一、正翻，二、义翻。若东西两土俱有，促呼唤不同，即将此言用翻彼语。如梵语莽荼利迦，此云白莲花，又如梵语斫抠，此

翻为眼等，皆号正翻也。若有一物，西土即有，此土全无，然有一类之物微似彼物，即将此者用译彼言。如梵云尼拘律陀树，此树西土其形绝大，能荫五百乘车，其子如油麻四分之一。此间虽无其树，然柳树稍似，故以翻之。又如三衣翻卧具等并是云云。（张建木，1983：12）

根据以上记载，我们可将玄奘的翻译理论图示如下：

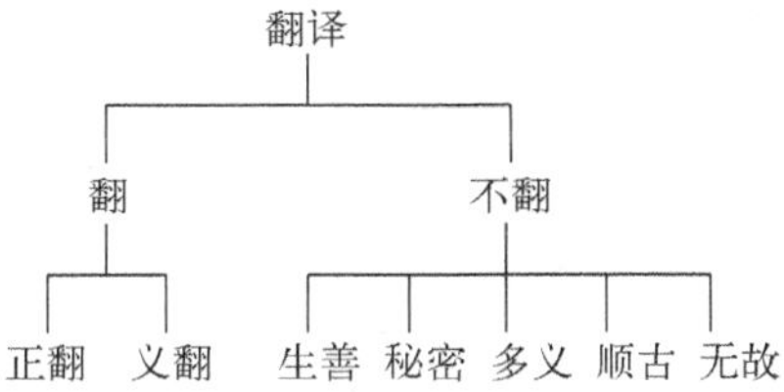

图 3－1　玄奘翻译理论

由以上可以看出，与道安的翻译理论相比，玄奘的翻译理论更加全面，其首先探讨的问题是：哪些情况是可译的，哪些情况是不可译的。可译性可以说是翻译理论探讨的首要问题，以前从未涉及，玄奘首次提出，这可以说是我国古代翻译理论研究的一个巨大超越，从经验的观察走向了哲学的分析。然后，可译的情况下，玄奘又区分出了正翻与义翻；不可译的情况下，又区分出了五不翻。整体来看，玄奘的翻译理论是一个包含三个层级的体系。因此，玄奘的翻译理论是我国第一个较为成熟的翻译理论体系。

三、赞宁的翻译理论："六例"说

赞宁一生从未翻译过佛典，不同于亲身体验的罗什、玄奘等人，他客观研究佛典翻译史，从而得出结论，形成自己的观点主张。在《宋高僧传》卷三“唐经师满月传”中，赞宁把宋以前的中国佛典翻译分为三个阶段：一、刚开始翻译佛典的东汉时期：“初则梵客华僧，听言揣意，方圆共凿，金石难和，碗配世间，摆名三昧，咫尺千里，觌面难通。”中国僧人起辅助作用，华僧听其言，揣摩其义，很难吻合。二、三国、西晋、东晋等的渐盛时期：“次则彼晓汉谈，我知梵说，十得八九，时有差违，至若怒目看世尊、彼岸度无极矣。”此时的译经，仍以印僧为主，他们逐渐通晓汉语，懂梵文的华僧越来越多，能理解百分之八九十，偶尔会出现差错。三、东晋末年以及唐的鼎盛时期：“后则猛、显亲往，奘、空两通，器请师子之膏，鹅得水中之乳，内竖对文王之问，扬雄得绝代之文，印印皆同，声声不别，斯谓之大备矣。”智猛、法显等中国高僧亲自到印度等国寻求梵本佛典，像玄奘这样的中国僧和印僧既通梵文，又通汉语，所译佛典更准确了。

在“唐经师满月传”中，赞宁在总结前人译经理论的基础上提出了自己的“新意六例”：

> 今立新意，成六例焉。谓译字译音为一例，胡语梵言为一例，重译直译为一例，粗言细语为一例，华言雅俗为一例，直语密语为一例也。
>
> 初则四句，一译字不译音，即陀罗尼是。二译音不译字，如佛胸前卍字是。三音字俱译，即诸经律中纯华言是。四音字俱不译，如经题上∫√二字是。
>
> 第二胡语梵言者，一在五，天竺纯梵语话。二雪山之北是胡，山之南名婆罗门国，与胡绝，书语不同，从羯霜那国字源本二十余言，转而相生，其流漫广，其书竖读同震旦欤？至吐货罗，言音渐异，字本二十五言，其书横读。度葱岭南，迦毕试国言字同吐货

罗，已上杂类为胡也。若印度言字，梵天所制，本四十七言，演而遂广，号青藏焉。有十二章，教授童蒙，大成五明论，大抵与胡不同。五印度境弥亘既遥，安无少异乎？又以此方始从东汉传译，至于隋朝，皆指西天以为胡国，且失梵天之苗裔，遂言胡地之经书。彦琮法师独明斯致，唯征造录，痛责弥天，符佛地而合阿含，得之在我，用胡名而迷梵种，失则诛谁？唐有宣公，亦同鼓唱。自此若闻弹舌，或睹黑容，印定呼为梵僧，雷同认为梵语。琮师可谓忙于执斧捕前白露之蝉，瞢在回光照后黄衣之雀。既云西土有梵有胡，何不南北区分，是非料简，致有三失。一改胡为梵，不析胡开，胡还成梵，失也。二不善胡梵二音，致令胡得为梵，失也。三不知有重译，失也。当初尽呼为胡，亦犹隋朝已来总呼为梵，所谓过犹不及也。如据宗本而谈，以梵为主，若从枝末而说，称胡可存。何耶？自五天至岭北，累累而译也，乃疑琮公留此以待今日，亦不敢让焉。三亦胡亦梵，如天竺经律传到龟兹，龟兹不解天竺语，呼天竺为印特伽国者，因而译之。若易解者犹存梵语。如此胡梵俱有者是。四二非句，纯华言是也。

第三重译直译者，一直译，如五印夹牒直来东夏译者是。二重译，如经传岭北楼兰、焉耆，不解天竺言，且译为胡语，如梵云邬波陀耶，疏勒云鹘社，于阗云和尚。又天王，梵云拘均罗，胡云毗沙门是。三亦直亦重，如三藏直赍夹牒而来，路由胡国，或带胡言。如觉明口诵昙无德律中有和尚等字者是。四二非句，即赍经三藏，虽兼胡语，到此不翻译者是。

第四粗言细语者，声明中一苏漫多，谓泛尔平语言辞也，二彦底多，谓典正言辞也。佛说法多依苏漫多，意住于义，不依于文，又被一切故。若彦底多非诸类所能解故。亦名全声者，则言音分明典正，此细语也。半声者，则言音不分明而讹僻，此粗语也。一是粗非细，如五印度时俗之言是。二唯细非粗，如法护、宝云、奘师、义净洞解声明音律，用中天细语典言而译者是。三亦粗亦细，如梵本中语涉粗细者是。或注云此音讹僻，即粗言也。四二非句阙。

第五华言雅俗者，亦云音有楚夏同也。且此方言语，雅即经籍之文，俗乃术巷之说，略同西域。细即典正，粗即讹僻也。一是雅非俗，如经中用书籍言是。二是俗非雅，如经中乞头博颊等语是。三亦雅亦俗，非学士润文，信僧执笔，其间浑金璞玉交杂相投者是。四二非句阙。

第六直语密语者，二种作句，涉俗为直，涉真为密，如婆留师是。一是直非密，谓婆留师翻为恶口住，以恶口人人不亲近故。二是密非直，婆留师翻为菩萨所知彼岸也，既通达三无性理，亦不为众生所亲近故。三两亦句，即同善恶真俗，皆不可亲近故。四二非句，谓除前相故。又阿毗持呵娄（目数数得定）、郁婆提（目生起拔根弃背）、婆罗（目真实离散乱），此诸名在经论中，例显直密语义也。更有胡梵文字，四句易解。凡诸类例括彼经诠，解者不见其全牛，行人但随其老马矣。

根据以上记载，赞宁“六例”说的主要内容可简述如下：

一是译字译音例，有译字不译音、译音不译字、音字俱译、音字俱不译四种情况。

二是胡语梵言例，有胡语、梵言、亦胡亦梵、非胡非梵（纯华言）四种情况。

三是重译直译例，重译是指印度佛典先译为西域诸国的胡言再译为汉语，直译是指从梵语译为汉语，另有亦直亦重、非直非重之例。

四是粗言细语例，即梵文佛典中凡俗之言和典正之言的区别，有是粗非细、唯细非粗、亦粗亦细三种情况，二非句缺。

五是华言雅俗例，译文中有是雅非俗、是俗非雅、亦雅亦俗三种情况，二非句缺。

六是直语密语例，佛教以涉俗（俗谛）为直，以涉真（真谛）为密，译文中有是直非密、是密非直、亦直亦密、非直非密四种情况。

为了更直观地展现赞宁的翻译理论，我们将其图示如下：

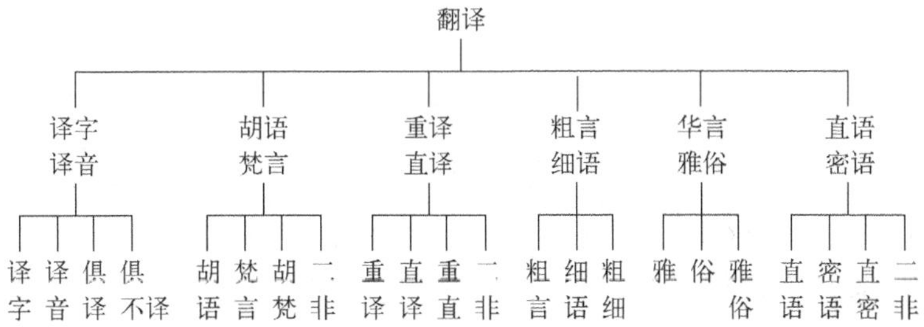

图 3－2 赞宁“六例”说

第一例译字译音指的是翻译方法问题，第二例胡语梵言与第三例重译直译指的是原文的版本问题，第四例粗言细语与第五例华言雅俗指的是文体问题，第六例直语密语指的是文本的题材问题。因此，从内容维度上来说，赞宁的“六例”说是建构在原文、翻译方法、翻译文体、翻译题材四大维度上的，思虑周全，可以说充分吸收了前人的经验，涵盖了翻译过程的方方面面。赞宁不仅提出了“六例”说，还逐项进行了具体阐释，每一例都从逻辑上分析出四种情况，建构了完整的理论系统，这是难能可贵的。赵秀明、姜春兰（2006：10）认为，这是赞宁成功地利用

“四句”逻辑探讨翻译理论，因四句逻辑是佛家中观学思想的表述模式，在印度哲学史上有着悠久的历史，其表述格式是：有，无，亦有亦无，非有非无。这种“中道”哲学观，处理任何对立的矛盾概念时，都能融洽圆通，无住无滞，因而也是翻译艺术把握各种矛盾的最佳原则（赵秀明、姜春兰，2006：10）。

我们认为，赞宁的“六例”说是对玄奘翻译理论的一次质的提升。此前，道安“五失本”说的理论生成模式主要是经验式的总结，玄奘的“五不翻”及“正翻”“义翻”说则又前进了一步，既有经验式的总结，又有哲学层面的分析。赞宁的“六例”说又前进了一步，不仅有经验式的总结（即“六例”），还有逻辑上的全面分析（即“四分法”）。归纳法固然重要，但由于译者或研究者个体经验的有限性和不充分性，理论难以做到全面。也就是说，没有逻辑上的演绎，生成的理论就很难做到完善。赞宁翻译理论的生成模式既有归纳法，又有演绎法，是两者的有机结合，因此可以说达到了我国古代翻译理论研究的巅峰。王宏印（2017：100）认为：从赞宁的“六例”说可以看出佛经本身的异族逻辑对于中国翻译理论的形态和形成上的潜移默化的影响；与玄奘的“五不翻”理论主要受其翻译内容的影响相比，赞宁的“六例”说更加倾向于接受文本深层逻辑在形式上的影响；这一影响的由浅入深和由显到隐（笔者认为应是“由隐到显”），是一个值得注意的倾向。周裕锴（2002：78）甚至认为，赞宁“六例”说可以说是佛典翻译理论和实践最完满的总结。因此，道安的“五失本”说、玄奘的“五不翻”说与赞宁的“六例”说是螺旋式的上升，体系越来越全面，越来越科学，是我国古代佛典翻译中成体系的翻译理论。

此外，由以上可以看出，道安的“五失本”说、玄奘的“五不翻”说与赞宁的“六例”说的理论生成模式都是多分式的，不是二分式的。

现代的翻译理论多囿于直译意译、异化归化的二分式的翻译理论，这往往会将翻译问题简单化，应该予以超越。思果（2001：73）甚至否定了直译、意译的说法：研究翻译的人总喜欢谈意译、直译，我已经表示过没有这回事了；可直译就直译，不可直译就意译。譬如说 certainly not “当然不”有什么意译？但是 How do you do 又怎么能够直译呢？

第四章　中国古代佛典翻译方法论的演进与流变

我国古代佛典翻译的重要特征是高度重视实践，佛典翻译作品可谓汗牛充栋。在丰富的佛典翻译实践中，我国古代佛典翻译的方法论不断完善，积累了丰富且宝贵的经验。纵观我国千年的佛典翻译史，我们惊奇地发现，虽然译经师日日夜夜孜孜以求，传播佛教之真谛，所译佛典不计可数，但几乎没有任何译经高手宣说有佛典翻译的妙法灵药。至于具体的翻译方法，如“五不翻”等，更是凤毛麟角。相比较而言，藏地的佛教翻译在具体的翻译方法层面经验丰富，规定颇多。本章将重点抽取并探讨我国古代佛典翻译中的格义、意译、音译、语法翻译、文体翻译、抽译及节译、合译（译场）、藏地佛典翻译方法的流变。此外，鉴于多数佛典翻译研究未在文本层面展开，本章将在文本层面结合梵汉对勘，探索三位代表性译经大师——竺法护、鸠摩罗什与玄奘的翻译之法的演进。

第一节　翻译方法论

刘宓庆（2019：164）指出，翻译对策论和方法论是翻译学中最重要的应用理论研究两大领域，方法论则更具有可操作性，研究领域最为广阔，所涉及的实际问题最多，最具实用性。在这里，翻译对策论应该就是通常意义上所讲的翻译策略论。方梦之（2021：1）指出，古今中外，翻译研究发轫于翻译方法（现常称“翻译策略”），翻译方法或翻译策略成为翻译研究中讨论最多、争议最广、绵延时间最长的论题之一，是翻译研究的一个永恒主题。因此可以说，翻译方法论的研究很重要，特别是由于汉语与印欧语系语言间语言结构差异较大，所以对翻译方法的研究尤为重要。

翻译方法论不同于翻译方法。对于何为翻译方法论，黄忠廉（2009）将其界定为翻译及其研究方式方法的总和，并把其分为翻译实践方法论和翻译研究方法论，但以翻译实践方法论为主。在此，我们也主要是探讨翻译实践方法论。刘宓庆（2019：164—165）阐明了翻译方法论的基本任务：探求双语转换的各种手段，阐明各种手段的基本作用、机制理据，阐明方法论研究的理论原则和基本指导思想。刘宓庆（2019：164—165）指出，科学的方法论必须扬弃机械论和形而上学，其基本理论原则是：

> 翻译的科学方法论以语言分析（语法分析、语义分析、语用分析及文体分析等）、对比语言研究和逻辑分析为依据。因此，在语际转换手段的运用中，不以表面的形式对应为目标，而是紧紧抓住翻译是语际意义转换的实质，既强调概念意义的对应，也强调形式意义的尽可能的对应。翻译中，只顾概念意义，不顾形式意义是错误的；只顾形式意义，不顾概念意义也是错误的。任何方法的运用，必须既考虑各种意义转换的效果，又要考虑形式转换可能性。意义与形式的辩证统一是基本的指导原则。

对于翻译方法论的构成体系，目前意见尚不一致。方梦之（2021）

基本将翻译策略等同于翻译方法，并将翻译策略一分为三：翻译的元策略、总策略和分策略。翻译的元策略由直译、意译、音译构成，是一切后起的翻译策略之源，是翻译策略之策略，总策略着眼于全局，分策略分别处理细节。熊兵（2014）则区分出了翻译策略、翻译方法、翻译技巧三个概念，并对三者进行了较为详细的剖析与区分：翻译策略是翻译活动中为实现特定的翻译目的所依据的原则和所采纳的方案集合。翻译策略可分为两类：异化和归化。翻译方法是翻译活动中基于某种翻译策略为达到特定的翻译目的所采取的特定的途径、步骤、手段。异化策略下的翻译方法有：零翻译、音译、逐词翻译、直译；归化策略下的翻译方法有：意译、仿译、改译、创译。翻译技巧是翻译活动中某种翻译方法在具体实施和运用时所需的技术、技能或技艺，分为五种：增译、减译、分译、合译及转换。这是近年来对译学中这三对易混淆概念较为清晰、较为深入的分析。但我们认为，这种三分法混淆了"方法"和"技巧"的差异。根据中国社会科学院语言研究所词典编辑室所编《现代汉语词典》，"方法"指的是"关于解决思想、说话、行动等问题的门路、程序等"，"策略"指的是"根据形势发展而制定的行动方针和斗争方式"，而"技巧"则指"表现在艺术、工艺、体育等方面的巧妙的技能"。由此可见，"方法"与"策略"是一脉相承的，指的是解决某一问题的方式与程序。但"技巧"则全然不同，指的是艺术方面的巧妙的技能，是一种较为高级的能力。因此，不能将翻译技巧看作翻译方法的下位概念。翻译策略与翻译方法有上下位概念间的关系，而翻译技巧则是另一个层面的概念。技巧指的是技能运用的成熟与熟练阶段。刘宓庆（2019：207）指出了技能与技巧发展的三个阶段。第一阶段：以基本认知为特征，就是将经验聚集起来，领悟知识，是技能意识的萌发过程；第二阶段：以转化为特征，翻译者在第一阶段的翻译实践中获得的知识大都是外在的、表面的，需要内在化，这一转化过程就是技能意识从萌发到发展、从基本认知到深化认知的过程；第三阶段：以熟巧为特征，翻译者在第二阶段将外在的知识内在化的过程中，技能意识从潜隐的自在状态进入能动的自为状态，这时翻译者自觉地运用翻译技能，常自觉翻译得越来越得心应手、笔力流畅、情思旷达，这标志着翻译者在技能意识的“驱动”下，翻译已进入熟巧阶段。

基于以上分析，我们将翻译方法论的构成体系分为三个层面：第一是翻译方法层面。刘宓庆（2019）将翻译方法分为了两大类。一是对应类翻译方法，指双语在转换时信息通道的畅通或基本畅通，其条件是语义结构的同构（或基本同构）、表达形式的相同（语言表层结构的同构或基本同构）和语言情景的相同（或基本相同）。二是变通类翻译方法，指双语在转换时信息通道不畅通，原因是语法及语义系统的异构、表达形式以及语言情景的差异，从而不得不采取变通的方法，主要包括15种方法：分切（或切分 cutting）、转换（conversing）、转移（transposing）、还原（restituting）、阐释（interpretating）、融合（或糅合 blending）、引申（extending）、反转（reversing）、替代（substituting）、拆离（splitting）、增补（adding）、省略（omitting）、重构（recasting）、移植（transplanting）、音译（translierating）。第二是翻译原则层面。翻译策略并非指具体哪一种翻译方法，而是指译者在翻译过程中所采取的总体倾向，也可以称为翻译原则。一般来说，翻译中的总体策略/原则为两类：直译与意译，异化与归化。一直以来，无论在我国还是在西方，直译与意译都是翻译讨论的中心话题（张美芳，2004：1—2）。但英文 literal translation 和中文“直译”的定义都不明确，既可以指逐字译（word-for-word translation），也可指逐句译（sentence-for-sentence translation）。何种程度算直译，何种程度算意译，在翻译实践中难以把握。直译有直译的好处：在能够确切地表达原作思想内容和不违背译文语言规范的条件下，直译法显然有其可取之处。直译法一方面有助于保存原著的格调，亦即鲁迅所说的保持“异国情调”和“洋气”；另一方面又有助于不断从外国引进一些新鲜生动的词语、句法结构和表达方法，使我们祖国的语言变得日益丰富、完善、精密（张培基等，1980：13）。意译也有意译的不足。例如：naraka 直译（音译）为“捺落迦”，可以保证读者不想入非非，但难以保证读者都理解原义；意译为“地狱”，读者一目了然，但问题是“捺落迦”有好多种，“或在地下，或处地上，或居虚空，何故并名地狱?”这的确是意译中的一个重要问题（朱志瑜、朱晓农，2006：116—117）。因此，现在人们认为，直译和意译各有优缺点，不会形成二元对立，因为翻译策略不是一成不变的（张美芳，2004：2）。此外，直译与意译也主要指翻译方法层面的问题，而非翻译策略层面的问题。所以，翻译中的总体策略可用异化与归化来描述。这是美国翻译理论家韦努蒂（Venuti，1995）提出的描述翻译策略的两个术语。归化指译文流畅，目的语的文化价值观取代了原语的文化价值观，原文的陌生感淡化，因而译者隐身，译作由此而变得透明。归化策略是当前英美文化社会中占主导地位的翻译策略。异化指把外国文本中的语言文化差异注入目的语中，保留原文中的异国情调。第三是境界（即“技巧”意义上所说的熟巧）层面。翻译境界层面指翻译方法及技能已发展到艺术化阶段，已到达“无法之法”而运用的境地。译林高手得其门而入，已经领悟到了翻译工作的奥秘，他们孜孜以求，据以指导自己翻译实践的某种技能规范或原则已经内在化，由必然转化成了自然（刘宓庆，2019：203）。我们将“境界说”纳入翻译方法论的范畴，是因为在我国古代翻译多是自己的事业，能达到多高的翻译水平多靠自己的悟性与“修炼”，因而“境界”就是翻译的题中之意了。翻译者要获得高水准的技能与技巧，关键在于有一种强烈的自我完善的意识，即力求以翻译理论（包括方法论）指导自己的翻译实践的自觉性，能够或力求以翻译理论的准绳（常表现为某种技能规范）自觉地指导或检验自己的译作及整个翻译过程（刘宓庆，2019：203）。

总体来看，汉地佛典翻译方法论方面有如下五方面特征：一重实践，轻理论。我国的佛典翻译绵延千年，卷帙浩繁，但所总结出的翻译理论屈指可数。“五不翻”是对音译之法的高度凝练，“五失本”是对翻译中文体的高度概括，但对其他方面如此高度的方法论总结较少。同时，这些翻译理论又高度凝练，不像西方翻译理论极尽铺陈之能事。这反映出我国古代佛典翻译重实践、轻理论总结的特征。二重义理，轻方法。换言之，翻译论“道”不论“术”，与我国“贵无”的哲学传统一致，强调“无法之法”。慧立在《大唐大慈恩寺三藏法师传》中指出“经本贵理，不必须饰文而乖义也”。僧肇在《维摩诘经序》中论鸠摩罗什时曰“恨支、竺所出，理滞于文”。僧祐对安世高译文的评价是“义理明晰”。也就是说，评价译文首先要看其是否恰当地传达了原文的义理，这是佛典翻译的原则。换言之，即是否“得旨”是佛典翻译成败的关键。道安在《道地经序》中对安世高的评价是：“音近雅质，敦兮若朴，或变质从文，或因质不饰。皇矣世高，审得厥旨。”由此可见，道安心中佛典翻译的原则就是“得旨”。但至于“得旨”的具体方法，则由译人自己探索。三重境界，轻标准。在翻译的境界方面，我们认为罗什提出的“圆通说”在古代佛典翻译中最具代表性。罗什要求，译经时要“文义圆通”。“圆通”就是不滞不隔，就是周遍，就是圆满。这就是罗什要求的翻译时要达到的境界。境界应该说是主观性的、感受到的，而不是客观的。换言之，我国的佛典翻译重主观领悟，轻客观标准。四重程序，轻技巧。我国古代后期的佛典翻译主要是在译场中完成的，译场制定了严格、复杂的程序，在此用力颇深，但对具体的翻译转换技巧分析甚少。五重文体，轻文本。对于佛典翻译的方法论而言，一般是聚焦以文质为核心的文体问题，很少涉及具体的文本问题或语言问题。自从支谦在《法句经序》中拈出“文”“质”的范式之后，“文质之争”就成了我国古代佛典翻译方法论发展的主线。马祖毅（1998：33—34）指出，从东汉末年至西晋时期，从翻译方法来说，一方面当时佛典翻译处于草创时期，译经僧侣对佛教经典抱有虔敬态度，惴惴然唯恐违背经旨；另一方面是经验不足，语言学知识贫乏，不懂得忠实于原文的条件是要合乎译文语言的规范，因此多采用直译法，即“质”的译法。三国时支谦和康僧会主张译文减少胡音，不死抠原文，但却产生了另一个偏向，就是删削较多，文简而不能达旨；于是，竺法护再予以纠正，译文又偏于“质”；后来，罗什译文又偏向了“文”。在文质之争中，沿着逻辑的发展，又出现了慧远与慧恺的“文质调和论”。慧远（334—416）为道安弟子，在《三度法序》中提出了“厥中论”：“或文过其意，或理胜其辞。以此考彼，殆兼先典。后来贤哲，若能参通晋胡，善译方言，幸复详其大归，以裁厥中焉。”慧恺在广州礼请真谛译经，自任笔受并助译，深受真谛器重，作《摄大乘论序》，提出了“文质相伴论”：“乃可令质而得义，不可使文而失旨。故今所翻，文质相伴。”朱志瑜、朱晓农（2006：84）认为，慧恺认识到“质”只是理想，难以达到，于是退而求其次——“文质相伴”，这实际上意味着“又文又质”或“不文不质”，“文”“质”作为两个相互依存而又相互对立的概念，分则并立，合则两亡，至此“文”“质”已失去其作为翻译标准的意义了。慧恺的“文质相伴”论与其说是调和，不如说是彻底放弃了，或者推翻了“文”“质”的标准（朱志瑜、朱晓农，2006：84）。我们认为，实际上，文质问题不仅仅是翻译方法的问题。刘朋朋、蓝红军（2019：134）认为，作为贯穿佛典译论时期的一条主线，文质固然是一对拥有丰富内涵的话语范畴，但远非翻译策略可以简单蔽之，其也无法代表实际翻译情况下所采取的翻译手段。实际上，与其说译经主体采取了文或质的翻译方法，毋宁说文质是指导译者采用具体翻译策略的翻译诗学观。正是由于“文”“质”的时代局限性，所以我们不再将“文”“质”的讨论纳入翻译方法论的范畴。

由以上分析可以得出，我国古代佛典翻译的原则是“得旨”，翻译向往的境界是“圆通”。至于具体的翻译方法，虽然译经师没有直接为我们留下多少翻译的妙药良方，但我们可以到译经师的佛典翻译实践中去挖掘他们的译经大法。

第二节　格义与意译

由于许多佛典术语在汉语中找不到对应的词语，因此从一开始词语的翻译就是佛典翻译的一大难题，众译经师都在词语翻译方面进行了积极的探索。起初，佛典翻译中出现了一种独特的翻译方法——格义之法。“格义”是佛教讲经时采用的一种方法，始于东汉之末，盛于魏晋，是中国早期佛教解说外来概念的权宜之计。慧皎《高僧传》说：“以经中事数拟配外书，为生解之例，谓之格义。”关于“格义”，古代文献中唯一较完整的解说见《高僧传》竺法雅传中的一段文字：

（竺法雅）少善外学，长通佛义。衣冠仕子，或付咨禀。时依雅门徒，并世典有功，未善佛理。雅乃与康法朗等，以经中事数，拟配外书，为生解之例，谓之格义。及毗浮、昙相等，亦辩格义以训门徒。雅风采洒落，善于机枢，外典、佛经，递互讲说，与道安、法汰，每披释凑疑，共尽经要。

根据慧皎所言，汤用彤（2011：133）认为，“格义之法，创于竺法雅”。所谓“事数”，《世说新语·文学》篇刘孝标注谓“著五阴、十二入、四谛、十二因缘、五根、五力、七觉之属”。汤用彤（2011：133）依刘注又做进一步解释：“法雅之所谓事数即言佛义之条目名相。其以事数拟比，盖因佛经之组织常用法数，而自汉以来，讲经多依事数也。《僧传》谓康法朗等以事数与外书拟配，因而生了解，然后逐条著以为例，于讲授时用之训门徒，谓之格义。”汤用彤（2000：232）后来给“格义”下了一个更明确的定义：“‘格义’是用原本中国的观念对比［外来］佛教的观念，让弟子们以熟习的中国［固有的］概念去达到充分了解［外来］印度的学说［的一种方法］。”佛典翻译中用“格义”之法把印度的概念与中国的概念相比对，如将“禅定”等同于“守一”，“真如”等同于“本无”。汤用彤（2011：134）举了《喻疑论》中论及格义的一段：

昔汉室中兴，孝明之世，（中略）当是像法之初。自尔以来，西域名人，安侯之徒，相继而至。大化文言渐得渊照边俗，陶其鄙俗。汉末魏初，广陵、彭城二相出家，并能任持大照，寻味之贤，始有讲次。而恢之以格义，迂之以配说。

据此，汤用彤（2011：134）进而指出，格义拟配之说，道安以前，应甚普遍流传，不只一方也：

格义既以经中事数拟配外书，使得生解悟，并逐条著之为例，其迂拙牵强，可以想见。因此而为有识者之所不取。但格义用意，固在融会中国思想于外来思想之中，此则道安诸贤者，不但不非议，且常躬自蹈之。故竺法雅之格义，虽为道安所反对，然安公之学，固亦融合《老》《庄》之学说也。不惟安公如是，即当时名流，何人不常以释教、《老》《庄》并谈耶！

孙昌武（2010：289）指出，如果说佛教输入中国有其适宜的土壤，从高层次的思想层面说，这种土壤主要是玄学提供的。许理和（1988：97）指出：

公元三世纪末一些文人也在这种外来的“空”的教义中，找到了一种新颖而又十分相似的思维方式。毋庸讳言，他们对这种教义的解释，因各自的文化背景、对主题的片面选择以及表达这些教义所用的特殊语言，附会了不少内容，也夹杂了不少曲解。大乘概念如“智”或“明”（prajñā）、“空”（śūnyatā）、“寂”（śāti）和“方便”（upāya），自然而微妙地与玄学中的“圣”（saintliness）、“虚”（emptiness）、“无”（non-being）、“静”（tranquility）、“无为”（non-activity）、“自然”（spontaneity）和“感应”（stimulus-and-response）相对应。对于有文化的阶层来说，大乘佛教，主要是般若义，很可能正是由于这种似曾相识而对他们产生了吸引力：因为大乘佛教所处理的差不多是同样的一些概念，然而它却能把这些概念置于一个全新的角度，赋予它们另一种更深的涵义，罩上一种超世俗的光环——同样，佛教不仅将在道德上无差别的天道转变为一种超世间的非人格的正义的载体，还通过“再生”教义这个概念推出他的逻辑结论，如中国人通常所说的“神不灭”。

“格义”只是一种初步的、过渡性的方法（高圣兵、刘莺，2006：53）。格义作为一种讲经方法，它因适应时代的需要而出现，通过会通佛教与儒道概念的方式，解决了佛教知识的普及问题，也产生了背离佛教根本精神的不良倾向（哈磊，2017：38）。高圣兵、刘莺（2006：53）指出，这些概念之间实质上并不对等，这样的比附不可避免地是一种误读，在这种误读的基础上演绎佛教旨意，显然严重歪曲了印度佛教的本义。玄奘反对“格义”之法：

> 寻又下敕，令翻《老子》五千文为梵文，以遗西域。奘乃召诸黄巾，述其玄奥，领叠词旨，方为翻述。道士蔡晃、成英等，竞引释论，中百玄意，用通道经。奘曰：“佛道两教，其教天殊，安用佛言，用通道义，穷覆言迹，本出无从。”晃归情曰：“自昔相传，祖凭佛教，至于三论，晃所师遵，准义幽通，不无同会，故引解也。如僧肇著论，盛引《老》《庄》，犹自申明，不相为怪。佛言似道，何爽纶言？”奘曰：“佛教初开，深文尚拥，《老》谈玄理，微附佛言。肇论所传，引为聊类。岂以喻词而成通极，令经论繁复，各有司南。《老》但五千，论无文解。自余千卷，多是医方。至如此土贤明何晏、王弼、周颙、萧绎、顾欢之徒，动数十家，注解《老子》，何不引用？乃复旁通释氏，不乃推步逸踪乎？”（《续高僧传》卷第四“唐京师大慈恩寺释玄奘传”）

因此，到了佛典翻译的中后期，格义之法逐渐淡出。

在格义之法之外，我国古代佛典翻译中还产生了两种重要的翻译方法：正翻和义翻。陶磊（2020：97）指出，根据现有的材料，作为翻译术语使用的“正翻”在南朝梁陈时期真谛（499—569）译出的《随相论》中已可见到，但明确界定其含义的文字则要到唐五代时期成书的《四分律行事钞简正记》中方才出现：

> 若东西两土俱有，促呼唤不同，即将此言用翻彼语。如梵语“莽荼利迦”，此云“白莲华”；又如梵语“斫抠”，此翻为“眼”等，皆号“正翻”也。

如果某物在印度和中国都有，只是称呼不同，那么直接把梵语名称换为汉语名称即可——这种翻译方法称为“正翻”。“义翻”的情况是：

> 若有一物，西土即有，此土全无，然有一类之物微似彼物，即将此者用译彼言。如梵云“尼拘律陀树”，此树西土其形绝大，能荫五百乘车，其子如油麻四分之一。此间虽无其树，然柳树稍似，故以翻之。又如“三衣”翻“卧具”等并是。

遇到“彼有此无”的情况，用中土固有的某一类“微似彼物”之物进行对译，比如印度的“尼拘律陀树”，可以用外形类似的“柳树”去译——这种翻译方法被称为“义翻”。“正翻”这个术语本身已反映了译经师在翻译方法上的取向：“正”就是正确、精准、无偏差，其中包含了中国传统文化里的“正名”思想，因而“正翻”被当作一种“名实相副”的翻译方法（陶磊，2020：126）。与“正翻”相对的“义翻”被认为是一种不够精确的翻译方法，“义翻”得来的词语只能部分表达原词含义，“义翻”一般被认为是无法“正翻”时的权宜之计，“义翻”

的使用限定在“无正翻”的前提下（陶磊，2020：129—130）。

早在东晋时，道安就已经注意到了“义翻”可能产生的弊端：

问：西域名“佛”，此方云“觉”；西言“菩提”，此云为“道”；西云“泥洹”，此言“无为”；西称“般若”，此翻“智慧”。准此斯义，则孔老是佛；无为大道，先已有之。

答曰：鄙俗不可以语大道者，滞于形也；曲士不可以辩宗极者，拘于名也。案孟子以圣人为先觉，圣中之极，宁过佛哉？故译经者以“觉”翻“佛”。“觉”有三种：“自觉”、“觉他”及以“满觉”。孟轲一辩，岂具此三菩提者？案《大智度论》云“无上慧”，然慧照灵通，义翻为“道”，“道”虽名同，“道”义尤异。何者？若论儒宗，“道”名通于大小。《论语》曰：“虽小道，必有可观，致远恐泥。”若谈释典，“道”名通于邪正。经曰：九十有六，皆名“道”也。听其名，则真伪莫分；验其法，则邪正自辩。菩提大“道”，以智度为体；老氏之“道”，以虚空为状。体用既悬，固难影响。外典“无为”，以息事为义；内经“无为”，无三相之为。名同实异，本不相似。故知借此方之称，翻彼域之宗。寄名谈实，何疑之有？准如兹例，则孔老非佛。（《二教论》）

由此可见，义翻与格义之法也颇为类似。

对于佛教用语的翻译，王力（1980：510—513）认为，应分为借词和译词，主要有三种情况：1. 佛教专门用语的借词。在这种情况下，译义不能和原义完全相当，正因为如此，所以要用音译。例如：

般若——智慧

菩提——觉

悉檀——成就

摩诃——大，多，胜

摩尼——宝珠

优婆塞——信士

优婆夷——信女

刹——佛国，佛寺，塔，塔上所立竿柱

但这些佛教用语只通行于钻研佛教经典的少数人中间，不能成为全民的语言。

2. 另外一些词的情形就不同了，它们已经进入了全民的语言里。例如：

佛——初译“浮屠”“浮图”“佛陀”，后简称为“佛”。

僧——梵语“僧加”的简称，众和合的意思。

菩萨——“菩提萨埵”之简称，梵语 bodhi-sattva，是“大觉有情”的意思（“有情”等于“众生”，即一切的人类和动物）。

罗汉——“阿罗汉”的简称，意译是佛家圣者。

3. 还有一类佛教用语，它们深入到汉语的血液里，令人不能再意识到它们的来源。这样，它们已经变了质，不能再被认为是佛教用语了。例如：

世界——现在我们所谓“世界”，上古汉语里叫做“天下”（当然先民心目中的天下要比现在的世界小得多）。“世界”这个名词是从佛经来的，它的最初的意义和现代意义还不相同。《楞严经》：“世为迁流，界为方位。汝今当知，东、西、南、北、东南、西南、东北、西北、上、下为界，过去、未来、现在为世。”由此看来，“世”是“时间”的意思，“界”是“空间”的意思。“世界”本来是包括时间、空间来说的，略等于汉语原有的“宇宙”。在佛经里，世和界的分别是很严格的。“三世”指过去、未来和现在；“三界”指欲界、色界和无色界。后来“世界”的意义到了大众口语里起了变化（可能在翻译中就有出入，例如《智度论》和《俱舍论》（唐玄奘译），其中的“大千世界”就是只指空间而言），原来“界”的意义吞并了“世”的意义，大致保存着“十方”的意思，于是成为现在所谓的“世界”。现在这个词已经进入基本词汇了。

因果——上古时代，“因”“果”二字是不连用的。上古的“因”字是“因依”的意思，“果”字是“果实”的意思。翻译佛经的人借它们来翻译对称的原因和结果。佛教以为凡种因者必结果，因此有所谓“果报”或“报应”。现代利用“因果”来作哲学名词，例如逻辑和辩证法的“因果”。

魔鬼——佛教传入中国之前，汉语中没有“魔”字。“魔”是梵语“魔罗”的简称，其义为“障害”“破坏”等。《楞严经》：“降服诸魔。”古人单用“魔”字，直到现代汉语里，才说成“魔鬼”。

王力（1980：514）进而指出，从上面佛教用语的具体实例看来，意译比音译更有发展前途，例如“世界”“现在”“法宝”“庄严”“因果”“圆满”等，都容易和汉语原来的词汇融为一体，这一意译的优良传统一直到现代都没有改变，是汉语在外语影响下产生新词的特点。佟颖（2015：17）分析了梵汉音译时必须进行意译的原因，指出：梵语和汉语本属两种完全不同性质的语言系统，梵语属于印欧语系，词语大多是多音节，词形一般较长而且变化丰富，有许多复辅音以及完整的形态变化，必须要带上表示时态的词尾才能表示语法意义；而汉语则属于汉藏语系，词语多以单音节或双音节为主，词形较短，语音上的显性特征是元音，而且没有复辅音以及缺少形态变化，因此如果单纯地音译，定会出现很多问题，必须要寻求“意译”的途径。

张烨对支谶译经中的构词法和造词法进行了详细研究。首先，张烨（2012）区分了构词法和造词法，主要是借鉴了孙常叙（1956）的观点：构词是就构词的素材以及它们之间的关系来说的，造词是使用具体词素组织成词的方式和方法，构词可以按词素的关系分为主从、并列、重叠等形式，而造词可以分为三大类：语音造词、语义造词和结构造词。张烨（2012：256）发现，支谶译经中共有六种构词法，分别为：联合式、偏正式、动宾式、主谓式、述补式以及附加式，支谶译经中构词力最强的是联合式，其次是偏正式，述补式和主谓式则构词力最弱。支谶译经中造词法主要有四种：语音造词（联绵词、语音重叠词、音译词）、语素合成词（合璧词、意译词）、修辞造词和缩略造词。语音造词如琉璃、璎珞、亿亿、久久、阿难、难陀、悉达、由旬、须菩提等，语素合成词如舍卫国、梵天、恒沙、精进、禅定，修辞造词如法炬、法海、法轮、心树等，缩略造词如奉敬、止足、三界、十力、魔、偈等。对于语素造词，即通常所说的意译造词，杨超标（2012）称之为仿译。“无有”是梵语，意为“没有、不存在”，“无有眼”梵语是 acaksus，前缀 a 表示否定，caksus 为名词，意为“眼睛”，这是“否定前缀类+梵语词根”的译词方式，否定词常见的有“不”“非”“未”“无”（杨超标，2012：81）。佟颖（2015）也称此种译法为仿译，举了如下仿译的例子：圆满 paripūra 中“圆”是梵文 pari 的意译，指“充满”“完满”，“满”是梵文 pūra 的意译，指“足”“饱满”，都是周遍圆满、没有欠缺的意思，两种语言的语素顺序也一致，是个仿译词，该词最初指“佛教的佛事、修行完毕结束”，后又增加了新意“饱满”“丰满”；慈悲 maitrya-karua 中“慈”是梵文 maitrya 的意译，指“悲悯众生并给予快乐”，“悲”是梵文 karua 的意译，指“对于众生的痛苦能够感同身受并能够帮助众生摆脱痛苦”，合并为“慈悲”一词，与梵文语素的顺序也一致，是个仿译词，该词本是佛教术语，指给人快乐，使人摆脱劫难，后泛指慈爱与悲悯，词义范围有所扩大；业果 karmaphala 中“业”是梵文 karma 的意译，“果”是 phala 的意译，二者的顺序在梵汉两种语言中一致，是个仿译词，指佛教中善、恶作业导致的果报，业与果二者彼此相连，业为因，果为报，因果循环，无穷无止（佟颖，2015：17—18）。译经中双音词语较多，也是翻译的需要。外来语的吸收，若是音译，以汉字对译其音，则大多为复音者。若是意译，王力（1980：343）指出：“如果是意译，就更非复音不可。……至于吸收外来语，在绝大多数情况下，就是靠着主从仂语来对译单词。既然是仂语，至少有两个音节。”

杨超标（2012：81）还提出了另外两种词语翻译的方法：一是反译，例如：“莫折减”，梵语为 sphītīkuryāt，意为“应该增多或增加”，可见汉本“莫折减”是用反义词的否定方式来表达的。二是增译，在“一辈眼不见，二辈一眼，三辈两眼”这组汉译中，因其原句式极为简练，其中也没有量词，由此“一辈”“二辈”“三辈”均为增译；再如在“意无有眼为何等；一眼名为何等；两眼为何等”这组汉译中，汉文则分别加了“为”“名为”“为”；《六方礼经》在论述父子关系时，

“安世高通过具体添加孩子的义务‘一者当念治生，二者早起敕令奴婢时做饭食，三者不益父母忧，四者当念父母恩，五者父母疾病，当恐惧求医师治之’，强调了父母的绝对权威，孩子对父母的绝对恭顺，体现了儒家道德观念对汉译佛典的渗透和影响”。

实际上，我们认为仿译、反译和增译都是意译的具体表现形式，其实质还是王力先生所讲的意译。从格义之法到意译之法的演进是佛典翻译方法的一大进步。对于许多佛教用语被补充进汉语词汇的现象，梁启超（1984：63）曾做过精彩的概述：“或缀华语而别赋新义，如‘真如’‘无明’‘法界’‘众生’‘因缘’‘果报’等；或存梵音而变为熟语，如‘涅槃’‘般若’‘瑜伽’‘禅那’‘刹那’‘由旬’等。其见于《一切经音义》、《翻译名义集》者，即各以千计。近日本人所编《佛教大辞典》，所收乃至三万五千余语。此诸语者非他，实汉晋迄唐八百年间诸师所创造，加入吾国语系统中而变为新成分者也。夫语也者，所以表观念也，增加三万五千语，即增加三万五千个观念也。”

第三节 音译

佛典翻译与以前翻译的一个重大区别就是存在大量的音译词，因此音译是佛典翻译的一个重要方法。目前，佛典翻译中的音译研究成果尚不多，还未引起足够重视。

一、佛典翻译中音译的流变历程

自东汉至唐代，音译始终是佛典翻译中的一个重要课题，受到历代译经家的重视，译经家不断探索音译的原则与方法。整体来说，在我国古代的佛典翻译中，音译的原则与方法经历了四个阶段的流变。

第一阶段　早期：音译意译杂合，节译错译并存

在语音系统方面，中古汉语和梵文间存在着巨大的差异，因此在音译方面困难较大。在译经的初期，音译方面的错误在所难免。僧祐在《胡汉译经文字音义同异记》中记载了音译中错讹的发生："自前汉之末，经法始通，译音胥讹，未能明练，故浮屠、桑门，言谬汉史，音字犹然，况于义乎？"在译经过程中，本着"敬顺圣言，了不加饰"的翻译原则，东汉时期的支谶就大量使用了音译，所以译文"辞质多胡音"。下面是支谶所译的《道行般若经》的篇名，从中我们可以看出支谶基本上都采用音译。从字面上看，音译词似乎可以起到确保原典本貌的作用，同时也符合支谶"求真"的译文要求，但过多的音译词往往妨碍经意的表达，并且对于刚接触佛典的汉人来说它们既难识又难懂，这无疑不利于佛教的传播（季琴，2004：61）。

表4－1　《道行般若经》篇名（支谶译文）

沤惒拘舍罗劝助品第四
泥犁品第五
阿惟越致品第十五
怛竭优婆夷品第十六
萨陀波伦菩萨品第二十八
昙无竭菩萨第二十九

张烨（2012：176—177）分析了支谶译经中音译的主要特点：1. 支谶译经中的音译词大部分是为了对译佛典概念，所以本身从词义来说，就是汉语所缺少的。同时由于它的表音特性，因而也不具有内部结构，不能按照传统的构词法进行分析；再有它的音节长度也和汉语的习惯不太相同，其音译词以多音节为主，以三音节居多。2. 这些音译词主要都是名

物词，主要是人名、鬼神名、天界名、地名、器物名、动植物名、佛教专有概念等，涉及动作行为的数量很少。3. 音译词只是用汉语来记音，与字形并无太大关系，因而支谶译经中有一部分音译词有几种不同的书写形式，如摩诃衍、摩呵衍；阿修罗、阿须伦、阿羞伦、阿须轮。张烨（2012：166—172）列举了支谶的音译词，现部分摘录如下：

人名及鬼神名　Mahākāśyapa　摩诃迦叶
Nanda　难陀
Siddhārtha　悉达
Śariputra　舍利弗
Subhūti　须菩提
Māra　魔
Asura　阿羞伦

天界名　Brahmapurohita　梵富楼
Brahmakāyika　梵迦夷

地名　Kapilavastu　迦毗罗婆苏都
Jambudvipa　阎浮提
Sumeru　须弥

器物名　stūpa　塔
cīvara　震越

动植物名　utpala　优钵

tâla 多罗

佛教专有概念 dhyāna 禅
kalpa 劫
anāgāmin 阿那含
gāthā 偈
pāramitā 波罗蜜

从以上支谶音译的部分例子可以看出，节译和不准确的音译大量存在。

西晋时期，音译方面的错误依旧难免。布彻（Boucher，1996：113）分析了来自月支国的竺法护在音译方面的错误，其经常混淆长元音与短元音之别，例如 a 与 ā 不分：

梵文原文：bāla sahāyān parivarjayitvā āryeṣu saṃsargaratān samāhitān

（having avoided foolish company，they take pleasure in association among the Āryas）

竺法护译文：与诸力势，亲友等俱（in the company of strong and close friends）

在此句中，bāla 本是"幼稚的、愚蠢的"之义，竺法护由于忽视了 a 与 ā 的长元音与短元音之别，把 bālān 当作了 bala（强壮的），错译为了"力势"。竺法护的译文中也有对辅音翻译的错误与混淆，例如对齿鼻音（dental nasals）和卷舌鼻音（retroflex nasals）的混淆。布彻（Boucher，1996：127）举了如下的例子：

梵文原文：kāṇaka（one-eyed）

竺法护译文：有紫磨金（possessed of highest quality gold）

在此句中，竺法护混淆了齿鼻音和卷舌鼻音 n 和ṇ，把 kāṇaka（one-eyed）错译为了 kanaka（gold）。

此外，早期的音译往往是和意译杂合使用的。安世高往往把音译和意译连用，音译所采取的策略比较灵活，二音节、三音节的词是最普遍的（彭建华，2015：242）。例如，安般是 ānāpāna 的音译节译，安是梵文 ānā 的音译节译，意译入息，即吸气，般是 pāna 的音译节译，意译出息，即呼气。《大安般守意经》的内容是"数息观"，即通过默数出入息而达到禅定的功夫。安世高在《大安般守意经》中写道："安为身，般为息，守意为道，守者为禁，亦为不犯戒。禁者亦为护，护者遍护一切无所犯。意者息意，亦为道也。"

第二阶段 初期：抗拒音译，由音译为主转向意译为主

三国时的支谦不满支谶所译的《道行般若经》，进行了重译，并定名为《大明度经》。东汉支谶所译的《道行般若经》中的篇名以音译为主，而到了三国支谦译的《大明度经》中，音译的篇名则逐一改为了意译。（具体对照可见前文表 3－2）

将音译转变为意译本来有利于理解和传播教义，但支谦的意译有时矫枉过正，把一些东汉以来已广为接受的音译词硬改为了意译。季琴（2004：65）举了支谦硬将"魔"改译为"邪"的例子：

尔时弊魔当往，教行远离法，语言："若当于独处止，若当于闲处止，当作是行。"是菩萨随魔教，便亡远离法。（《道行般若经》）

尔时弊邪当往，教行远离法，语之："若当于独处树间止，当

作是行。”随邪教，便亡远离法。（《大明度经》）

佛告阿难：“闿士随时各学明度无极，随法行之。”是时，一佛界邪各警念言：“我使闿士中道得应仪，莫使得无上正真。”弊邪见闿士习行明度，深为愁毒，四面放火，怖诸闿士，念心一转。佛言：“邪不身遍行乱，闿士者远离善师，为邪所乱愁毒，以不深解明度，心狐疑念，有之无乎？昔所玩习而今恶闻，或结不知，将以何缘守明度乎？疑网自弊，邪得其便。”（《大明度经》）

在汉语中，本没有“魔”这个字。“魔”是梵语（māra）“摩罗”音译的略译。开始译经时，借用汉语中原有的“磨”字对译其音，后来梁武帝将其改为“魔”字。玄应《一切经音义》卷二十一曰：“魔，莫何反，书无此字，译人义作。梵云魔罗，此翻名障，能为修道作障碍故。亦言杀者，常行放逸断慧命故。或云恶者，多爱欲故。”慧琳《一切经音义》卷十二《大宝积经》“魔鬼”条目的解释是：“上音摩，本是梵语，略也，正梵音麽罗，唐云力也，即他化自在天中魔王波旬之异名也，此类鬼神有大神力，能与修世法者作留难事，名为麽罗，以力为名，又略去罗字。”佛教把一切烦恼、疑惑、迷恋等妨碍修行的东西都称为魔，又分作烦恼魔、阴魔、死魔、自在天魔等。

支谦硬将“魔”改译为“邪”，一方面没有顾及当时已经深入人心的用语习惯，另一方面也没有准确地反映出原文的意义。因此，支谦的这一意译用法没有被后世所接受，没有流传。

杨同军对支谦译经中的复音词进行了专题研究。根据杨同军（2011：70—71）的统计：支谦译经里的音译佛教复音词语共54个（如比丘、沙门、阿罗汉、泥洹、三昧等），累计使用次数为1179次；支谦译经合璧佛教复音词语共 112 个（如佛国、梵志、菩萨意、偈言等），累计使用次数为 1412 次；支谦译经意译佛教复音词语共 1565 个，累计使用次数达 14124 次。由此可见，支谦以意译为主。

第三阶段　中期：音译的标准化

音译的标准化主要始自鸠摩罗什。彭建华（2015：241）指出，鸠摩罗什树立了以胡本为出发语的源文本标准，倾向于比较严格的梵汉音节替代和“音译流利”的惯例，以达到音译的准确，也就是说鸠摩罗什的汉译实践是一场自觉的音译标准化运动。彭建华（2015：241）进一步指出，鸠摩罗什音译的标准化主要体现在两方面：一是梵汉语音的对比成为自觉，树立了比较严格的梵汉音节替代原则。在音译词中，音节的节略现象明显减少，而且汉语本身的标准化已经树立，即确立了洛下音的普通标准，有意识地排除了其他方言，如齐语、楚语等。二是汉译音译词的选词最大限度遵守了汉语的表达习惯和传统规则，于是汉译音译词倾向于无组合关系的常用字或者生僻字。例如，以优婆塞为例，其音译词还有伊蒲塞、乌婆塞、忧婆塞、优披塞，优婆塞更符合所谓“生善”原则。

下面，我们将《法华经》竺法护与鸠摩罗什译文进行对比，比较两译文音译的不同（原文与译文引自姜南，2011：256，441—442）：

例 1

梵文原文：

abhijṇātair mahā-śrāvakai ḥ/tad-yathā/ āyuṣmatā c'ājñātakauṇḍinyena āyu ṣmatā caśvajitā āyuṣmatā ca bāṣpeṇa āyuṣmatā ca mahānāmnā āyuṣmatā ca bhadrikeṇa āyuṣmatā ca mahākāśyapena āyuṣmatā ca uruvilvākāśyapena āyu ṣmatā ca nadīkāśyapena āyu ṣmatā ca gayākāśyapena āyuṣmatā ca śāriputreṇa āyuṣmatā ca mahāmaudgalyāyanena āyuṣmatā ca mahākātyāyanena āyuṣmatā cāriruddhena āyuṣmatā ca revatena āyuṣmatā ca kapphinena āyuṣmatā ca gavāṃpatinā āyuṣmatā ca pilindavatsena āyuṣmatā ca bakkulena āyuṣmatā ca mahānandena āyuṣmatā copanandena āyu ṣmatā ca sundaranandena āyu ṣmatā ca pūrṇāmaitrāyaṇīputreṇā āyuṣmatā ca subhū tinā āyuṣmatā copanandena āyu ṣmatā ca rāhulaena/ebhi ś cānyai ś ca mahā-śrāvakai ḥ/āyu ṣmatā c'ānandena śaikṣeṇa

竺法护译文：名曰：贤者知本际、贤者大迦叶、上时大迦叶、象迦叶、江迦叶、舍利弗、大目犍连、伽旃延、阿那律、劫宾㝹、牛呞、离越、譬利斯、薄拘卢、拘絺、难陀、善意、满愿子、须菩提、阿难、罗云。

鸠摩罗什译文：其名曰：阿若憍陈如、摩诃迦叶、优楼频螺迦叶、迦耶迦叶、那提迦叶、舍利弗、大目犍连、摩诃伽旃延、阿㝹楼驮、劫宾那、憍梵波提、离婆多、毕陵伽婆蹉、薄拘罗、摩诃拘絺罗、难陀、孙陀罗难陀、富楼那弥多罗尼子、须菩提、阿难、罗睺罗。如是重所知识大阿罗汉等。

此句列举了21位大阿罗汉的名称，除“舍利弗”“大目犍连”“须菩提”“阿难”这四个名称译法一样之外，竺法护的译文与鸠摩罗什的译文都不同。句中多次重复的 āyu ṣmatā 表具足寿命、长者之义，加在名号前表尊敬；ca 是连词，表和、而且、又之义。整体上来看，竺法护采取的翻译方法主要是意译加音译，而鸠摩罗什采取的翻译方法主要是音译。同时，明显可以看出，鸠摩罗什的专名翻译音节更多，更长，更贴近梵文原文，音译的准确度更高。例如：对于 ājñātakauṇḍinyena，竺法护译为“贤者知本际”，鸠摩罗什译为“阿若憍陈如”；对于 uruvilvākāśyapena，竺法护译为“上时大迦叶”，鸠摩罗什译为“优楼频螺迦叶”；对于 sundaranandena，竺法护译为“善意”，鸠摩罗什译为“孙陀罗难陀”；对于 pūrṇāmaitrāyaṇīputreṇā，竺法护译为“满愿子”，鸠摩罗什译为“富楼那弥多罗尼子”；对于 rāhulaena，竺法护译为“罗云”，鸠摩罗什译为“罗睺罗”。

例 2

梵文原文：

Pa śyasi tvam bhaiṣajyarājāsyāṃ par ṣadi bahu-deva-nāga-yakḍa-gandharvāsura-garuḍa-kiṃnara-mahoraga-manu ṣyāmanu ṣyān bhik ṣu-bhikṣuṇy-upāsakopāsikāḥ śrāvaka-yānīyān pratyekabuddha-yānīyān bodhisattva-yānīyāṃś ca yair ayaṃ dharma-paryāyas tathāgatasya saṃ śrutaḥ

竺法护译文：宁察斯四部众，无央数亿天、龙、鬼神、阿须伦、迦留罗、真陀罗、揵沓惒、摩休勒、人与非人，比丘、比丘尼、清信士、清信女、声闻、缘觉、菩萨、现在目覩，欲闻如来说斯经。

鸠摩罗什译文：药王！汝见是大众中，无量诸天、龙王、夜叉、干闼婆、阿修罗、迦楼罗、紧那罗、摩睺罗伽、人与非人，及比丘、比丘尼、优婆塞、优婆夷，求声闻者、求辟支佛者、求佛道者，如是等类，咸于佛前，闻妙法华经。

对比竺法护和鸠摩罗什的译文，可以看出，对于专名，罗什的译文基本上都采取音译的原则，而竺法护的译文中翻译原则不统一，部分采取了意译，如鬼神、清信士、清信女。另一方面，在音译的准确性上，竺法护将 gandharvāsura，garuḍa，kiṃnara，mahoraga 分别音译为了“阿须伦”“迦留罗”“真陀罗”“犍沓和”“摩休勒”，而罗什分别音译为了“干闼婆”“阿修罗”“迦楼罗”“紧那罗”“摩睺罗伽”，两者差异巨大，显然罗什的音译与梵文原文更贴近，更准确。

第四阶段　后期：音译理论的成熟

我国佛典翻译中音译理论成熟的标志就是玄奘提出的“五不翻”理论：

> 一秘密故，如陀罗尼（直言，咒语）。二含多义故，如薄伽，梵具六义（自在，炽盛，端庄，名称，吉祥，尊贵）。三此无故，如阎浮树（胜金树），中夏实无此木。四顺古故，如阿耨菩提（正偏知），非不可翻，而摩腾以来，常存梵音。五生善故，如般若尊重，智慧轻浅。而七迷之作，乃谓释迦牟尼，此名能仁，能仁之义，位卑周孔。阿耨菩提，名正偏知，此土老子之教，先有无上正真之道，无以为异。菩提萨埵名大，道心众生，其名之劣，皆掩而不翻。

“五不翻”是指五种情况不宜意译而宜音译，因为意译牵强，可能流于非愚则妄，音译这种不翻的翻译法，虽古已有之，但却是玄奘首次具体提出的（石小梅、路晓红，2013：44）。玄奘的“五不翻”理论主要探讨的是意译不合适时何时使用音译的问题。

二、佛典翻译中音译的具体方法

在语音系统方面，根据 Chen（2000）的分析，中古汉语和梵文间存在如下八个方面的差异：（1）在汉语中，音节由三部分构成：声母、韵母和声调，一个音节就是一个词或有意义的单位，但在梵文中，一个音节往往只是一个词的一部分，通常没有独立的意义；（2）在梵文中，每一个元音都有短元音和长元音之别，但在中古汉语中，只有短元音，没有长元音；（3）在梵文中，有硬腭音（palatals），但在中古汉语中，没有硬腭音；（4）在梵文中，有辅音簇（consonant clusters），如/ks/，但在中古汉语中，无辅音簇；（5）在梵文中，有唇齿摩擦所产生的半元音/v/，但在中古汉语中无此音；（6）在梵文中，有半元音/r/，但在中古汉语中无此音；（7）在梵文中，有卷舌摩擦音/ṣ/，但在中古汉语中无此音；（8）在梵文中，有硬腭鼻音（不闭口）/ṁ/，硬腭鼻音/ñ/和卷舌鼻音/ṇ/，中古汉语中没有这些音。由以上可以看出，整体来说，梵文的音系系统要比汉语的音系系统复杂，梵文有 14 个元音和 33 个辅音。这八种情况都是梵文有此音而汉语无此音的情况。因此，在梵文佛典的汉译中，往往找不到对应的音，音译难度较大。梵文的 14 个元音和 33 个辅音如下：

表 4－2　元音表

元音	短	长
单元音	a अ	ā आ
	i इ	ī ई
	u उ	ū ऊ
	ṛ ऋ	ṝ ॠ
	ḷ ऌ	ḹ ॡ
双元音	e ए	āi ऐ / आइ
	o ओ	āu औ

表 4-3　辅音表

<table>
<tr><td colspan="2" rowspan="2"></td><td colspan="2">清音</td><td colspan="2">浊音</td><td rowspan="2">鼻音</td></tr>
<tr><td>不送气</td><td>送气</td><td>不送气</td><td>送气</td></tr>
<tr><td rowspan="5">爆破音</td><td>软腭音</td><td>k क</td><td>kh ख</td><td>g ग</td><td>gh घ</td><td>ṅ ङ</td></tr>
<tr><td>硬腭音</td><td>c च</td><td>ch छ</td><td>j ज</td><td>jh झ</td><td>ñ ञ</td></tr>
<tr><td>卷舌音</td><td>ṭ ट</td><td>ṭh ठ</td><td>ḍ ड</td><td>ḍh ढ</td><td>ṇ ण</td></tr>
<tr><td>齿音</td><td>t त</td><td>th थ</td><td>d द</td><td>dh ध</td><td>n न</td></tr>
<tr><td>唇音</td><td>p प</td><td>ph फ</td><td>b ब</td><td>bh भ</td><td>m म</td></tr>
</table>

<table>
<tr><td colspan="2" rowspan="2">半元音</td><td>硬腭音</td><td>卷舌音</td><td>齿音</td><td>唇音</td></tr>
<tr><td>y य</td><td>r र</td><td>l ल</td><td>v व</td></tr>
<tr><td rowspan="2">摩擦音</td><td>清音</td><td>ś श</td><td>ṣ ष</td><td>s स</td><td></td></tr>
<tr><td>浊音</td><td>h ह</td><td></td><td></td><td></td></tr>
</table>

既然这么多的梵文语音在汉语中没有，将其音译入汉语时，该如何音译呢？下面，我们分别进行探讨。（1）关于梵文中长元音的翻译问题。由于中古汉语中无长短元音之别，因此梵文长元音的音译，往往和短元音的音译相同，没有区别。Chen（2000：24）举了如下的例子：

Ajita　阿逸多（一菩萨名字）
Ānanda　阿难陀（佛的一徒弟名字）

bhikṣuṇī　比丘尼（尼姑）
Śākyamuṇi　释迦牟尼（佛）

Śā ri putra 舍利弗（佛的一徒弟名字）

Manjuśrī 文殊师利（一菩萨名字）

（2）关于梵文中的硬腭音问题。由于中古汉语中无硬腭音，因此梵文中的硬腭音常常用龈腭塞擦音或龈腭摩擦音音译。Chen（2000：25）举了如下的例子：

caitya 支提（庙宇）

Manjuśrī 文殊师利（一菩萨名字）

Śrāvastī 舍卫国（释迦牟尼的居所）

（3）梵文中的卷舌摩擦音/ṣ/问题。由于中古汉语无卷舌摩擦音/ṣ/，该音常常用/c/或/ʃ/来音译。Chen（2000：25）举了如下的例子：

upaniṣad 优波泥奢（比较）

upaniṣad 乌波尼杀昙（比较）

upaniṣad 优波尼沙陀（比较）

（4）梵文中的辅音簇问题。梵文中的辅音簇/ks/往往被音译为/tʃ/。Chen（2000：26）举了如下的例子：

Aksobhya 阿閦鞞（五佛之一）

bhiksu 比丘（托钵僧）

bhiksunī 比丘尼（尼姑）

（5）梵文中的/v/音问题。由于中古汉语中无此音，该音常常被音译为/b/。Chen（2000：27）举了如下的例子：

nirvana　涅槃（nie<u>b</u>uan）（死亡）

Vakkula　薄俱罗（佛的一徒弟名字）

Avinivartanīya　阿鞞跋致（永不消退）

（6）梵文中的/r/音问题。由于中古汉语无此音，该音一般被音译为/l/。Chen（2000：27）举了如下的例子：

Asura　阿修罗（大魔头）

pāramitā　波罗蜜多（最高的）

Aniruddha　阿泥律陀（佛的一徒弟名字）

（7）梵文中的硬腭鼻音（不闭口）/ṁ/、硬腭鼻音/ñ/和卷舌鼻音/ṇ/问题。由于中古汉语无这些音，因此都音译为了近似的/m/，/n/音。Chen（2000：28—29）举了如下的例子：

oṁ　唵（神秘的音节“om”）

māṇava　摩那婆（年轻的婆罗门）

整体来看，由于中古汉语没有上述梵文中的发音，所以在翻译时基本都采用了本土化的音译方式，要么用短元音代替长元音，要么用汉语中近似的辅音代替梵文中有汉语中无的辅音。根据 Chen（2000：60），佛典翻译中的音译有三种情况：（1）纯粹的音译（pure transliteration）；（2）音译+删减的音节〔transliteration+missing syllable（s）〕；（3）音译+增添的音节〔transliteration+added syllable（s）〕。

“音译+删减的音节”如：

Buddha　佛

kalpa　劫（美妙的时间段）

gātha　偈（诗体）

vaiḍūrya　琉璃

梵文中本有两个音节或多个音节，但译为汉语时删减了一个音节。

“音译+增添的音节”如：

svāhā　僧莎呵（一个神秘词）

svāhā　莎婆诃（一个神秘词）

梵文中本只有两个音节，但译为汉语时成了三个音节，/sv/中增添了一个元音。

在国内，近些年在佛典音译方面研究较为深入的是四川大学的顾满林（2002；2003；2006a；2006b；2007）。顾满林（2006b：163）将音译词与源头语音节数对等而没有缺省的称为全译形式，将音译词与源头语相比省去另外部分音节的称为节译形式。梵语往往以多音节词为主，而汉语则以单音节为主，如果完全音译成汉语，就会让汉译佛典的读者不知所云，因此节译也是常见的形式。佛典翻译中的音译既有全译形式，也有节译形式。实际上，还有上面 Chen（2000）提到的增译形式，但数量很少。那全译形式和节译形式之间的关系是怎样的呢？是先有全译形式后有节译形式吗？较为流行的观点是音译词先有全译形式，在此基础上缩略而成节译形式。梁晓虹（1994）认为节译形式是在全译形式的基础上简缩而成，如菩萨<菩提萨埵，舍利弗<舍利弗多罗，鉢<鉢多罗，劫<劫波，魔<魔罗等。颜洽茂（1997）持类似的观点，举的例子如：Brahamana——波罗欱末拿、婆罗贺磨拿、没啰憾摩——婆罗门，patra——本多罗、波多罗、波罗、钵得罗、钵多罗、钵多——钵等。史有为（2004）也持类似的观点。顾满林（2006b）对佛典音译中的这一重要问题进行了实证性的考察。对于全译形式和节译形式之间的关系，顾满林（2006b：170）指出，从理论上说，应该有三种类型的关系：（1）全译节译同时出现；（2）先全译后节译；（3）先节译后全译。为解决全译节译的先后顺序问题，我们需分析东汉与后世的音译形式的关系，因我国的佛典翻译始自东汉。实际上，东汉开始，佛典翻译中就使用了较多的节译形式，如 patra-的节译形式“钵”在东汉时已大量使用。例如：

三者持钵、袈裟至他国，四者弃戒受白衣，五者自坐愁失名。（东汉安世高译《七处三观经》）

时到，饭食便办满钵，自然在前。即取食，食已，钵便自然去。（东汉支谶译《阿閦佛国经》）

［引自顾满林（2006b：165］

顾满林（2006b：166）实证性地调查了东汉 34 部译经中 292 个音译词的音译形式，发现节译形式 223 个，占总数的 76.19%，全译形式 69 个，占总数的 38.5%，具体分布情况如下：

表 4－4　节译与全译分布简况

	单音节	双音节	三音节	四音节	五音节以上	合计
节译	20	78	79	32	14	223
全译		19	33	13	4	69
合计	20	97	112	45	18	292

顾满林（2006b：170）还发现，全译节译同时出现与先全译后节译的两种情况都有，但先全译后节译的第三种情况在东汉佛典翻译中找不到例子，这说明东汉译经不支持“节译形式是在全译形式的基础上简缩而成”的说法。通过对 Gaṅgā 音译流变过程的考察，季羡林（1956）也持类似的观点并发现，在第一阶段 Gaṅgā 音译为了“恒”，在第二阶段音译为了“恒伽”“强伽”，在第三阶段音译为了“弶伽”“殑伽”，因此 Gaṅgā 音译为“恒”，而不是“恒伽”的简化，因为 Gaṅgā 音译为“恒”要早于“恒伽”。

顾满林（2006b：171）还考察了东汉只有节译形式的音译词在后代译经中的流变情况：

表 4－5　节译音译词流变简况

	支谶	支谦	昙摩蜱共竺佛念	鸠摩罗什	玄奘	施护
kalpa	劫	劫	劫	劫	劫	劫
Śramana	沙门	沙门	沙门	沙门	沙门	沙门
stūpa	塔	塔	塔	塔	窣堵波	塔
sarīra	舍利	舍利	舍利	舍利	设利罗	舍利
upāsaka	优婆塞	清信士	优婆塞	优婆塞	邬波索迦	优婆塞
pāramitā	波罗蜜	度	波罗蜜	波罗蜜	波罗蜜多	波罗蜜多

续表

	支谶	支谦	昙摩蜱共竺佛念	鸠摩罗什	玄奘	施护
kau sika	拘翼	帝	拘翼	憍尸迦	憍尸迦	憍尸迦
mahoraga	摩睺勒	鬼龙	摩睺勒	摩睺勒伽	莫呼洛伽	摩睺勒伽
smādhi	三昧	定	三昧	三昧	三摩地	三摩地/三昧
jambu-dvīpa	阎浮利	阎浮提	阎浮利	阎浮提	瞻部	阎浮提

顾满林（2006b：173）进一步考察了东汉只有全译形式的音译词在后代译经中的流变情况：

表 4－6　全译音译词流变简况

	支谶	支谦	昙摩蜱共竺佛念	鸠摩罗什	玄奘	施护
prajnā	般若	明	般若	般若	般若	般若
mahā	摩诃	大	摩诃	摩诃	摩诃	摩诃
bhiksu	比丘	比丘	比丘	比丘	苾刍	苾刍
yaksa	阅叉	鬼龙	阅叉	夜叉	药叉	夜叉/药叉
asira	阿须伦	鬼龙	阿须伦	阿修罗	阿素洛	阿修罗
garusa	迦楼罗	鬼龙	迦留罗	迦楼罗	揭路荼	迦楼罗
kisnara	甄陀罗	鬼龙	真陀罗	紧那罗	紧捺洛	紧那罗
subhūti	须菩提	善业	须菩提	须菩提	善现	须菩提
anuttara	阿耨多罗	无上	阿耨多罗	阿耨多罗	无上	阿耨多罗

由以上可以看出，音译词有较大的继承性，东汉创造的音译形式得到了后世的继承；玄奘译本音译词的全译形式最多，且大都为新创。顾满林（2006b：176）进而指出，比较历代译经，东汉只有节译形式的音

译词有不少在以后的译经中陆续出现了全译形式，到唐代全译形式的数量达到顶峰；相反东汉只有全译形式的音译词在后代译经中却基本上没有出现什么节译的形式，极少有例外。

佛典音译中还有一个重要的问题：音译与意译的结合使用问题。顾满林（2003：325）对东汉时期这种半音译半意译的翻译形式进行了考察并指出，从理论上来说，半音译半意译词可以有四种不同的译法：纯音译、前音后意、前意后音、纯意译。此处我们重点讨论前音后意和前意后音两种形式。顾满林（2003：326）发现，东汉译经中没有哪一种翻译能同时具备前音后意和前意后音两种形式，二者不可得兼，例如（加号表示该形式见于东汉译经，减号表示该形式不见于东汉译经）：

表 4－7　东汉译经形式简况

纯音译	前音后意	前意后音	纯意译
佛刹（+）	佛土（+）	觉刹（-）	觉土（-）
只洹（+）	只树（+）	胜洹（-）	胜树（+）
比丘僧（+）	比丘众（+）	除恶僧（-）	除恶众（+）
般遮旬（+）	般遮神通（-）	五旬（+）	五神通（+）
摩诃迦叶（+）	摩诃饮光（-）	大迦叶（+）	大饮光（-）
摩诃泥犁（+）	摩诃地狱（-）	大泥犁（+）	大地狱（-）

对此音译和意译的结合规律，顾满林（2003：326）总结如下：对佛教术语及专名倾向于音译，对一般概念倾向于意译，音译优先考虑术语和专名，意译优先考虑一般概念，半音译半意译时一定是术语专名用音译，一般概念用意译，而绝不相反，不论前音后意还是前意后音都得符合这一点，这可以看作译经者进行语言转换时严格遵守的原则。通过对东汉以来释迦牟尼降生地梵文名称 Kapila-vastu 的 64 个不同音译形式的

历时考察，顾满林（2007）还发现了佛典翻译中音译的两大原则：“沿用”和“求准”。僧睿在《摩诃般若波罗蜜经》序文中记录了罗什的“求准”：

其事数之名与旧不同者，皆是法师以义正之者也。如“阴”“入”“持”等，名与义乖故，随义改之：“阴”为“众”，“入”为“处”，“持”为“性”，“解脱”为“背舍”，“除入”为“胜处”，“意止”为“念处”，“意断”为“正勤”，“觉意”为“菩提”，“直行”为“圣道”，诸如此比，改之甚众；胡音失者，正之以天竺；秦名谬者，定之以字义；不可变者，即而书之。

到了唐代，对音译“求准”的思想达到了前所未有的高峰，出现了一个正音的专门术语——“讹略”。“讹”指对音不严，“略”指音有省减（顾满林，2006b：51）。唐及以后有大量指正翻译中“讹略”的例子：

言三昧者，讹略；依正梵音，名三摩地，此云等持。（唐圆测撰《仁王经疏》卷上末）

依正梵音，明为伽他，此云颂，而言偈者，是讹略也。（唐圆测撰《仁王经疏》中卷）

迦维，梵语古译讹略也，正梵音劫毗罗筏窣睹城，佛下生之处也。（唐慧琳《一切经音义》卷一）

须臾，梵语也，古译讹略也，正梵音云谟护律多。《俱舍论》说：一日一夜有三十须臾，共分为六十刻是也。（唐慧琳《一切经音义》卷五）

颇黎碗，正梵音云飒破置迦，言颇黎者，古音讹略也。（唐慧

琳《一切经音义》卷九十一）

东汉时期，是音译的初始阶段，选择音译还是意译尚未找到规律。顾满林（2003）发现，东汉译经者对音译和意译的利用程度并不相同：安世高多用意译，支谶喜用音译，而安玄和支曜推崇意译，排斥音译，康孟祥等人则能根据语境及经文选择性地使用音译和意译。由此可见，东汉时期佛典的音译尚无规律而言。到了唐朝，则是音译的成熟时期，玄奘提出的“五不翻”应是佛典音译最重要的原则。但在实际的佛典翻译过程中，“五不翻”的翻译原则很难得到实践，即使玄奘本人的翻译实践也没有完全遵循该原则（Chen，2000：167）。Chen（2000：167）举了两个例子：一个是 dharma。该词是多义词，可表示道法、真理、宗教、佛教等意义，应属“五不翻”中的第二种情况，也可属“五不翻”中的第五种情况。但该词有时也意译为“法”，而不全是音译为“达磨”。二是 Subhūti（佛的一徒弟名字，本义表示好的生活）。该词应属“五不翻”中的第三种情况，即该人名在汉语中找不到，应音译，但佛典翻译时意译为了“妙生”。对于鸠摩罗什和玄奘两位译经大师的音译，Chen（2000：208）进行了如下比对：

表 4-8 鸠摩罗什与玄奘音译比对

梵文术语	鸠摩罗什翻译	玄奘翻译
Arhant	阿罗汉	应
samyaksaṁbodhi	三藐三菩提	正等觉
Anuttara	阿耨多罗	无上
Subhūti	须菩提	善现
Gātha	偈	伽陀

续表

梵文术语	鸠摩罗什翻译	玄奘翻译
Pāramitā	波罗蜜	波罗蜜多
Upāsaka	优婆塞	邬波索迦
Upāsikā	优婆夷	邬波斯迦
asaṁkhyeya	阿僧祇	无数
Anāgāmin	阿含那	不还者
Sakrdāgāmin	斯陀含	一来者
Srotāpanna	须陀洹	预流者

我们可以看出，对于鸠摩罗什音译的阿罗汉、三藐三菩提、阿耨多罗、须菩提、阿僧祇、阿含那、斯陀含、须陀洹，玄奘都进行了意译，并未音译。

对于音译和意译的演变过程，荷兰学者许理和（2001：296）做了较为客观的描述：

> 就术语来说，晚汉的译经者面对着如何忠实地翻译外国名称、词语的这个难题，他们明显地动摇于两个极端之间：一个极端是严格遵循原文，因而最大限度地采用音译法，其中最突出的例子是支娄迦谶的《道行般若经》中怪诞的译语“菩萨摩诃萨摩诃衍僧那僧涅”，另一个极端是为了尽可能地便于理解而全部用意译法，连“比丘”“泥洹”这样人人都懂的借词也不采用，而代之以汉语对应词“除馑”“灭度”。不过这两种极端最后都消失了，到公元三世纪后期，混合而成的译经词汇系统已经形成了，音译和意译在这种统一之中发挥着各自的作用。

佛典音译对我国中古汉语的发展起到了重要的影响。朱庆之（2004：126）指出，虽然从汉语本身发展的内在规律看，汉语词汇终将实现双音化，但是这个进程在魏晋以前是极其缓慢的，而进入中古后，双音化的步伐突然加快，在短短的二三百年中汉语词汇系统（主要指文献语言的词汇系统）以单音词为主的面貌就发生了根本的改观。李振东（2016：15）认为，正是中古时期佛典翻译加速了汉语双音化的进程，其是汉语由单音化走向双音化的重要诱因。万献初（2004：9）认为，魏晋以来，由于单字音构词法已满足不了汉语词汇发展的需要，词形匮乏又导致了单音节词的责任太重，语义表达的需要又渐渐提高了汉语双音合成构词法的产量，逐步取代单字音变成为汉语构词的主要方法，最终促成了汉语词从单音词向双音词过渡。

王力（1980：23）还谈到了佛典音译的语言学史研究的价值：

> 汉语中的外语借词（音译）作为汉语史的材料来看，也是非常珍贵的。“印度”是唐人的译名，唐以前译作“身毒”或“天竺”，原音是 indu 或 hindu。大约“印度”译的是 indu，“身毒”或“天竺”译的是 hindu。由此可见，“竺”音和“毒”“度”都相近，可以证实钱大昕“古无上舌音”的说法。又如“佛”的原音是 buddha，最初译为“浮屠”和“浮图”，稍后译为“浮图”和“佛陀”，简称为“佛”，可见由上古至隋唐，“浮”和“佛”仍读重唇，“佛”字当时有-t 尾，比“浮”译得较为正确，汉代的“屠”“图”念 d‘a，所以拿来译 buddha 的第二音节；到了唐代，“屠”“图”不再念 d‘a 了，所以换成“陀”字，念 d‘a，不像今天普通话念 t‘uo。

当然，音译也有其弊端。俞理明（1993：32）认为，音译词有一个缺点，就是表意功能太差，汉人无法从字面上来理解这个词，经文中音译词数量太多，会使不懂佛教的汉人不知所云，这对刚传入汉地不久的佛教是一个不利因素，因此意译始终受到译人的重视。梁晓虹（1987）指出，意译词与音译词相比，更容易为汉语吸收，与汉语词汇融为一体，对汉语的影响更大。

第四节　语法翻译

要翻译一门语言，就必须了解其语法，这是翻译的基本前提。中国有一千多年的翻译佛典历史，但没有系统的梵语语法著作。季羡林（1989：25）勾勒了我国古代的梵文语法研究：

> 唐代出现了一批有关梵语的书籍，比如智广撰《悉昙字记》，义净撰《梵语千字文》，全真集《唐梵文字》，礼言集《梵语杂名》，僧但多莫多、波罗瞿那弥拾沙集《唐梵两语双对集》等等。这些书的撰写目的是为了翻译佛经。但是这些书中有的只研究字母，有的则是模仿中国流行的《千字文》一类的书籍，只列举梵汉两语的单词，而根本不讲语法。义净在《梵语千字文》的序言中说："并是当途要字，但学得此，则余语皆通，不同旧千字文。若兼悉昙章读梵本，一两年间即堪翻译矣。"但是，这是难以做到的。其后还有一些书，如《翻梵语》、《翻译名义集》等，也只是单词对译一类的书。从《高僧传》中可以看出，唐代一些佛教寺庙教授梵语，至于用什么课本，怎样教，我们都不清楚。唐代和唐代以前

> 的一些僧传和其他书籍中间或有一些论述梵语语法的记载，如《大唐大慈恩寺三藏法师传》等，但所记几乎只限于名词变化。

王力（1980：12）指出，语法作为一门学问，在唐代由印度传入中国，当时叫作“声明”，讲名词的变格、动词的变位等，当时所译的术语与现代所译并不相同，例如体声即主格，业声即受格，具声即用格，为声即与格，从声即离格，属声即领格，依声即地格。

现在我们用的术语“语法”，1949 年之前多说“文法”，语法学界公认是意译印欧语 grammaire（法语）或 grammar（英语），开始时音译为“葛郎玛”（见《马氏文通》“例言”）。殊不知 4 世纪时，鸠摩罗什已将印度人称的语法 vyākaraṇa（意思是“分离”“分析”，即对语言的各种语法形式加以分离或分析）意译为“语法”了，vyākaraṇa、grammaire、grammar 所指相同，三者分属梵、法、英语，全属印欧语系（孙良明，2009：413）。

鸠摩罗什《大智度论》卷四十四载：

> 问曰：“何等是菩萨句义？”答曰：天竺语法，众字和合成语，众语和合成句。如“菩”为一字，“提”为一字，是二不合则无语；若和合名为“菩提”，秦言无上智慧。萨，或名众生，或是大心。为无上智慧，故出大心名为菩萨；愿欲令众生行无上道，是名菩提萨。

从鸠摩罗什的论述可以看出，我国古代高僧虽没有专门编写出梵文语法的书籍，更没有借鉴梵文的语法编写出汉语的语法，但我国古代的佛典翻译早已注意到了梵文的语法现象及其翻译问题。

在《金刚经》同经异译比对的基础上，王继红（2018：168）提出了“翻译语法观念”这一概念：译者在进行从源头语到目的语的语码转换时在译本语言现象中所体现的译者语法意识和语法观念；并进一步指出，翻译语法意识与观念不等同于母语者的语感，而是译者在语言类型对比基础上娴熟运用语法手段来完成翻译的能力，语法意识作为译者语言意识的重要组成部分，是译者在语言学习与使用过程中形成的一种理论自觉，在翻译中的意义不容忽视。

翻译语法观念的产生往往是由于翻译过程中两种语言之间存在着巨大的类型学差异。佛典翻译中的梵汉两种语言就是如此。梵语是典型的屈折语，而汉语是典型的孤立语，译者要忠实反映原典语言的特点，又要保证译文的通俗易懂，设法实现梵汉两种语言结构类型的对等转换，不得不利用汉语中现有成分去表现原文，使得许多带有原典语言特点的异质成分被披上汉语的外衣移植到译经中来，对汉译佛典语言产生了影响，形成了不同于地道中土汉语的词汇、语法特点（姜南，2011：226）。换言之，翻译过程中，译者不只是翻译文本意义，有时还要翻译语言的语法形式。因此，在王继红（2018）“翻译语法观念”的基础上，我们在此提出“语法翻译”的概念。语法翻译指当翻译过程中两种语言之间存在着巨大的类型差异时，译者为了实现两种语言语法层面的对等或相当，而将原语中的语法形式翻译到目的语中，从而使翻译的目的语文本体现出原语的某些异质性特征。

姜南（2011：16）指出，佛典翻译不可避免地要受到汉语和原典语言的双重制约，译者须以原文语法为指针，不断在汉语语法系统中寻找对应目标，表现出汉译对原文进行语法模仿和语法复制的显著倾向。关于汉语史的分期，王力（1980：35）的主张如下：（1）3 世纪以前（五胡乱华以前）为上古期（3—4 世纪为过渡阶段）；（2）4 世纪到 12 世纪

（南宋前半）为中古期（12—13 世纪为过渡阶段）；（3）13 世纪到 19 世纪（鸦片战争）为近代（自 1840 年鸦片战争到 1919 年五四运动为过渡阶段）；（4）20 世纪（五四运动以后）为现代。王力（1980：35）还指出了其各自的特点。（1）上古期：① 判断句一般不用系词；② 在疑问句里，代词宾语放在动词前面；③ 入声有两类（其中一类后代变了去声）；等等。（2）中古期：① 在口语的判断句中系词成为必需的句子成分；② 处置式的产生；③ 完整的"被"字式被动句的普遍应用；④ 形尾"了""着"的产生；⑤ 去声字的产生；等等。（3）近代：① 全浊声母在北方话里的消失；② -m 尾韵在北方话里的消失；③ 入声在北方话里的消失；等等。（4）现代：① 适当地吸收西洋语法；② 大量地增加复音词；等等。此外，佛典翻译中进行语法翻译还有一个条件：我国的佛典翻译采用的是白话文翻译，而不是文言文翻译。文言文体制完整，难以改变，而白话文则不然，有改动的空间。为何我国的佛典翻译最终采用的是白话文体的翻译，而不是文言文体的翻译呢？

俞理明、顾满林（2013：2—3）给出了较为充分的解释：

> 本来佛经的翻译者有理由采用文言文翻译，因为这样可以使译文具有典范的色彩，从而增加它的权威性和对上层社会以及民众的影响力，这样做也符合佛教重视感化上层人物的一贯传统。但是有几个因素制约了这样的选择，使译经用语明显的转向了白话文。首先是翻译者的文化素养。最初的佛经翻译者基本不能兼通胡汉语言，因此参与经文翻译的有两个方面的人：初晓汉语的胡人和略知胡语的汉人，他们互相配合，共同艰难的完成翻译工作。初晓汉语的胡人主要通过口头学习汉语，由于没有接触大量书本知识，他们对汉族的传统、历史、文化的了解有很大的局限性；在汉人中，处

于主流地位的知识分子的人生理想是儒家所倡导的“兼济天下”，不得志者又多“独善其身”，只有脱离主流的知识分子才会对厌弃世俗的佛教感兴趣。这样的人对以儒家思想为核心的主流思想或主流文化有一种逆反心理，这种离经叛道的心理使他们不像当时的一般知识分子那样重视学习模仿古代圣贤的用语。其次，由于受到代表典雅文化的汉族知识阶层主流和中央政权的明确排斥，佛教自觉不自觉地带有通俗色彩，它的宣传对象也以通俗阶层为主，这使佛经在翻译中具有较多的口语性；再者，早期翻译中，胡汉译人对于对方的语言，尤其是书面语的掌握还不够纯熟，很多地方不能做到一对一的细致理解，一些原文只能作笼统的解释，使得译人在用语上偏向于采用浅显易于表达的口语性成分，以适当降低工作的难度。

通过对《法华经》梵汉对勘的研究，姜南（2011：16—17）发现佛典翻译建立梵汉对应的方式主要包括：（1）选择汉语中与原文功能相同或相近的语法形式。例如：用古汉语既有的介词“于”“以”“从”“在”“为”“与”等对译原文的名词格尾，起到基本相同的格标记功能。（2）重新分析汉语固有成分，使其与原文语法形式功能趋同。例如：汉语固有却不常见的完成义动词“已”被译经师改造成专门对应原文动词独立式的完成体标记。（3）参照原文的构式、语序以及语义分工，重组汉语现有材料，构造与原文功能对等的新兴语法格式。例如：依据原文表现起因和目的因的格尾分工形成的框架式介词“以/由/用/因—故”和“为—故”，等等。

一、梵文时态的语法翻译

我们先看鸠摩罗什翻译《法华经》时对梵文中时态的翻译。

1. 过去时、现在时和将来时的区分

梵文原文：bhavo hi mayā bhaiṣajyarā dharma-paryāyā
无量 确实 由我 药王啊 法句
bhāṣitā bhāṣāmi bhāṣisye ca
已说 现说 将说 和
鸠摩罗什译文：我所说经典无量千万亿，已说、今说、当说。
（引自姜南，2011：76）

汉语中的时态无词汇层面的屈折变化，但梵文在时态方面具有明确的语法形式。在此句中，bhāṣ 是动词词根，bhāṣitā、bhāṣāmi、bhāṣisye 分别是该词根屈折变化来的过去、现在和将来时形式。罗什的译文对此语法形式进行了直接翻译，分别译为了“已说”“今说”“当说”。姜南（2011：76）认为，罗什的译文基本实现了翻译前后动词时态的对等转换。

2. 过去时

佛典翻译中常用“常（=尝）”“以（=已）”“曾”“已曾（以曾）”“既”“既已”标识动词的过去时（姜南，2011：77）。

（1）梵文原文：yāni ca-imāni bhagavan dvādaśa-vaśī-bhūta-śatāni bhagavatā pūrvam śaikṣa-bhūmau sthāpitāny evam avavaditāny evam anuśiṣṭāny abhūvan
习学（过去分词）
鸠摩罗什译文：是诸千二百心自在者，昔住学地，佛常教化言。

（2）梵文原文：bahu-buddha-śata-sahasra-caritāvino

已奉行（过去分词）

鸠摩罗什译文：已曾供养百千万亿诸佛。

竺法护译文：以曾供养亿百千佛。

（3）梵文原文：tasya bhagavataḥ parinirvṛtasya

已灭度（过去分词）

鸠摩罗什译文：如来既已灭度

通过对《金刚经》同经异译的对比，王继红（2018：247）发现，相比而言，玄奘对过去时的语法翻译更为彻底。

梵文原文：Jñātās te subhūte tathāgatena buddhajñānena dṛṣṭās

被知道 他们 须菩提 如来 以其佛智 被看见

（过去被动分词）

te subhūte tathāgatena

他们 须菩提 如来

（过去被动分词）

buddha-cakşusā buddhās te subhūte tathāgatena

以其佛眼 被了解 他们 须菩提 如来

（过去被动分词）

菩提流支译文：须菩提！如来悉知是诸众生，如来悉见是诸众生。

真谛译文：如来悉知是人，悉见是人。

笈多译文：知彼善实如来佛智，见彼善实如来佛眼。

义净译文：妙生！如来悉知是人，悉见是人。

鸠摩罗什译文：须菩提！如来悉知悉见。

玄奘译文：善现！如来以其佛智悉已知彼，如来以其佛眼悉已见彼。善现！如来悉已觉彼。

Jñātās（被知道）、dṛṣṭās（被看见）、buddhās（被了解）三个词是过去被动分词，标识过去发生的事情。从此句话的六种译文，可以发现，只有玄奘将这三个过去分词都译为了“已+V”的形式，语法翻译做得最彻底。同时，有的过去被动分词也被译为“V+已”的形式。

梵文原文：Evam ukte bhagavān āyuşmantaṃ etad avocet sādhu sadhu subhūte evam etat subhūte evam etad yathā subhūte evam etad yathā vadasi

真谛译文：净命须菩提作是问已，尔时，世尊告须菩提：“须菩提！善哉！善哉！如是！”

笈多译文：如是语已，世尊命者善实边如是言：“善！善！善实！如是！如是！善实！如是！如是！”

玄奘译文：作是语已，尔时，世尊告具寿善现，曰：“善哉！善哉！善现！如是！如是！如汝所说！”

原句中过去被动分词 ukte（说）都被译为了“V+已”的形式。

但对《金刚经》梵汉对勘后，王继红（2018：244）发现梵文中过去被动分词不翻译或翻译成零形态的数量最多，占到96.7%。例如：

梵文原文：evam mayā śrutaṃ ekasmin samaye bhagavāñ śrāvastyām viharati smajetavane 'nāthapiṇḍadasyārāme mahatā bhikṣu saṃghena sārdham ardhatrayodaśabhir bhikṣu śataiḥ saṃbahulaiś ca bodhisattvair mahāsattvaiḥ

鸠摩罗什译文：如是我闻：一时，佛在舍卫国祇树给孤独园，与大比丘众千二百五十人俱。

菩提流支译文：如是我闻：一时，婆伽婆在舍婆提城祇树给孤独园，与大比丘众千二百五十人俱。

真谛译文：如是我闻：一时，佛婆伽婆住舍卫国祇陀树林给孤独园，与大比丘众千二百人俱。

笈多译文：如是我闻：一时，世尊闻者游行胜林中无亲抟施与园中，大比丘众共半三十比丘百。

玄奘译文：如是我闻：一时，薄伽梵在室罗筏住誓多林给孤独园，与大苾刍众千二百五十人俱。

义净译文：如是我闻：一时，薄伽梵在名称大城战胜林施孤独园，与大苾刍众千二百五十人俱，及大菩萨众。

原句中的过去被动分词śrutaṃ（听闻）标识过去发生的动作，但在六个译本中都未进行语法翻译，都译为了零形式的“闻”。

3. 将来时

佛典翻译中常用“将”“欲”“必”“应”“必应”“必当”“方当”“常（=当）”标识动词的将来时（姜南，2011：80）。

（1）梵文原文：abhimāna-prāptā ś ca bhikṣavo mahā-prapātam prapatiṣyanti

将坠入

鸠摩罗什译文：增上慢比丘将坠于大坑。

（2）梵文原文：śāstṛ-gauraveṇa sat-kariṣyanti guru-kariṣyanti

将供养　将恭敬

mānayiṣyanti pūjayiṣyanti

将尊重　将敬爱

鸠摩罗什译文：应以如来供养而供养之。

（3）梵文原文：dṛṣṭa-pūrvāṇi ca evam-rūpāṇi bhaviṣyanti

将是

鸠摩罗什译文：必应见此希有之相。

（4）梵文原文：śatā dvādaś ime buddhā bhaviṣyant' imi loki sarve

将成为

竺法护译文：千二百诸漏尽者，皆当于世成为佛道。

鸠摩罗什译文：千二百罗汉，悉亦当佛。

由以上梵汉对勘可以看出，很明显，鸠摩罗什在译《法华经》时将梵文中的时态标记基本都迁移到了汉语译文中。因此，从这个意义上说，罗什译经时对梵文中的动词时态进行了语法翻译。

二、梵文介词的语法翻译

汉语中历史最悠久的两个介词——“于/於”和“以”经常被译经用作宾格标记，引进动词的受事；证据来自它们大量对译梵文原典中表现受事的业格及属格格尾（姜南，2011：27）。我们以“于/於”为例进行探讨。姜南（2011：30）指出，如果说汉译佛典中大量处在动名之间的“于/於”不负载任何语法意义，纯粹为了满足汉译佛典的文体需要，那么它在原文中应当没有可对应的成分，然而实际梵汉对勘的结果表明，动名之间的“于/於”并非汉译无故增补成分，而是严格对译原典梵语相应的名词格尾变化，格标记的性质明显，即使动宾之间的“于/於”跟原文表现受事的业格或属格格尾相对应；换言之译经中频繁出现在动名之间的“于/於”并不主要是为了调节句子的长短、补充音节以构成四字格，而是对梵文的语法翻译。

1. 对译原文依格，引进方所、时间

梵文原文：sthitu　catvarasmin

住立　四衢中

鸠摩罗什译文：住於四衢

2. 对译原文从格，引进时空起点及比较对象

梵文原文：asmād　traidhātukān　nirdhāvitā

从这　三界中　弛出

鸠摩罗什译文：出於三界

3. 对译原文业格，引进受事

梵文原文：asmāṃś　ca　tārehi

我们　又　请（你）度脱

鸠摩罗什译文：度脱於我等

梵文原文：samaṃ vāri pramuñcati sarvāṃś ca tṛṇagulmauṣadhi-
平等 雨水 普放 一切 又 丛林药草
vanaspatīn

鸠摩罗什译文：雨於一切卉木丛林及诸药草

由以上梵汉对勘可以看出，很明显，鸠摩罗什在译《法华经》时将梵文中的介词标记“于/於”基本都迁移到了汉语译文中。玄奘译经时，对语法翻译更加重视。王继红（2018：114—115）对《金刚经》中一句梵文的汉译进行了六个译本的比较：

梵文原文：

yah kaścit kulaputro vā kuladuhitā vāimam trisāhasramahāsāsram lokadhātum saptaratna paripūrnam krtvā tathāgatebhyo rhadbhyah samyaksambuddhebhyo dānam dadyāt api nu sa kulaputro vā kuladuhitā vā tato nidānam bahu punyaskandham prasunuyāt

鸠摩罗什译文：若人满三千大千世界，以用布施，是人所得福德，宁为多不？

菩提流支译文：若满三千大千世界七宝，以用布施。须菩提！于意云何？是善男子、善女人所得福德，宁为多不？

真谛译文：以三千大千世界遍满七宝，若人持用布施，是善男子、善女人因此布施生福多不？

笈多译文：若有善家子若、善家女若，此三千大千世界七宝作已，如来等应等正遍知等施与。彼何意念？善实！虽然彼善家子若、善家女若，彼缘多福 聚生？

玄奘译文：若善男子或善女人，以此三千大千世界盛满七宝，持用布施，是善男子或善女人，由此因缘所生福聚，宁为多不？

义净译文：若善男子、善女人，以满三千大千世界七宝，持用布施，得福多不？

这句话的大意是说：须菩提啊！若有善男子或善女人用七宝铺满这三千大千世界，布施给众如来、阿罗汉、正等觉，这善男子或善女人会由此因缘产生很多功德吗？王继红（2018：115）指出，鸠摩罗什的翻译“若人满三千大千世界”比较生硬，不符合汉语表达习惯，缺少表工具或方式的介词“以”，显然是受到原典语言的影响，而真谛、玄奘和义净等译本都添加“以”字来对应梵文格尾的语法意义。

三、梵文“是”字判断句的语法翻译

“是”字判断句也是佛典翻译中从梵文进行语法翻译时产生的。根据陈秀兰（2018：299）的研究，汉译佛典的“S，N是”句型是梵文原典判断句“N_1，N_2√as（√bhū）”的对译，句中的“是”表示判断：

(1) 梵文原文：

bhagavān āha kim manyadhve bhikṣavo yo 'sau tena kālena tena
世尊 说 什么 思考 比丘们 其 那 那 时 那
samayena mṛgapatiḥ āsīd aham saḥ
时 鹿王 是 我 他

支谦译：佛告诸比丘：“欲知彼时鹿王者，则我身是。”（《撰集百缘经》卷四）

汉语今译：世尊说："比丘们，你们怎么想？那时那个鹿王是我。"

(2) 梵文原文：aham sa tena kālena tena samayena jalavāhanaḥ
我 那 那 时 那 时 流水
śreṣṭhidārako 'bhūt
长者子 是

昙无谶译：欲知尔时流水长者子，今我身是。(《金光明经》卷四)

汉语今译：那时那个流水长者子是我。

(3) 梵文原文：aham sa tena kālena tena samayena raja abhūvam
我 那 那 时 那 时 国王 是

鸠摩罗什译：尔时王者，则我身是。(《妙法莲华经》卷四)

汉语今译：我是那时的那个国王。

(4) 梵文原文：aham ca āsīt tada dharmabhāṇakaḥ
我 和 是 当时 法师

鸠摩罗什译：妙光法师者，今则我身是。(《妙法莲华经》卷一)

汉语今译：当时，法师是我。

四、句间关联词的语法翻译

姜南（2011：176）指出，与中土文献相比，汉译佛典的复句比较发达，显示、强化分句之间逻辑语义关系的句法关系连词比较丰富，无论单个使用还是搭配使用，频率都明显高于同期中土文献。

1. 转折关系

梵文原文：

te ca pṛthak-pṛthak nana-nāmadheyāni praitilabhante eka-

这些 又 各自 有各种名字 获得 一地生长

dharaṇī-pratiṣṭhitās ca te sarve oṣadhi-grāmās eka-rasa-toya-abhiṣyanditās

又 这些 全部 药集 一味之水滋润

竺法护译文：各各生长，地等无二。

鸠摩罗什译文：虽一地所生，一雨所润，而诸草木各有差别。

（引自姜南，2011：180）

竺法护将此句译成了两个独立的小句，关系不明，结构松散，鸠摩罗什则适当添加了搭配型让步转折关联词“虽——”“而——”，译成了让步转折关系复句，使得前后分句联系紧密，逻辑关系也赫然分明（姜南，2011：181）。

2. 假设关系

梵文原文：

aho nāma aham nirvṛti-prāptas bhaveyam yadi me

啊 名为 我 已得灭度 会是 如果 我的

sa putras imam dhana-skandham paribhuñjītas

这 儿子 这 财物 已受用

竺法护译文：愿得见子，恣所服食，则获无为，不复忧戚。

鸠摩罗什译文：我若得子，委付财物，坦然快乐，无复忧虑。

鸠摩罗什用假设连词“若”对译“yadi（如果）”，竺法护虽未直接翻译“yadi（如果）”，但在结果分句中添加了关联词“则”，同样显示出分句之间的假设关系，使得分句间联系紧密，关系清楚（姜南，2011：183）。

在白话文的发展过程中，语法翻译的观念依然存在。在 20 世纪 30 年代，鲁迅就主张在译文中引进国外的文法。1931 年 12 月 28 日，在与瞿秋白讨论翻译文体时，鲁迅就此发表了详尽的论述：“这样的译本呢，不但在输入新的内容，也在输入新的表现法。中国的文或话，法子实在太不精密了，作文的秘诀，是在避去熟字，删掉虚字，讲话的时候，也时时要辞不达意，这就是话不够用，——要医这病，我以为只好陆续吃一点苦，装进异样的句法去，古的，外省外府的，外国的，后来便可以据为己有。”（陈福康，1992：298）

第五节　文体翻译：偈的翻译

我们将探讨的不是佛典翻译文体的文与质的问题，而是佛典中的一种特殊文体——偈颂的翻译问题。偈颂是古印度广泛流行的一种具有鲜明特点的文学体裁，几乎每一部佛典中都有，是佛典中影响最大、文学性最强的内容之一（王丽娜，2012：1—2）。利用诗歌来表示歌颂、赞叹，是古印度的传统。偈是梵语 gāthā 的音译，是梵文佛典的一种文体形式。梵经文体主要包括三部分：修多罗（sūtha）、伽陀（gāthā）与祇夜（geya）。修多罗指用一般日常口语演说的法，接近于散文体裁，不押韵，无字数限制，句式不整齐，亦名“长行”。祇夜指的是长行之说法未尽，再运用韵文复述一遍，以达到互相补充论说之目的。祇夜一般并不独立存在，而主要与长行互配，也名“重颂”。伽陀指全部用韵文宣说的法言，无长行与之配合，又称“孤颂”。伽陀与祇夜在佛典汉译后统称为偈颂。从语言形式的角度来说，偈有通偈和别偈两种。隋代三论宗奠基人吉藏的《百论疏》卷上说：“偈有二种，一者通偈，二者别偈。言别偈者，谓四言、五言、六言、七言，皆以四句而成，目之为偈，谓别偈也。二者通偈，谓首卢偈，释道安云：盖是胡人数经法也，莫问长行与偈，但令三十二字满，即便名偈，谓通偈也。”通偈一般由梵文两行32个音节构成；别偈共四句，每句四至七言不定，僧人常用这种四句的韵文来阐发佛理。偈颂往往以令人喜闻乐见、便于接受和记忆的形式来传达佛法的妙处。鸠摩罗什在《诚实论》第一卷中谈到了偈的这一作用：

> 祇夜者，以偈颂修多罗，或佛自说，或弟子说。问曰：何故以偈颂修多罗？答曰：欲令以理坚固，如以绳贯华，次第坚固；又欲严饰言辞，令人喜乐，如以散华或持贯华以为庄严；又义入偈中，则要略易解，或有终生乐直言者，有乐偈说，是故说偈。或谓佛法不应造偈，似如歌咏。此事不然，法应造偈。所以者何？佛自以偈说诸义故。又如经言，一切世间微妙言辞，皆出我法。是故偈颂有微妙语。

对佛典中偈这种特殊文体形式，我国古代译经家也注意到了其文体价值或语法意义，并进行了创造性的翻译。中文与梵文最不同的一点是：中文中一个字既表示一个意义单元（a unit of meaning），也是一个独立的音节（a syllable）。由于偈颂句子中的音节相等，汉语中的汉字又是由单音节构成，因此佛典中的偈汉译时最便捷的办法莫过于用相同的汉语字数来翻译。例如，首偈梵文原文8个音节为一句，4句32个音节便成一偈，因此对应的汉译应该是每句8个字，4句32个字。但佛典译文的偈颂中八言句凤毛麟角。实际上，五言是中古汉译偈颂最为常用的一种体制，占到了总数的82.49%；其次是七言，占12.67%；再次是四言和杂言，分别占3.16%、1.03%；而三言、六言、八言、九言处于更为次要的地位（孙尚勇，2009：90）。

此外，翻译佛典中的偈颂，基本不用韵，仅取句式的整饬而已，与中土诗歌相比文学性相对较弱（孙尚勇，2009：90）。对于为何佛典翻译中的偈颂不采用押韵的形式，屈玉丽（2016：134）给出了较全面的解释：

> 梵偈译至汉语不押韵的原因有多种，一是梵语和汉文属于不同语言体系，“凡觐国王，必有赞德，见佛之仪，以歌叹为贵，经中偈颂，皆其式也”。梵偈可披之管弦入乐歌唱，中原诗歌虽尚有音乐性，但限于音声字义等已很难完美表现梵典的音声之美，即使如罗什这般精通梵汉也会因语言习惯、表达方式差异而难以沟通异质文化使译作与梵文偈颂保持一致。二是偈颂与诗歌“体同而用异”，恰如齐己所言：偈颂“虽体同于诗，厥旨非诗也”。梵偈只能说具备中国诗歌音步，其韵律感由音乐性而致，但并不等同于押韵，这是其与中国古体诗相似、近体诗相异之处，译偈的不押韵恰恰体现其与梵偈的一致性。

佛典汉译中偈的体裁类似中国的诗，但我国的诗不但讲字数、句数，而且讲平仄、对仗、押韵，而汉译偈不刻意讲究平仄、对仗、押韵，以说理为主，因其意蕴深远而广为传诵。实际上，汉译佛典中的偈形成了一种特殊的汉语白话文体。

中国译经史上有记载的第一位译家是安世高，于汉桓帝建和初年（147 年前后）辗转来到东汉的首都洛阳，不久即通晓汉语，开始宣译佛典（孙昌武，2010：234—235）。安世高所译的《佛说尸迦罗越六方礼经》中有一首偈颂，采用的就是无韵五言诗形式。《佛说尸迦罗越六方礼经》，又称《六方礼经》，此经是了解佛陀对家族伦理看法的重要资料之一。“尸迦罗”含有行为、习惯、性格、道德、虔敬等涵义。

佛说尸迦罗越六方礼经

后汉安息国三藏安世高译

（大正新修大藏经　第一册 No. 16《尸迦罗越六方礼经》）

鸡鸣当早起　被衣来下床
澡漱令心净　两手奉花香
佛尊过诸天　鬼神不能当
低头绕塔寺　叉手礼十方
贤者不精进　譬如树无根
根断枝叶落　何时当复连
采华着日中　能有几时鲜
放心自纵意　命过复何言
人当虑非常　对来无有期
犯过不自觉　命过为自欺
今当入泥犁　何时有出期
贤者受佛语　持戒慎勿疑

佛如好华树　无不爱乐者
处处人民闻　一切皆欢喜
令我得佛时　愿使如法王
过度诸生死　无不解脱者
戒德可恃怙　福报常随己
现法为人长　终远三恶道
戒慎除恐畏　福德三界尊
鬼神邪毒害　不犯有戒人
堕俗生世苦　命速如电光
老病死时至　对来无豪强
无亲可恃怙　无处可隐藏
天福尚有尽　人命岂久长
父母家室居　譬如寄客人
宿命寿以尽　舍故当受新
各追所作行　无际如车轮
起灭从罪福　生死十二因
现身游免乱　济育一切人
慈伤坠众邪　流没于深渊
勉进以六度　修行致自然
是故稽首礼　归命天中天
人身既难得　得人复嗜欲
食淫于意识　痛想无厌足
豫种后世栽　欢喜诣地狱
六情幸完具　何为自困辱
一切能正心　三世神吉祥

不与八难贪　随行生十方
所生趣精进　六度为桥梁
广劝无极慧　一切蒙神光

与安世高同时期的支娄迦谶译《般舟三昧经》中的偈颂也主要为五言，但也有七言。“行品第二”中的一首五言如下：

心者不知心　有心不见心
心起想则痴　无想是泥洹
是法无坚固　常立在于念
以解见空者　一切无想念

“授决品第十”中的一首七言如下：

其心清净行无秽　神通无极大变化
已过诸碍超众智　光明除冥去垢尘
智慧无量心普解　佛天中天鷗鸭音
一切外道莫能动　何缘而笑出妙光
愿正真觉为解说　慈愍一切众生尊
若有闻佛柔濡音　解释达圣化俗行
世尊所感非唐举　众圣导师不妄笑
今者谁当在决中　世雄愿为解此意
今日谁住道德坚　谁当逮得兴妙行
谁今受得深法藏　无上道德众所归
今日谁当愍世间　谁当奉受是法教

谁坚立于佛智慧　世尊愿为解说之

后汉西域三藏竺大力共康孟详译《修行本起经》中偈颂的文体则非常丰富，包括四言体、五言体、七言体、九言体。这一方面反映出偈颂汉译的文体不定，另一方面也反映出译经师在不断探索偈颂这种不同于中土的文体形式。特别是九言体，在同时期的其他译经中未发现。“游观品第三”中有一首四言体与五言体的混合体：

老则色衰　病无光泽
皮缓肌缩　死命近促
老则形变　喻如故车
法能除苦　宜以力学
命欲日夜尽　及时可勤力
世间谛非常　莫惑堕冥中
当学燃意灯　自练求智慧
离垢勿染污　执烛观道地

“出家品第五”中有一首九言体，摘录部分如下：

如令人在胎不为不净
如令在净不为不净污
如令苦不为多无有数
假令如是谁不乐世者
如令人老形不若干变
如令善行者不为恶行

如令爱别离不为苦痛
假令如是谁不乐世者

在当时，汉土并没有九言体的诗。中国古诗以四言、五言、七言为主，在古人看来，诗句超过七言，则难以自然协律。易闻晓（2005：233）认为："八言、九言、十言，实文句入诗耳……皆非诗语，止以偶用。"汉译佛偈中的九言体可能催生了汉土九言诗新体裁的产生。孙尚勇（2009：91）对九言诗体的起源演进做的探讨指出：

> 九言诗起源于汉代民间最早完整的作品出现在翻译佛经偈颂中，这是译偈诗学价值的一种体现。此后六朝时期谢庄创立了以五行数制作郊庙歌辞的传统，其后沈约等人亦有九言体创作，这使九言诗由小传统进入了大传统，但对古代诗歌的影响不甚大。到了元末以中峰明本禅师的《九言梅花诗》为发轫，九言体在明清诗坛形成了一定的影响。因此，古代诗歌九言体的起源，同样可以说明译偈的诗歌史价值。

通过对后汉时期偈颂翻译的总体考察，王丽娜（2012）发现：后汉佛典偈颂近乎都是五言形式，七言偈颂也占有一小部分，四言、六言、七言、八言、九言的偈颂数量极少，有的仅一两首；不同译家所译佛典采用偈颂的形式亦有较大区别，如安世高译典中五言偈颂占有绝对主体地位，支谶汉译佛典中七言偈颂占据半壁江山。可以说，东汉时期以五言和七言为主翻译佛典中的偈颂奠定了我国佛典偈颂翻译的基本体式。

三国至西晋时期，句式言数上，依然是以五言为主，七言次之，四言、六言已经显著增加，支谦所译佛典中可以看到这种显著趋向（王丽娜，2012：55)。支谦所译《菩萨本缘经》中则既有四言体、五言体，也有八言体。该经中共有偈颂 13 首，8 首为五言体，3 首为四言体，2 首为八言体。可以看出，虽然支谦所译的偈颂文体仍以五言为主，但四言体的比例在增加，并新创造出了八言体。

"一切持王子品第三之余"中的五言体和八言体如下：

大仙今当知　名闻彻梵天
能行于大施　爱乐于正法
今我所求索　盖亦不足言
唯愿大正法　满我之所愿

若少壮老皆归于死　犹如果熟自然落地
汝本不观一切生死　犹如梦中邪见事耶
无常生死将诸众生　虽有父母谁能救之
譬是师子抟撮诸鹿　彼虽有母亦不能救
是老病死常害众生　犹如果树多人所摘
譬如坏器值天降雨　悉皆烂坏无有遗余
三界众生亦复如是　遇无常雨无得免者
今营此业明造彼事　乐着不观不觉死至

"一切施品第二"中的一首四言体如下：

邻国所以　来讨我国
正为人民　库藏珍宝
快哉甚善　当相施与

我当舍之　出家学道
多有国土　为五欲故
侵夺人民　贮聚无厌
当知是王　命终之后
即堕地狱　畜生饿鬼

支谦所译《佛开解梵志阿颰经》也有一首偈颂是四言体，这说明支谦译佛典中的偈颂时已较自由地使用四言体了：

人当仁义　布施作福
觉识非当　守行经戒
世间危崄　乐少苦多
当自忧身　不宜懈怠
务断贪欲　致畏之习
生老病死　忧哭之痛
恩爱别离　一切皆苦
是故圣人　求无为道

黄先炳（2005：34）考察了支谦《法句经》偈颂的翻译，发现支谦的译文形式上较为灵活，或用四字或用五字为一句，并以四句或六句串为一章。其认为，支谦的《法句经》当是偈颂翻译史上的一个里程碑，上承东汉，下开两晋十六国之偈颂翻译大业。

曹魏天竺三藏康僧铠译《佛说无量寿经》中有一首偈颂用的也是四言体，摘录部分如下：

光颜巍巍 威神无极 如是炎明
无与等者 日月摩尼 珠光炎耀
皆悉隐蔽 犹如聚墨 如来容颜
超世无伦 正觉大音 响流十方

王丽娜（2012：76）发现，东晋至南北朝时期，偈颂依然以五言偈颂为主流，其次是七言，四言、杂言句亦有相当数量，三言、八言、九言较为罕见。对罗什所译《妙法莲华经》中的偈，我们进行了统计：76首偈中，四言体为14首，占比为18.4%，五言体为62首，占比为81.6%。由此，我们可以看出，罗什所译《妙法莲华经》以五言体为主。我们再具体看下鸠摩罗什《妙法莲华经》中四言体和五言体偈颂的翻译。对于四言体的偈颂，罗什的译法为：一是八句32字；二是六句24字与八句32字的混合体。

“从地涌出品第十五”中两首偈颂的翻译就是八句32字：

世尊安乐，少病少恼，教化众生，得无疲倦？
又诸众生，受化易不？不令世尊，生疲劳耶？

善哉善哉，大雄世尊，诸众生等，易可化度。
能问诸佛，甚深智慧，闻已信行，我等随喜。

“授记品第六”中一首偈颂的翻译就是八句32字与六句24字的混合体，且这种混合体数量不少：

告诸比丘，我以佛眼，见是迦叶。

于未来世，过无数劫，当得作佛。
而于来世，供养奉覲，三百万亿，
诸佛世尊，为佛智慧，净修梵行。
供养最上，二足尊已，修习一切，
无上之慧，于最后身，得成为佛。
其土清净，琉璃为地，多诸宝树，
行列道侧，金绳界道，见者欢喜。
常出好香，散众名华，种种奇妙，
以为庄严，其地平正，无有丘坑。
诸菩萨众，不可称计，其心调柔，
逮大神通，奉持诸佛，大乘经典。
诸声闻众，无漏后身，法王之子，
亦不可计，乃以天眼，不能数知。
其佛当寿，十二小劫，正法住世，二十小劫，
像法亦住，二十小劫，光明世尊，其事如是。

但我们发现，在用四言体翻译的偈颂中，没有一首偈是完整的仅用六句24字文体的翻译。四言句式能达到庄重严肃的文体效果。刘勰《文心雕龙·明诗篇》云："若夫四言正体，则雅润为本。"这说明，在中文中四言体是正统，庄重典雅，简洁凝练，节奏齐整。因此，四言体是译经师的选择之一。魏晋南北朝时期，我国骈体文流行，骈体文一般以四字、六字句为主体，字句两两相对，全篇以双句（俪句、偶句）为主，讲究对仗的工整和声律的铿锵。但骈体文过于迁就句式，堆砌辞藻，往往影响内容表达，后来渐衰。我们看到，罗什并没有完全使用当时中土的四言体或六言体的骈体文文体，仍以五言体为主。胡适

（1999：97—98）曾指出："两晋南北朝的文人用那骈丽化了的文体来说理，说事，谀墓，赠答，描写风景，造成一种最虚浮，最不自然，最不正确的文体……外国来的新材料装不到对仗骈偶的滥调里去……最初助译的很多是民间信徒；后来虽有文人学士奉敕润文，他们的能力有限，故他们的恶影响有限。"

对于五言体偈颂的翻译，一般是四句 20 字。例如，"化城喻品第七"中有一首偈颂就是五言体：

我念过去世，无量无边劫，
有佛两足尊，名大通智胜。
如人以力磨，三千大千土，
尽此诸地种，皆悉以为墨。
过于千国土，乃下一尘点，
如是展转点，尽此诸尘墨。
如是诸国土，点与不点等，
复尽末为尘，一尘为一劫。
此诸微尘数，其劫复过是，
彼佛灭度来，如是无量劫。
如来无碍智，知彼佛灭度，
及声闻菩萨，如见今灭度。
诸比丘当知！佛智净微妙，
无漏无所碍，通达无量劫。

在《维摩诘经》的译文中，罗什对一首偈颂的翻译使用了七言体：

目净修广如青莲，心净已度诸禅定，
久积净业称无量，导众以寂故稽首。
既见大圣以神变，普现十方无量土，
其中诸佛演说法，于是一切悉见闻。
法王法力超群生，常以法财施一切，
能善分别诸法相，于第一义而不动。
已于诸法得自在，是故稽首此法王，
说法不有亦不无，以因缘故诸法生。
无我无造无受者，善恶之业亦不亡，
始在佛树力降魔，得甘露灭觉道成。
已无心意无受行，而悉摧伏诸外道，
三转法轮于大千，其轮本来常清净。
天人得道此为证，三宝于是现世间。
以斯妙法济群生，一受不退常寂然。
度老病死大医王，当礼法海德无边，
毁誉不动如须弥，于善不善等以慈。
心行平等如虚空，孰闻人宝不敬承，
今奉世尊此微盖，于中现我三千界。
诸天龙神所居宫，乾闼婆等及夜叉，
悉见世间诸所有，十力哀现是化变。
众睹希有皆叹佛，今我稽首三界尊。
大圣法王众所归，净心观佛靡不欣，
各见世尊在其前，斯则神力不共法。
佛以一音演说法，众生随类各得解，
皆谓世尊同其语，斯则神力不共法。

佛以一音演说法，众生各各随所解，
普得受行获其利，斯则神力不共法。
佛以一音演说法，或有恐畏或欢喜，
或生厌离或断疑，斯则神力不共法。
稽首十力大精进，稽首已得无所畏，
稽首住于不共法，稽首一切大导师。
稽首能断诸结缚，稽首已到于彼岸，
稽首能度诸世间，稽首永离生死道。
悉知众生来去相，善于诸法得解脱，
不著世间如莲华，常善入于空寂行。
达诸法相无挂碍，稽首如空无所依。

玄奘将此经译为《说无垢称经》，同罗什一样，玄奘在该经中也将这首偈颂译为了七言体：

目净修广妙端严　皎如青绀莲花叶
已证第一净意乐　胜奢摩陀到彼岸
久积无边清净业　获得广大胜名闻
故我稽首大沙门　开导希夷寂路者
既见大圣以神变　普现十方无量土
其中诸佛演说法　于是一切悉见闻
法王法力超群生　常以法财施一切
能善分别诸法相　观第一义摧怨敌
已于诸法得自在　是故稽首此法王
说法不有亦不无　一切皆得因缘立

无我无造无受者　善恶之业亦不亡
始在佛树降魔力　得甘露灭胜菩提
此中非心意受行　外道群邪所不测
三转法轮于大千　其轮能寂本性寂
希有法智天人证　三宝于是现世间
以斯妙法济群生　无思无怖常安寂
度生老死大医王　稽首无边功德海
八法不动如山王　于善不善俱慈愍
心行如空平等住　孰不承敬此能仁
以斯微盖奉世尊　于中普现三千界
诸天龙神宫殿等　故礼智见功德身
十力神变示世间　一切皆如光影等
众睹惊叹未曾有　故礼十力大智见
众会瞻仰大牟尼　靡不心生清净信
各见世尊在其前　斯则如来不共相
佛以一音演说法　众生随类各得解
皆谓世尊同其语　斯则如来不共相
佛以一音演说法　众生各各随所解
普得受行获其利　斯则如来不共相
佛以一音演说法　或有恐畏或欢喜
或生厌离或断疑　斯则如来不共相
稽首十力谛勇猛　稽首已得无怖畏
稽首至定不共法　稽首一切大导师
稽首能断众结缚　稽首已住于彼岸
稽首普济苦群生　稽首不依生死趣

已到有情平等趣　善于诸趣心解脱
牟尼如是善修空　犹如莲花不着水
一切相遣无所遣　一切愿满无所愿
大威神力不思议　稽首如空无所住

通过对中古时期（后汉至唐）佛典中偈颂翻译的综合考察，王丽娜（2012：104）指出，偈颂在句式言数上有一定的规律可循：五言偈颂一直高居榜首，七言偈颂紧随其后，四言偈颂亦有相当数量，此外亦有少量的二言、三言、六言、八言、九言等形式，但在数量上远不能与五、七言偈颂相提并论。

那为何我国古代的佛典翻译主要以五言翻译佛典中的偈颂呢？这应该主要与我国本土的诗学发展有关。先秦至西汉，可以说是四言诗体的时代，典型的作品是《诗经》。但汉魏之后特别是王粲之前的四言诗，采用言志方法，将四言诗体视同经术之文，句式之中多用虚词连缀，个体情感空泛无物，因此，走向“每苦文繁而意少”的末路（木斋，2013：35）。到了西汉，民歌中的五言诗开始发展，而且日趋完善，及至东汉，民间五言诗已蔚为大观，令人目不暇接（杨九泉，1985：12）。大约从东汉起文人开始了写五言诗的尝试，他们学习民间五言诗大概有两个主要的原因：一是四言双字偶数，在诗歌发展中，其呆板的缺点日益严重，所以韦孟四言遭窘迫之评，朱穆四言遇庸鄙之讥，班固四言则非稚非颂，不伦不类；在这种形势下，奇偶相间、灵活简洁的五言自然会逐渐取而代之，成为诗歌的主要形式。二是在东汉接近末年时，社会黑暗，汉代儒学的地位在人们日常生活中日益发生动摇，文人们逐渐不屑作那些歌功颂德的媚主之文，文学再也不能是那些附骥尾于六经的东西了，他们的目光开始注意黑暗社会，注意自身周围，抒发对社会不满的情绪和自己不平的内心感慨，这样的内容不是平稳典雅、呆板蹇滞的四言诗的形式所能表达的，因而文人们愈来愈需要一种新的诗歌形式来表达这种思想感情，四言陷入不死不活的境地，无法保守下去了。因五言自身的优点，文人从偶尔试作发展到自觉、广泛地学习、运用（杨九泉，1985：13）。东汉末年佚名《古诗十九首》，在艺术上总结了汉乐府的光辉成就，奠定了建安诗歌的坚实基础，至此五言诗成为中国古代诗歌主要的形式之一（杨九泉，1985：14）。虽然《古诗十九首》的作者难以考证，但其时代则相对容易断定。梁启超先生说："我以为要解决这一票诗时代，须先认一个假定，即'古诗十九首'这票东西，虽不是一个人所作，却是一个时代——先后不过数十年间所作，断不会西汉初人有几首，东汉末人又有几首。因为这十几首诗体格韵味都大略相同，确是一时代诗风之表现。"这一观点影响很大，为现在多数研究者所接受，它们产生的时代大致在东汉末的桓、灵之世，这符合诗歌所反映的社会内容以及其发展的历史特点（马庆洲，2001：50）。钟嵘《诗品》云："夫四言，文约意广，取效《风》《骚》，便可多得。每苦文繁而意少，故世罕习焉。五言居文词之要，是众作之有滋味者也，故云会于流俗。岂不以指事造形，穷情写物，最为详切者邪？"木斋（2013：35）认为，这可以视为五言诗体自汉魏渐次形成以来的第一次理论总结，也是第一次针对四言诗体的理论辨析，同时也是五言诗体第一次辨体尊体的诗学阐发。在此意义上而言，自东汉起，五言诗渐渐占据了我国诗歌诗学的主流。东汉时，佛教刚刚传入我国，尚处于中国文化的边缘，为了能够顺利地将佛教传播至汉地，在汉译这种与中国旧有文体差异较大的佛典中的偈颂时，译经师当然要顺应我国当时诗学的主流——五言诗体。对于佛典译偈中五言的运用，陈允吉（1992：96—97）指出：

> 五言的应用最为广泛，始于佛经传译之初，五言偈就在译文中占据显要地位。整个魏晋南北朝出译的经典，其中五言偈颂之多，要大大超过其他几种佛偈译文句式的总和。本时期中国的诗歌创作，“五言居文词之要，是众作之有滋味者也，故云会于流俗”（钟嵘《诗品·序》）。译人多用五言体来翻转佛偈，显然是出于有意识地适应中土诗歌发展的实际状况，以便让佛偈以较亲切的形式与本地读者见面。很突出的一个例子是昙无谶译的马鸣《佛所行赞》，通篇全用五言体来翻译，体制结构恢张宏伟，可称是我国佛经翻译史上的一大奇观。这部译作共有偈颂九千三百多句，四万六千余字，总为五卷二十八品，叙述之佛传故事委宛曲折，极能耸动人心。

木斋（2013：36—37）描绘出了自汉至唐我国五言诗体的发展脉络：（1）两汉时代言志之五言诗，此为五言诗之第一种文体，其特点是“起于《诗》《书》”（徐师曾《文体明辨·序》），承接或说是延续着“诗三百”的表达方式，不离言志，带有浓厚的散文文体特征，而非吟咏情性之五言诗也。（2）建安开始的五言诗，穷情写物，婉转附物，怊怅切情，即为意象式的写作方式。但在声律方面，还处于一个探索的阶段，即古诗的五言诗体阶段。《古诗十九首》等完全吻合本阶段的诗体特征。（3）齐梁时代，五言诗开始走上声律的道路并实现山水诗题材的定型化，是近体诗的第一个阶段。（4）初唐到盛唐，是近体诗的五言诗体完成阶段。至此，作为诗体意义上的五言诗体基本完成。

中晚唐到苏黄时代，虽然仍有一些形式方面的变化，但已经属于五言诗长河的流衍余绪。佛典译经师虽然也使用五言诗体，但东汉时期，译经师一开始就使用的五言诗体并不同于汉地本土的五言诗体，两者仅是在句式的整饬方面类似，汉译佛典的五言诗体并不押韵，可以说是“白话文”五言诗，在主题上也以说理为主，而并非言志。此外，东汉时，支娄迦谶大量地使用了七言体，竺大力与康孟详还使用了四言体，甚至是九言体。这一方面反映出东汉时期佛典翻译对主流文化的适应性，另一方面也反映出东汉时期佛典翻译的文化创新性。换言之，东汉时期佛典偈颂文体翻译的总体态势是：主流契合，边缘创新；外部顺应，内部创新。三国至西晋时期，佛典偈颂翻译依然是以五言为主，七言次之，但四言、六言已经显著增加，支谦所译佛典就是例证，支谦还新创造出了八言体。实际上，这仍体现出佛典偈颂翻译的文化适应性，因这时起源于汉代的“四六体”骈体文已成风气，南北朝时盛行于世，这种汉地诗歌文体的演进不可能不影响到佛典的翻译，汉译佛典偈颂中四言体与六言体的增加就是情理之中的事了。但可能由于“四六体”骈体文过于迁就句式，堆砌辞藻，以辞害义，因而与汉地诗体的演进一样，四言体与六言体的诗体并没有成为佛典偈颂汉译的主体。东晋至南北朝时期，偈颂在言数上依然以五言偈颂为主流。罗什所译《妙法莲华经》中五言体偈颂占比八成以上，仍以五言为主。由此可见，佛典偈颂的翻译文体在东晋至南北朝时期并没有受制于当时汉地主流诗学，改向“四六体”，仍延续五言体为主。此外，佛典偈颂的翻译仍以“白话文”为主，与汉地讲究声律不同。这体现出翻译文体独立发展的特征。自隋至唐，五言体逐渐成熟，初唐时已有以五绝闻名的“初唐四杰”。七绝的发展晚于五绝，初唐时尚不成熟，盛唐时才与五绝并驾齐驱，代表就是李白、王昌龄等。因此，自隋至唐，五言、七言在汉地本土诗学中确立了主流地位。佛典偈颂的汉译文体也仍以五言为主，七言次之，与本土诗学主流形成了一致。

当然，佛典翻译中的诗学也影响着汉地本土的诗学。高华平

（2008：28—29）认为，佛教使中国古代的一些文体形式改变了它固有的发展方向，促使其发生“新变”，五言诗和七言诗这两种诗体的发展就是受了佛典的影响：

> 因为中国古代包括五言诗和七言诗的起源基本都源于民间，属音乐文学的性质。直到汉魏之际文人创作的各种诗体，也都如曹氏父子作诗：“披之管弦，皆成乐章。”故后人论此时的诗作：“班婕妤《团扇》，乐府也；‘青青河畔草’，乐府也；《文选》引古诗……《十九首》，亦乐府也。”汉魏古诗，“皆以比兴为乐府、琴操也”。但中国古代以五、七言为代表的“古体诗”这种“音乐文学”的发展方向，却因佛教文化的影响而发生了改变，转向了依文字声韵的配合而求声调和谐的声律学的道路，并最终形成中国古代文学的“近体诗”。

此外，汉译偈颂应该说是一种特殊的中间文体，既不是讲究对仗的中国诗歌，也不是押韵的梵文原文文本，而是在翻译中创生的新文体。正是由于佛典译偈的口语性和无韵性特征，才进一步推动了后来汉土自由诗体的发展。孙尚勇（2009：96）指出：

> 中国古代，作为口头文学特性的程式，在经历了《诗经》传统的失落之后，借翻译偈颂及佛教的传播在中古时期开始重新出现在文人的创作之中，并部分表现在汉武帝时代郊庙歌辞的改制及张衡《四愁诗》和陆机《百年歌》之中，而集中体现到中古僧侣的创作之中。作为中唐诗歌新变中“尚奇”和“尚俗”两派的代表人物，韩愈和元、白不约而同地部分吸纳了佛教偈颂的文体特点，足见在

> 佛教普及情势下汉译偈颂对丰富中国古典诗歌艺术起到了积极的作用。而且，佛偈歌唱的普及，其程式表现也可能影响到了元明散曲的形态。因此可以说，汉译偈颂一定程度上推动了中国古代诗歌的发展。

由此可以看出，佛典翻译不仅引入了佛教的思想，同时在文体方面也具有重要的价值。唐时我国五言诗和七言诗的兴盛，内因是我国主流诗学的演进，外因则有我国古代佛典翻译中五言体和七言体偈颂的推波助澜。一般认为，佛典翻译影响了我国文学文体的演进。通过分析，我们发现佛典翻译首先受到我国本土文学诗学的影响，然后又影响到我国本土文学诗学的演进，两者互相影响，交织前进，因而佛典翻译有时依附，有时独立，有时创新，但整体上体现出主流契合、边缘创新，外部顺应、内部创新的特征。正是在翻译这种文化的交流与碰撞中，新的本土文学样式形成，人类文明得以不断演进。

第六节　抽译及节译

在翻译方式方法上，我国古代的佛典翻译还存在着众多不是全译的情况，特别是在佛典翻译的初期。这主要指的是抽译（即通常所说的摘译）、节译及伪译。

对于佛典的翻译方法，从原文与译文间不同对应关系的维度，五老旧侣（1978）总结为四种：略抄式；整文式；撰述式；对译式。略抄式包括两种情况：一是将已译的经典择要抄录而成，如古代经录中抄《华严经》或抄《维摩经》的部类等；二是在翻译的时候，略抄原典的重要部分而成。最有代表性的略抄式翻译是《四十二章经》，《开元释教录》中有这样的记载：此经本是外国经抄，元出大部，撮要引俗，似《孝经十八章》云云（五老旧侣，1978：183）。整文式是重译一种已经译过的经典所采用的翻译方法，主要是因为原典尚保有一些未传的特点，或不满于前译经典译语（五老旧侣，1978：183）。撰述式指在经录中，有很多被称为疑似经或疑伪经的，这些经典看起来像从原文译出的，其实是从译者的脑中产生的，这些叫作撰述的经典，如《老子化胡经》《比丘应供法行经》《善信菩萨二十四戒经》《五辛报应经》等（五老旧侣，1978：183—184）。对译式就是普通的翻译方法，没有说明的必要，大多数经典都是依此方法完成的，主要是应逐语直译还是达意译的问题（五老旧侣，1978：184）。

从原文与译文间不同对应关系的维度，参话（1978）提出了抽译的翻译方法。抽译就是通常所说的摘译。抽译就是不把全本或者全部整个译出，而是把它的一部分抽出来传译单行，例如安世高以次的译本大都如此，而《四十二章经》更是抄集许多经典要义（参话，1978：10）。采取抽译的原因有两条：一是译人和笔受人，都未必华梵兼通；二是译籍并没有原本，全仗译人口诵，或者虽然有而不完全（参话，1978：10）。王文颜（1994：68）指出了产生节译、抽译的另外一个原因：早期来华的西方僧侣，其目的在于弘法，译经只是弘法的方便手段之一，西晋之前这种现象尤为明显，因此他们在选择经典从事翻译之时并不着眼于文献流通，而是选择有利于弘法的经典片段，因此就出现“摘译”“节译”的情况。对于抽译，古时也称“抄经”。《出三藏记集》卷第五“新集抄经录第一”中有如下记载：

抄经者，盖撮举义要也。昔安世高抄出《修行》为《大道地经》，良以广译为难，故省文略说。及支谦出经，亦有《孛抄》。此并约写胡本，非割断成经也。而后人弗思，肆意抄撮，或棋散众品，或苽剖正文。既使圣言离本，复令学者逐末。竟陵文宣王慧见明深，亦不能免。若相竞不已，则岁代弥繁，芜黩法宝，不其惜欤。名部一成，难用刊削。其安公时抄，悉附本录。

五老旧侣所谈的撰述式翻译就是通常所讲的佛典翻译中的伪译，可简称为“伪译”；所谈的整文式翻译主要指的是重译中对旧译的查漏补缺，与对译式翻译无异；所谈的略抄式翻译包括前述两种情况。我们认为，因为包括了两种情况，所以略抄式的翻译指代不明，应为两种情况分别命名：可以用参话所提的“抽译”来命名第一种情况，可以用“节译”（即省略式的翻译）来命名第二种情况。因此，从原文与译文间不同对应关系的维度来看，我国古代的佛典翻译方法可概括为三类：抽译；节译；伪译。

伪译涉及翻译与创作间的关系，即翻译能不能掺入译者的观点或立场。对于伪经，道安称之为“疑经”。《出三藏记集》卷第五“新集安公疑经录第二”中有如下记载：

外国僧法，学皆跪而口受。同师所受，若十、二十转，以授后学。若有一字异者，共相推校，得便摈之，僧法无纵也。经至晋土，其年未远，而喜事者以沙糅金，斌斌如也，而无括正，何以别真伪乎！农者禾草俱存，后稷为之叹息；金匮玉石同缄，卞和为之怀耻。安敢预学次，见泾渭杂流，龙蛇并进，岂不耻之！今列意谓非佛经者如左，以示将来学士，共知鄙倍焉。

《出三藏记集》卷第五“新集疑经伪撰杂录第三”的记载如下：

> 《长阿含经》云：“佛将涅槃，为比丘说四大教法。若闻法律，当于诸经推其虚实，与法相违则非佛说。”又《大涅槃经》云：“我灭度后，诸比丘辈抄造经典，令法淡薄。”种智所照，验于今矣。自像运浇季，浮竞者多，或凭真以构伪，或饰虚以乱实。昔安法师摘出伪经二十六部，又指慧达道人以为深戒。古既有之，今亦宜然矣。祐校阅群经，广集同异，约以经律，颇见所疑。夫真经体趣融然深远，假托之文辞意浅杂，玉石朱紫，无所逃形也。今区别所疑，注之于录，并近世妄撰，亦标于末。并依倚杂经而自制名题，进不闻远适外域，退不见承译西宾。“我闻”兴于户牖，印可出于胸怀，诳误后学，良足寒心。既躬所见闻，宁敢默已。呜呼来叶，慎而察焉！

伪译不是翻译的正途，在此我们不予以讨论。抽译涉及翻译的选材，即选取何种文章进行翻译。实际上，在东汉时期我国佛典翻译之初，抽译就是主要的翻译方式和方法。根据《出三藏记集》卷二的记载，王文颜（1985：69）指出，安世高译经每部只译一二卷而已，支娄迦谶与之相似，唯有《般若道行品经》十卷例外；他们都从大经之中割裂小品译出，例如安世高以《十报经》二卷译出《长阿含》第九卷、《四谛经》一卷译出《中阿含》第七卷、《流摄经》一卷译出《中阿含》第二卷，支谶以《般若道行品经》十卷译出《大般若》第四会、《般舟三昧经》一卷译出《大集贤护经》。抽译的原因，有时是原典不全。对于《华严经》的抽译，《出三藏记集》卷第九“华严经记第一”有如下记载：

《华严经》胡本凡十万偈。昔道人支法领从于阗得此三万六千偈，以晋义熙十四年，岁次鹑火，三月十日，于扬州司空谢石所立道场寺，请天竺禅师佛度跋陀罗手执梵文，译胡为晋，沙门释法业亲从笔受。时吴郡内史孟顗、右卫将军褚叔度为檀越。至元熙二年六月十日出讫。

梵文佛典往往卷宗浩繁，这往往也是抽译的原因之一。鸠摩罗什翻译的《大智度论》百卷、《百论》二卷，就有明显的抽译现象。《出三藏记集》卷第十僧叡“大智释论序第十九”云：

论之略本有十万偈，偈有三十二字，并三百二十万言。胡夏既乖，又有烦简之异，三分除二，得此百卷，于《大智》三十二万言。……胡文委曲，皆如《初品》。法师以秦人好简，故裁而略之。若备译其文，将近千有余卷。

“大智论记第二十”云：

论《初品》三十四卷，解释一品，是全论具本。二品已下，法师略之，取其要足以开释文意而已，不复备其广释，得此百卷。若若出之，将十倍于此。

由此可知，百卷本《大智度论》的第一品，鸠摩罗什将其内容全部译出，丝毫没有删节，二品以下则“裁而略之”“取其要足以开释文意而已”，因此整部《大智度论》译本的篇幅，比起原典，大约只占十分之一而已（王文颜，1994：48）。《百论》的翻译，与《大智度论》类似，僧肇《百论》序云“论凡二十品，品各五偈，后十品，其人以为无益此土，故阙而不传”，因此《百论》的译本内容只是梵文原典的前半部而已（王文颜，1994：48）。可以说，《大智度论》和《百论》是典型的抽译、节译本。追求全本则是玄奘译经的重要原则（王文颜，1994：49）。玄奘译的《般若经》六百卷，十六分，四百八十三万余字，是其所译经典中最庞大的一部，也是所有汉译佛典中最庞大的一部。此前，《般若经》的旧译大概有六七十部，但都只是玄奘译本的部分而已。《阿毗达摩大毗婆沙论》二百卷，一百三十六万余字，是玄奘所译的第二大经，在玄奘之前已有两个译本：一是苻秦僧伽跋澄译的《毗婆沙论》，但只有十四卷，十五万余字；二是北凉浮陀跋摩译的《阿毗昙毗婆沙论》，但只有十六卷，五十八万字。

节译涉及完整翻译还是部分翻译的问题，涉及具体的翻译方法问题，我们在此举例讨论。首先，我们对《金刚经》的六个同经异译本进行比较，特别是对鸠摩罗什和玄奘的《金刚经》翻译进行对比。《金刚经》是早期大乘的一部重要经典，通篇讨论的是空的智慧，前半部说众生空，后半部说法空。《金刚经》也是般若系最有影响的佛典，虽然篇幅短小，但在佛教史上有举足轻重的地位，特别是在汉传佛教地区，可以毫不夸张地说，它是影响最大、传抄最多的佛典（范慕尤，2015：114）。罗什译本《金刚般若波罗蜜经》5178 字，而玄奘译本《能断金刚般若波罗蜜经》则有 8208 字，同一部经典却有近三千余字的差别，足见两位大师在译经理念及风格上的巨大差异。《金刚经》现存六种汉译本：第一，后秦鸠摩罗什于 402 年所译，名为《金刚般若波罗蜜经》；第二，北魏菩提流支于 509 年所译，名为《金刚般若波罗蜜经》；第三，南朝陈真谛于 562 年所译，名为《金刚般若波罗蜜经》；第四，隋代达摩笈多于 592 年所译，名为《金刚能断般若波罗蜜经》；第五，唐代玄奘于648年所译，名为《能断金刚般若波罗蜜多经》；第六，唐代义净于703年所译，名为《能断金刚般若波罗蜜多经》（王继红，2019：137）。鸠摩罗什的译本最为流行，玄奘译本为罗什译本的重要补充，其他译本则流传不广。鸠摩罗什的佛典翻译思想特点有二：重达旨，重文体。

玄奘主张“全译”，批评了鸠摩罗什的翻译，《大唐大慈恩寺三藏法师传》有如下的记载：

> 帝又问：“《金刚般若经》一切诸佛之所生，闻而不谤，功逾身命之施，非恒沙珍宝所及。加以理微言约，故贤达君子多爱受持，未知先代所翻，文义具不？”法师对曰：“此经功德如圣旨。西方之人咸同爱敬。今观旧经，亦微有遗漏。据梵本具云‘能断金刚般若’，旧经直云‘金刚般若’，……故知旧经失上二字。又如下文，三问阙一，二颂阙一，九喻阙三，如是等。什法师所翻舍卫国也，留支所翻婆伽婆者，少可。”帝曰：“师既有梵本，可更委翻，使众生闻之具足。然经本贵理，不必须饰文而乖义也。”故今新翻《能断金刚般若》，委以梵本。奏之，帝甚悦。

鸠摩罗什译文的“三问阙一”

梵文原文：

tat katham bhagavan bodhi-sattva-yāna-saṃprasthitena kula-putreṇa

可是 云何 世尊 发趣菩萨乘者 善男子

vā kula-duhitrā vā sthātavyaṃ kathaṃ pratipattavyaṃ kathaṃ

或者 善女人 或者 应住 云何 修行 云何

cittaṃ pragrahītavyaṃ
心　　　摄伏

罗什译文：善付嘱诸菩萨。世尊，善男子善女人，发阿耨多罗三藐三菩提心，应云何住？云何降伏其心？

真谛译文：善付嘱诸菩萨摩诃萨。由无上教故。世尊。若善男子善女人发阿耨多罗三藐三菩提心。行菩萨乘。云何应住？云何修行？云何发起菩萨心？

笈多译文：乃至所有如来应正遍知。菩萨摩诃萨付嘱。最胜付嘱。彼云何世尊菩萨乘发行住应？云何修行应？云何心降伏应？

流支译文：善付嘱诸菩萨。世尊！云何？菩萨大乘中发阿耨多罗三藐三菩提心，应云何住？云何修行？云何降伏其心？

义净译文：能以最胜付嘱。嘱诸菩萨。世尊！若有发趣菩萨乘者。云何应住？云何修行？云何摄伏其心？

玄奘译文：善付嘱诸菩萨摩诃萨。世尊！诸有发趣菩萨乘者，应云何住？云何修行？云何摄伏其心？

对比以上六种译文，我们可以发现，梵文原文中的三问，其他五位译者都完整译出来了，唯有鸠摩罗什只译了两问。这就是“三问阙一”。

鸠摩罗什译文的“二颂阙一”

梵文原文：

atha khalu bhagavāṃs tasyām velāyām ime gāthe abhāşata｜ ye māṃ rūpeṇa cadrākşur ye māṃ

ghoşena cānvaguḥ | mithyā prahāṇapras ṛtā na māṃ drakşyanti te janāḥ || dharmato buddho draşţavyo dharma kaya hi nāyakāḥ | dharmatā can a vijñeyā na sā śakyā vijānituṃ ||

鸠摩罗什译文：尔时，世尊而说偈言：

若以色见我，以音声求我，

是人行邪道，不能见如来。

流支译文：尔时，世尊而说偈言：

若以色见我，以音声求我，

是人行邪道，不能见如来，

彼如来妙体，即法身诸佛，

法体不可见，彼识不能知。

义净译文：尔时，世尊而说颂曰：

若以色见我，以音声求我，

是人起邪觐，不能当见我，

应观佛法性，即导师法身，

法性非所识，故彼不能了。

笈多译文：尔时，世尊彼时此伽陀说：

若我色见，若我声求，

邪解脱行，不我见彼人，

法体佛见应，法身彼如来，

法体及不识，故彼不能知。

真谛译文：是时，世尊而说偈言：

若以色见我，以音声求我，

是人行邪道，不应得见我，
由法应见佛，调御法为身，
此法非识境，法如深难见。

玄奘译文：尔时，世尊而说颂曰：
诸以色观我，以音声寻我，
彼生履邪断，不能当见我。
应观佛法性，即导师法身；
法性非所识，故彼不能了。

这是两首偈颂，意为：凭借形色观看我，凭借声音追寻我，这些人徒劳无功，他们不会看见我。依据法能见诸佛，因为法身即导师，而法性不可认知，也就无人能认知（王继红，2018：133）。对比以上六种译文，我们可以发现，梵文原文中的两首偈颂，其他五种译文都完整翻译出来了，鸠摩罗什则只翻译了第一颂。这就是“二颂阙一”。

鸠摩罗什译文的“九喻阙三”

梵文原文：
kathaṃ ca saṃprakāśayet tat yathākāse ǀ
tārakā timiraṃ dīpo māyāvaśyābudbudaṃ ǀ
svapnaṃ ca vidyud abhraṃ ca evaṃ draṣṭavyaṃ saṃskṛtaṃ ǁ
tathā prakāśayet tenocyate saṃprakāśāyed iti ǀ

罗什译文：云何为人演说？不取于相，如如不动。何以故？一切有为法，如梦幻泡影，如露亦如电，应作如是观。

流支译文：云何为人演说？而不名说，是名为说。而说偈言：
一切有为法，如星翳灯幻，
露泡梦电云，应作如是观。

义净译文：云何正说？无法可说，是名正说。尔时世尊说伽他曰：
一切有为法，如星翳灯幻，
露泡梦电云，应作如是观。

笈多译文：云何及广说？如不广说，彼故说名广说。星、翳、灯、幻、露、泡、梦、电、云，见如是，此有为者。

真谛译文：云何显说此经？如无所显说，故言显说。
如如不动，恒有正说，应观有为法，如暗、翳、灯、幻，露、泡、梦、电、云。

玄奘译文：云何为他宣说、开示？如不为他宣说、开示，故名为他宣说、开示。
尔时，世尊而说颂曰：
诸和合所为，如星翳灯幻，
露泡梦电云，应作如是观。

在此，世尊用九个比喻来说明有为法，即一切有条件存在的事物的特征。此句的意思为：又应如何解说？如虚空中的星、翳、灯、幻、露、泡、梦、电、云一般，应这样看有为法（王继红，2018：136）。此句中，将抽象的有为法比喻为了九种具体的形象事物：tārakā（星）、timiraṃ（翳）、dīpo（灯）、māyā-vaśyā-budbudaṃ（幻、露和泡）、svapnaṃ（梦）、vidyud-abhraṃ（电和云）。对比以上六种译文，我们可以发现，梵文原文中的九种比喻，玄奘译为了九种——星、翳、灯、幻、露、泡、梦、电、云，真谛译为了九种——暗、翳、灯、幻、露、泡、梦、电、云，笈多译为了九种——星、翳、灯、幻、露、泡、梦、电、云，而鸠摩罗什则只译了六种——梦、幻、泡、影、露、电。这就是“九喻阙三”。

下面，我们再看《金刚经》开头的一段同经异译文：

梵文原文：

evaṃ mayā śrutaṃ ।

ekasmin samaye bhagavāñ śrāvastyāṃ viharati sma jetavane nāthapiṇḍadadyārāme mahatā bhikşu saṃghena sārdham ardhatrayodaśabhir bhikşuśataiḥ saṃbahulaiś ca bodhisattvair mahāsattvaiḥ ।

atha khalu bhagavān pūrvāhṇakālasamaye nivāsya pātracīvaram ādāyaśrāvastiṃ mahānagarīṃ piṇḍāya prāvikşat ।

atha khalu bhagavān śrāvastyāṃ mahānagarīṃ piṇḍāya caritvākṛtabhaktakṛtyaḥpaścād bhaktapiṇḍapātapratikrāntaḥpātracīvaraṃ pratiśāmyapādau prakşalyanyasidat prajñape evāsaneparyankam ābhujyarjuṃ kāyaṃ praṇidhāyapratimukhim smṛtim upasthāpya ।

atha khalu saṃbahulā bhikşavo yena bhagavāṃs tenopasaṃkraman upasaṃkramya bhagavataḥ pādau śirobhir abhivandyabhagavantaṃ trişpradakşiṇīkṛtyaikānte nyaşīdan

罗什译文：如是我闻。一时，佛在舍卫国祇树给孤独园，与大比丘众千二百五十人俱。尔时，世尊食时，着衣持钵，入舍卫大城乞食。于其城中，次第乞已，还至本处，饭食讫，收衣钵，洗足已，敷座而坐。

玄奘译文：如是我闻。一时，薄伽梵在室罗筏住誓多林给孤独园，与大苾刍众千二百五十人俱。尔时，世尊于日初分，整理裳服，执持衣钵，入室罗筏大城乞食。时，薄伽梵于其城中，行乞食已，出还本处，饭食讫，收衣钵，洗足已。于食后时敷如常座，结跏趺坐。端身正愿，住对面念。

流支译文：如是我闻。一时，婆伽婆在舍婆提城祇树给孤独园，与大比丘众千二百五十人俱。尔时，世尊食时，着衣持钵，入舍婆提大城乞食。于其城中，次第乞食已，还至本处，饭食讫，收衣钵，洗足已。如常敷座，结加趺坐，端身而住，正念不动。尔时，诸比丘来诣佛所。到已，顶礼佛足，右绕三匝，退坐一面。

义净译文：如是我闻。一时，薄伽梵在名称大城战胜林施孤独园，与大苾刍众千二百五十人俱，及大菩萨众。尔时，世尊于日初分时，着衣持钵，入城乞食，次第乞已，还至本处，饭食讫，收衣钵，洗足已。于先设座，加趺端坐，正念而住。时诸苾刍来诣佛所。顶礼双足，右绕三匝，退坐一面。

笈多译文：归如是我闻。一时，世尊闻者游行胜林中无亲抟施与园中，与大比丘众共半三十比丘百。尔时，世尊前分时，上裙着已，器上给衣持，闻者大城抟为入。尔时，世尊闻者大城抟为行已，作已食作已后食，抟堕过器上给衣收摄，两足洗，坐具世尊施设，如是座中跏趺结，直身作现前念近住。尔时，多比丘。若世尊彼诣。到已，世尊两足顶礼，世尊边三右绕作已，一边坐彼。

真谛译文：如是我闻。一时，佛婆迦婆住舍卫国祇陀树林给孤独园，与大比丘众千二百五十人俱。尔时，世尊于日前分，着衣持钵，入舍卫大国而行乞食。于其国中，次第行乞，还至本处，饭食事讫。于中后时，收衣钵，洗足已。如常敷座，加趺安坐，端身而住，正念现前。时，诸比丘俱往佛所。至佛所已，顶礼佛足，右绕三匝，却坐一面。

这段经文显示的是佛陀在日常生活上的无言教示。在此，鸠摩罗什省略了佛祖入食的时间“日初分”；玄奘则保留了众僧拜见佛祖的情形，“于食后时敷如常座，结跏趺坐。端身正愿，住对面念”，栩栩如生地再现了当时的场景；而罗什则略去不译。“敷如常座”，真谛译为“如常敷座”，指佛所坐之座，为佛宿世功德累积自然而有，不需要人为施设敷排，佛坐则有，佛去则无。“结跏趺坐”指佛结两腿双盘而坐，行、住、坐、卧四种威仪之中，“坐”能随顺三昧，使他人见之发菩提之心。“端身而住”指佛身端正，安住不动，以表佛“身业”清净。“正念不动”指佛心专一，定入三昧，以表佛“意业”清净。

上述例子中鸠摩罗什的译本是节译，玄奘的译本是完整译，但也有例外。我们再对比下鸠摩罗什和玄奘的《心经》翻译。《心经》玄奘译本只有 260 字，是佛典中字数最少的一部经典，言简旨深地介绍了《大品般若》的精要，影响广泛。在我国，妇孺皆知的“色即是空，空即是色”金句，即出自本经。对于该经的经名，慧能大师在《坛经》中有过专门的解说：“般若者，唐言智慧也。一切处所一切时中，念念不愚，常行智慧，即是般若行。一念愚即般若绝，一念智即般若生。世人愚迷，不见般若。口说般若，心中常愚，常自言我修般若，念念说空，不识真空。般若无形相，智慧心即是。若作如是解，即名般若智。何名‘波罗蜜’？此是西国语，唐言到彼岸，解义离生灭。著境生灭起，如水有波浪，即名为此岸。离境无生灭，如水常通流，即名为彼岸，故号‘波罗蜜’。”

摩诃般若波罗蜜大明咒经

姚秦天竺三藏鸠摩罗什　译

观世音菩萨，行深般若波罗蜜时，照见五蕴皆空，度一切苦厄。舍利弗！色空故无恼坏相，受空故无受相，想空故无知相，行空故无作相，识空故无觉相。何以故？舍利弗！非色异空，非空异色；色即是空，空即是色。受、想、行、识，亦如是。舍利弗，是诸法空相，不生不灭，不垢不净，不增不减。是空法，非过去、非未来、非现在。是故空中无色，无受、想、行、识；无眼、耳、鼻、舌、身、意；无色、声、香、味、触、法；无眼界，乃至无意识界；无无明，亦无无明尽；乃至无老死，无老死尽。无苦、集、灭、道。无智亦无得，以无所得故。菩萨依般若波罗蜜故，心无挂碍；无挂碍故，无有恐怖，离一切颠倒梦想苦恼，究竟涅槃。三世诸佛依般若波罗蜜故，得阿耨多罗三藐三菩提。故知般若波罗蜜，是大明咒，无上明咒，无等等明咒，能除一切苦，真实不虚。故说般若波罗蜜咒，即说咒曰：竭帝，竭帝，波罗竭帝，波罗僧竭帝，菩提僧莎呵。

般若波罗蜜多心经

唐三藏法师玄奘　译

观自在菩萨，行深般若波罗蜜多时，照见五蕴皆空，度一切苦厄。舍利子，色不异空，空不异色，色即是空，空即是色，受想行识，亦复如是。舍利子，是诸法空相，不生不灭，不垢不净，不增不减。是故空中无色，无受想行识，无眼耳鼻舌身意，无色声香味触法，无眼界，乃至无意识界。无无明，亦无无明尽，乃至无老死，亦无老死尽。无苦集灭道，无智亦无得。以无所得故，菩提萨埵，依般若波罗蜜多故，心无挂碍，无挂碍故，无有恐怖，远离颠倒梦想，究竟涅槃。三世诸佛，依般若波罗蜜多故，得阿耨多罗三藐三菩提。故知般若波罗蜜多，是大神咒，是大明咒，是无上咒，是无等等咒，能除一切苦，真实不虚。故说般若波罗蜜多咒，即说咒曰：揭谛揭谛，波罗揭谛，波罗僧揭谛，菩提萨婆诃。

对比罗什和玄奘的译文，我们可以发现如下不同：（1）题目不同。罗什译名《摩诃般若波罗蜜大明咒经》，玄奘译为《般若波罗蜜多心经》。（2）译名不同。罗什译是“观世音菩萨”，玄奘译为“观自在菩萨”。“观自在”，梵文 Avalokiteśvara。对于为何在译文中将“观世音”改为“观自在”，《大唐西域记》卷三进行了说明：“阿缚卢枳低湿伐罗菩萨，唐言自在，合字连声，梵语如上。分文散音，即阿缚卢枳多，译曰观；伊湿伐罗，译曰自在。旧译为光世音，或云观世音，或观世自在，皆讹谬也。”圆测也对“观自在”的译法进行了解说：“若依旧本，名观世音。观诸世间称菩萨名音声语业，以救诸难，因而立号名观世音，犹未能显观身、意业。而今本云‘观自在’者，内证二空，外观三业，不依功用，任运自在，故曰观自在。”（王孺童，2018：324）。观音是大乘佛教中大众最熟知的菩萨之一，我国几乎所有的佛教寺院都供有观音像。和玄奘法师的译本相比，罗什用观世音菩萨比用观自在菩萨就更容易被汉土接受，因为观世音菩萨的法号在中国可以说妇孺皆知，深入人心。观自在菩萨，一般人就不明白是哪位菩萨了。（3）照见不同。罗什译

“照见五阴空”，玄奘译“照见五蕴皆空”，五阴与五蕴，内容同为色受想行识，阴与蕴意义相同，意味有别。(4) 佛弟子译名不同。舍利弗是释迦牟尼佛常侍十大弟子之一，为罗汉中智慧第一，罗什译是“舍利弗”，玄奘译为“舍利子”。舍利弗译成舍利子似不妥当，译成舍利子，难免会让普通人错以为是佛骨舍利。王孺童（2018：344—345）对“舍利子”的译法进行了解释：“‘舍利子’，梵śāriputra，又音译为舍利弗，为释尊十大弟子之一，曾被佛赞为智慧第一。其母为摩伽陀国王舍城一婆罗门论师之女，因出生之时，眼似舍利之鸟，故以舍利为名。而其所生之子，故名舍利子。”(5) 菩萨不同。罗什译有句“菩萨依般若波罗蜜故”，玄奘译用“菩提萨埵，依般若波罗蜜多故”，菩萨即菩提萨埵，行深般若波罗蜜大菩萨。玄译用般若波罗蜜多，这个“多”字，是语尾的拖音，无特别意义。(6) 格式不同。罗什译用舍利弗提问的方式请法，引出观世音菩萨作答，代表佛说此一部《心经》。有一小节“舍利弗！色空故无恼坏相，受空故无受相，想空故无知相，行空故无作相，识空故无觉相。何以故?”，玄奘译本予以省略，直接说法。(7) 咒名不同。罗什译说咒“是大明咒，无上明咒，无等等明咒”，玄奘译“是大神咒，是大明咒，是无上咒，是无等等咒”。(8) 咒语不同。罗什译咒语“竭帝，竭帝，波罗竭帝，波罗僧竭帝，菩提僧莎呵”，玄奘译为“揭谛揭谛，波罗揭谛，波罗僧揭谛，菩提萨婆诃”。此咒梵文为 gate gate pāragate pārasaṃgate bodhi svāhā。揭谛，梵文 gate，意译为度；般罗，梵文 pāra，意译为彼岸；般罗揭谛，梵文 pāragate，意译为度彼岸；僧，梵文 saṃ，意译为究竟；般罗僧揭谛，梵文 pārasaṃgate，意译为究竟度彼岸；菩提，梵文 bodhi，意译为觉；僧莎诃，梵文 svāhā，咒语通常结尾之句，有圆满成就之义；故将诸语连缀而言，此“般若波罗蜜多咒”大义为：“度，度，度彼岸，究竟度彼岸，菩提圆满成就。”（王孺童，2018：407—08）圆测对此咒语的翻译进行了探讨：然释此颂，诸说不同。“一曰：此颂不可翻译，古来相传，此咒乃是西域正音秘密辞句，翻即失验，故存梵语。又解咒中说诸圣名，或说鬼神，或说诸法甚深奥义，言含多义，此方无言正当彼语，故存梵音，如薄伽梵。一曰：诸咒密可翻译，如言南无佛陀耶等。”（转引自王孺童，2018：408）靖迈对此咒语的不翻也进行了阐释：既以经为咒，然诸经咒词所有文字，皆为诸佛、菩萨威神力加被，一一字句亦摄多义。若翻就此方言字，或增或减，于义有阙，诵无良验，为此不翻。或别告鬼神及诸天傍生，所有言音多非印度常词，是以不翻。诸经中咒，例悉不翻，皆为此耳（王孺童，2018：409）。(9) 还有就是“色空故无恼坏相，受空故无受相，想空故无知相，行空故无作相，识空故无觉相。何以故?”这段对禅修的人来说很重要，不能随便舍掉，而玄奘则舍去不译。因此，可以说，罗什译的《心经》更为完整，而玄奘的译本则有省略。

第七节　合译：译场制度的演进

在佛教传入我国之初，佛典翻译面临重重困难，难以找到梵华皆通之士，难以由一人独立完成。兰卡斯特（Lancaster，1977）详细描述了早期译经师翻译佛典面临的语言困难：面对的梵文名词有三种数、三种性；动词有三种人称、三种数；动词有现在时、未完成时、完成时、不定过去时、未来时、祈使式、祈愿式、条件式这些时态和语式；加强语势的词，愿望、致使连词；还有虚词以及由多个成分构成的复合词。另一方面，目标语汉语没有格、数、语态、时态、语式的屈折变化；句中各成分间的关系由其位置、重音或虚词确立；独立状态时，一个字构成的词语既不是单数也不是复数，也看不出是否是名词性的、动词性的、形容词性的、过去时、现在时、将来时或是否是施事的。因此，佛典翻译不得不采取多方合译的方式。古之译经，一人自译或二人对译之例甚少，多采集体翻译之方式，翻译之所泛称为译场（曹仕邦，1991：1）。范晶晶（2013：7）为译场下了一个更详细的定义："译场是佛经翻译的场所，也是中国古代组织佛经翻译的一种分工合作的集体组织，最少由译主、笔受二人组成，最多可达到数十种职务的分工，人数不限，存在时间约由汉末延续至北宋中年。"王文颜（1985：129）指出，汉译佛典几乎全部产生于译场。在此意义上而言，我国古代佛典翻译的经验主要体现在译场中的合译。

"译场"一词的正式出现，是在唐朝，如慧苑的《续华严经略疏刊定记》里有对前代翻译的批评："此乃回缀之人，不学经论、未闲法式，叨预译场。误累圣教，一朝至此。"（范晶晶，2013：24）但译场作为我国古代佛典翻译的特殊组织形式，早就已经存在。颜洽茂等（2019：125）指出：早期译经，仅口授、传言（度语）、笔受三道程序，如《出三藏记集》卷第七"般舟三昧经记"记载《般舟三昧经》由竺佛朔口授，支谶译为汉语，孟福、张莲录笔为文；有时口授又兼传言，便减缩为两道程序，如东汉安息人骑都尉安玄与汉族沙门严佛调共译《法镜经》一卷，"都尉口陈，严调笔受"。这些译经之方式，可以看作我国佛典翻译译场的早期雏形。这一时期的译场大都是私人性质的、自发合作的小团体，尚无明确的规制。

中国佛典翻译史上以国家之力组织的官方译场，始于前秦。我国中原地区最早的译经道场是苻坚所建的长安译场（建于建元年间），而有文字记载的第一个地点固定、分工明确、集体合作的译场则是苻秦时期的关中译场（索贝，2002：14）。道安与秘书郎赵正共同主持长安译场，译出《婆须蜜》《中阿含》《增壹阿含》《毗昙》《三法度》《阿毗昙八犍度论》等佛典。慧皎《高僧传》僧伽跋澄（佛图罗刹）传详细记载了当时的译经情况：

> 僧伽跋澄，此云众现，罽宾人。毅然有渊懿之量，历寻名师，备习三藏，博览众典，特善数经，谙诵《阿毗昙毗婆沙》，贯其妙旨。常浪志游方，观风弘化。苻坚建元十七年，来入关中。先是大乘之典未广，禅数之学甚盛，既至长安，咸称法匠焉。苻坚秘书郎赵正，崇仰大法，常闻外国宗习《阿毗昙毗婆沙》，而跋澄讽诵，乃四事礼供，请译梵文，遂共名德法师释道安等集僧宣译。跋澄口诵经本，外国沙门昙摩难提笔受为梵文，佛图罗刹宣译，秦沙门敏智笔受为晋本，以伪秦建元十九年译出，自孟夏至仲秋方讫。初跋澄又赍《婆须蜜》梵本自随，明年赵正复请出之，跋澄乃与昙摩难提及僧伽提婆三人共执梵本，秦沙门佛念宣译，慧嵩笔受，安公、法和对共校定，故二经流布传学迄今。

从以上记载中可以看出，《阿毗昙毗婆沙》是无本翻译，梵文原本由跋澄讽诵，《婆须蜜》则有梵文原本，由跋澄携带而来。在翻译程序上，共有六道程序：一赞助（秘书郎赵正），二口诵（跋澄），三笔受梵文（昙摩难提），四宣译（佛图罗刹），五笔受晋文（敏智），六校定（安公、法和）。道安以前，译场基本上只有两到三种分工——译主、笔受，必要时会设传言、校勘二职。相较而言，道安的译场程序更加复杂，特别增添了赞助之人，而该赞助之人又是当时的朝廷要员。因此，可以说，道安的译场是我国官方译场的肇始。此后，译场的规模逐渐扩大，支持的力度也逐渐加大。若论国家支持的力度，译场的规模、国主参与的热情程度，前秦都不如后秦（龚斌，2013：188）。姚秦时期，鸠摩罗什担任主译的长安逍遥园和西明寺译场是我国佛典翻译史上很著名的两所译场。梁启超（2005：211）称罗什的译场为“国立译场”：“姚秦既礼迎罗什，馆之于长安之西明阁及逍遥园，集名僧僧契、僧迁、法钦、道流、道恒、道标、僧叡、僧肇等八百余人，共襄译事，则国立译场之始也。”范晶晶（2013：39）也认为官方译场的开端应以后秦鸠摩罗什所主持的译场为标志，到了隋唐时期，才达到鼎盛。开皇二年（582），隋文帝在长安大兴善寺设立译场，并译出《日藏》《月藏》《佛本行集经》等经典，隋炀帝大业二年（606）又在东京洛阳上林园建立翻译馆，并编叙目录，依次渐翻，长安和洛阳遂成为隋朝时期全国两大翻译中心（索贝，2002）。唐朝时期，中原地区较为著名的译经馆有慈恩寺、荐福寺、弘福寺等，北宋称译经院（后改称传法院）。

从成熟度的角度，苏晋仁（1998）将译场组织的演进分为四期：（1）草创期，后汉桓帝至西晋（148—316），特点是私人翻译、组织不完备；（2）发展期，东晋至隋（317—617），特点为国家主持、翻译规模大；（3）极盛期，唐至北宋（618—1126），特点是分工更周密，且有中国译家主持译场之例；（4）衰微期，南宋至清（1127—1912），译人、译经均很少。

从译经的具体方式看，王文颜（1985：131）认为，译场的形式之演进可粗分为两期：一为讲经形式之译场。其产生于佛教传入我国的早期，译场同时也是弘法的讲堂，往往有数千数百位信徒一起听受，译经师一面宣译经典，一面开示所译佛典的内容，弘法是僧侣们的主要目的。采取“译讲同施”的方式，是这一时期佛典翻译的主要特色。为了弘法，不得不翻译佛典，因此译经和弘法结为一体。安世高译《阴持入经》用的就是讲经方式，其实他是依传统方式弘法。安世高懂汉语，可用汉语讲解，听众中有人将他口译的每句经文都记下来，就能整理出一部汉文译本，有了汉文译本，中国人便谁都能持之研读，甚而依经说法了。接着汉灵帝时又来了支娄迦谶和安玄二师，都通汉语，也翻译佛典，译讲同施的风气由此渐展开。罗什的译场就属此类译场。曹仕邦（1991：3）认为，这个时期的译场实为讲经之场所。

《出三藏记集》卷第八僧叡“大品经序第二”云：

> 鸠摩罗什法师慧心夙悟，超拔特诣，天魔干而不能回，渊识难而不能屈。扇龙树之遗风，震慧响于此世。秦王感其来仪，时运开其凝滞。以弘始三年，岁次星纪，冬十二月二十日至长安。秦王扣其虚关，匠伯陶其渊致。虚关既开，乃正此文言；渊致既宣，而出其《释论》。渭滨流祇洹之化，西明启如来之心，逍遥集德义之僧，京城溢道咏之音。末法中兴，将始于此乎。
>
> 予既知命，遇此真化，敢竭微诚，属当译任。执笔之际。三惟亡师“五失”及“三不易”之诲，则忧惧交怀，惕焉若厉。虽复履薄临深，未足喻也。幸冀宗匠通鉴，文虽左右，而旨不违中，遂谨受案译，敢当此任。以弘始五年，岁在癸卯，四月二十三日，于京城之北逍遥园中出此经。法师手执胡本，口宣秦言，两释异音，交辩文旨。秦王躬揽旧经，验其得失，咨其通途，坦其宗致。与诸宿旧义业沙门释慧恭、僧䂮、僧迁、宝度、慧精、法钦、道流、僧睿、道恢、道标、道恒、道悰等五百余人，详其义旨，审其文中，然后书之。以其年十二月十五日出尽。校正检括，明年四月二十三日乃讫。

《出三藏记集》卷第八僧肇“维摩诘经序第十二”云：

而恨支竺所出，理滞于文，常惧玄宗，坠于译人。北天之运，运通有在也。以弘始八年，岁次鹑火，命大将军常山公、左将军安城侯，与义学沙门千二百人。于常安大寺请罗什法师重译正本。什以高世之量，冥心真境，既尽环中，又善方言。时手执胡文，口自宣译。道俗虔虔，一言三复，陶冶精求，务存圣意。其文约而诣，其旨婉而彰，微远之言，于兹显然。

《出三藏记集》卷第十道梴“毗婆沙经序第十六”记载了北凉译经大师浮陀跋摩的译场：

时有天竺沙门浮陀跋摩，周流敷化，会至凉境。其人开悟渊博，神怀深邃，研味钻仰，逾不可测。遂以乙丑之岁四月中旬，于凉城内苑闲豫宫寺，请令传译。理味沙门智嵩、道朗等三百余人，考文详义，务存本旨，除烦即实，质而不野。王亲屡回御驾，陶其幽趣，使文当理诣，片言有寄。至丁卯岁七月上旬都讫，通一百卷。

《出三藏记集》卷第九慧观“胜鬘经序第十七”记载了求那跋陀罗的译场：

请外国沙门求那跋陀罗手执正本，口宣梵音，山居苦节，通悟息心。释宝云译为宋语。德行诸僧慧严等一百余人，考音详义，以定厥文。大宋元嘉十三年，岁次玄枵，八月十四日，初转梵轮，讫于月终。

曹仕邦（1991：15）用现代文推理出此时期的译经方式：主译先诠释经本每句梵文，经咨问辩难，至在场者均一致无疑义，始由笔受写定。写定时则集合听众笔记参考综览，就诸笔记与自身录记者，归纳主译所述，然后利用训诂学之知识，选择最适当之华字以转译原文，是成为译本之本文。曹仕邦（1991：21）认为，这种译经方式的优点是"借众听以集其成事之说"。

二为专家组成之译场。后期则以专家组成的译场为主，在译场之内，以译经为主，讲经为副，译经讲经分裂。参加译经工作的人员，都是深通佛理的义学沙门，或是具备专业知识的佛门弟子，他们领会经义的能力远较一般信徒强，因而可以省略许多讲释经文的程序。曹仕邦（1991：24）称此时期的译场为"专家之集会"。《大唐大慈恩寺三藏法师传》记载了玄奘译场的人员安排：

> 三月己巳，法师自洛阳还至长安，即居弘福寺，将事翻译。乃条疏所须证义、缀文、笔受、书手等数。以申留守司空梁国公玄龄，玄龄遣所司具状发使定州启奏，令旨依所须供给，务使周备。夏六月戊戌，证义大德谙解大小乘经论，为时辈所推者一十二人至，即京弘福寺沙门灵润、沙门文备、罗汉寺沙门慧贵、实际寺沙门明琰、宝昌寺沙门法祥、静法寺沙门普贤、法海寺沙门神昉、廓州法讲寺沙门道深、汴州演觉寺沙门玄忠、蒲州普救寺沙门神泰、绵州振向寺沙门敬明、益州多宝寺沙门道因等。又有缀文大德九人至，即京师普光寺沙门栖玄、弘福寺沙门明睿、会昌寺沙门辩机、终南山丰德寺沙门道宣、简州福聚寺沙门静迈、蒲州普救寺沙门行友、栖岩寺沙门道卓、豳州昭仁寺沙门慧立、洛州天官寺沙门玄则等。又有字学大德一人至，即京大总持寺沙门玄应。又有证梵语梵

文大德一人至，即京大兴善寺沙门玄谟。自余笔受书手，所司供料等并至。

由以上记载可知，玄奘译场中，有名的助译人员共二十余人。罗什时代译讲同施的大译场，演变为了唐代少数专家组成的小译场（王文颜，1985：148）。王文颜（1985：141）指出，唐代是典型的专家译场时期，在此之前的佛典翻译，大都采用译讲同施的方式，参与听受译经的徒众多达数千百，因此在其经典的题序、后记之中，除了记录主译及数位重要助译人员的姓名之外，其余皆阙而不载；入唐以后，由于译经方式大幅度改变，参与译场工作的高僧大德人数大为精简，所以此期所出的佛典，大都详细记载当时的译场列位。如玄奘翻译《瑜伽师地论》时的译场情况，许敬宗的序言记载如下：

三藏法师玄奘敬执梵文，译为唐语。弘福寺沙门灵会、灵隽、智开、知仁、玄昌寺沙门明觉、承义笔受。弘福寺沙门玄谟证梵语。大总持寺沙门玄应正字。大总持寺沙门道法、实际寺沙门明琰、宝昌寺沙门法祥、罗汉寺沙门惠贵、弘福寺沙门文备、蒲州寺沙门法祥、蒲州栖岩寺沙门神泰、廓州法讲寺沙门道深详证大义。

唐朝时译场的翻译程序更加严格。玄奘对待翻译极为严谨，组织规模宏大的译场，制定十一道翻译程序。一主译：执笔人，胸怀全局，贯彻始终；二证文：朗诵原文佛典，斟酌原文是否有错；三笔受：根据梵音录本译出毛稿；四度语：音译暂无对等信息的事物，据母本正音；五缀文：按汉语字法、句法进行整理；六证义：译出初稿与原文对照，看本旨是否偏移歪曲或有遗漏；七参详：再回证原文是否有纰漏、错误；

八利洗：去芜冗、重复，梳整译文；九润文：修辞、润饰；十梵呗：由于佛典是要供人诵读的，所以再据母语（梵文）的诵经方式诵读汉译经文，看是否有不适合诵读之句；十一监阅：最后有钦命大臣监阅（终审）（李全安，1993：806—807）。这样一套完备的翻译程序，即使今天我们看来，也是令人十分叹服的，规范的制度是产生好译文的保证（汪东萍、傅勇林，2010a：99）。

唐代开启了我国佛典翻译的监译制度。杨志飞（2020：220）指出，唐代译场由朝廷派遣大员监译，始于贞观四年（630）六月波颇于胜光寺译《般若灯论》之时，慧赜《般若灯论释序》中有如下记载：

> （贞观）四年六月，（波颇）移住胜光，乃召义学沙门……等传译，沙门玄谟、僧伽及三藏同学崛多律师等同作证明，对翻此论，尚书左仆射邢国公房玄龄、太子詹事杜正伦、礼部尚书赵郡王李孝恭等……监译，敕使右光禄大夫太府卿兰陵萧璟……赞扬影响，劝助无辍。

唐朝出任监译的是皇帝信任的有较深佛教信仰的朝廷大臣，如萧环、房玄龄等，而其中又以宰相身份兼职者最为常见，竟然将近二十位，他们是房玄龄、杜正伦、许敬宗、于志宁、来济、李义府、魏知古、张说、韦巨源、苏瓌、唐休璟、韦温、韦安石、纪处讷、萧至忠、宗楚客、陆象先和薛崇胤（李小荣，2015：98）。唐代译场的源文本、译文本均由朝廷统一控制。不仅如此，唐代的佛典翻译基本上杜绝了南朝时期个人檀越资助译场的现象。此时，如果希望通过资助译经来获得功德，必须征得朝廷的同意，可以看出，此时译场已经完全官方化、统一化了，极少个人组织翻译的情况，大约只有般刺蜜谛、弥迦释迦、房融在广州译出《首楞严经》一个案例，此处或许还是因为广州远在南荒，中央权力鞭长莫及的缘故（范晶晶，2013：44）。

对于译场这种演变的原因，王文颜（1985）认为主要有四方面：（1）译讲同施的方法已逐渐失去了时代意义。罗什及其前后的译经大师，来华的主要目的是弘法，而当时汉译佛典数量有限，质量也不高，因此他们在弘法的讲堂上不得不从事译经的工作。隋唐以后，汉译佛典的数量已大大增加，质量也不断提高，既有的佛典能够正确地反映佛教思想，所以译经和讲经也就逐渐分离。（2）朝廷掌握译经工作使之成为官方事业。道安法师在长安受苻秦礼遇，他所主持的译场，已具备官业的雏形。罗什在姚秦统治下的关中译场，则是典型的官业。隋代设置翻经学士、翻经大德，唐代指派朝臣监掌译经事业。由此，译经工作逐渐变成了少数高僧大德和朝臣权贵的专职，而与讲经分途了。（3）专家组成的小译场可以提高译经的工作效率。在译讲同施的大译场中，译经大师一面译经一面讲经，固能集思广益。但一面译经一面讲经，有时甚至还要和听众辩难，因此译经的进度必受延缓。（4）在小译场中译经，可以避免无谓的干扰。《大唐大慈恩寺三藏法师传》记载："法师又奏曰：'百姓无知，见玄奘从西方来，妄相观看，遂成阛阓，非直违触宪网，亦为妨废法事，望得守门，以防诸过。'帝大悦曰：'师此意可谓保身之言也，当为处分。'"译场有人值守后，玄奘就可以专务翻译。玄奘主持译出佛典和其他宗教著作七千部1335卷，无论是翻译数量还是质量，都创造了我国佛典翻译史上的奇迹，成为中国佛教史上译经最丰富的人，这与此种译经体制不无关系。

关于译场中的职责分工，宋代赞宁在《宋高僧传》里首次对唐朝的译经制度进行了具体全面的描述，如"唐京师满月传"中记载如下：

或曰：译场经馆，设官分职，不得闻乎？曰：此务所司，先宗译主，即赍叶书之三藏明练显密二教者充之。次则笔受者。必言通华梵，学综有空，相问委之，然后下笔。西晋伪秦已来立此员者，即沙门道含、玄赜、姚嵩、聂承远父子。至于帝王，即姚兴、梁武、天后、中宗，或躬执翰，又谓为缀文也。次则度语者，正云译语也。传度转令生解，亦名传语，如翻《显识论》，沙门战陀译语是也。次则证梵本者，求其量果，密能证知，能诠不差，所显无廖矣。如居士伊舍罗证译毗奈耶梵本是也。至有立证梵义一员，乃明西义得失，贵令华语下不失梵义也。复立证禅义一员，沙门大通充之。次则润文一位，员数不恒，令通内外学者充之。良以笔受在其油素，文言岂无俚俗？傥不失于佛意，何妨刊而证之，故义净译经场，则李峤、韦嗣立、卢藏用等二十余人次文润色也。次则证义，盖证已译之文所诠之义也。如译《婆沙论》，慧嵩、道朗等三百人考正文义，唐复礼累场充任焉。次则梵呗，法筵肇启，梵呗前兴，用作先容，令生物善，唐永泰中方闻此位也。次则校勘，雠对已译之文，隋前彦琮覆疏文义，盖重慎之至也。次则监护大使，后周平高公侯寿为总监检校，唐则房梁公为奘师监护，相次许观，杨慎交、杜行顗等充之。或用僧员，则隋以明穆、昙迁等十人监掌翻译事，诠定宗旨。其处则秦逍遥园、梁寿光殿、瞻云馆、魏汝南王宅。又隋炀帝置翻经馆，其中僧有学士之名。唐于广福等寺，或宫园不定。又置正字字学，玄应曾当是职，后或置或否。

从此段记载中，我们可以看到译场中有如下12种分工：译主；笔受（缀文）；度语（传语）；证梵本；证梵义；证禅义；润文；证义；梵呗；校勘；监护大使；正字字学。

《宋高僧传》义净传记载了唐义净的译场分工：

> 睿宗唐隆元年庚戌，于大荐福寺出《浴像功德经》《毗奈耶杂事二众戒经》《唯识宝生》《所缘释》等二十部，吐火罗沙门达磨末磨、中印度沙门拔弩证梵义，罽宾沙门达磨难陀证梵文，居士东印度首领伊舍罗证梵本，沙门慧积、居士中印度李释迦度颇多语梵本。沙门文纲、慧沼、利贞、胜庄、爱同、思恒证义，玄伞、智积笔受，居士东印度瞿昙金刚、迦湿弥罗国王子阿顺证译，修文馆大学士李峤、兵部尚书韦嗣立、中书侍郎赵彦昭、吏部侍郎卢藏用、兵部侍郎张说、中书舍人李乂二十余人次文润色，左仆射韦巨源、右仆射苏瓌监护，秘书大监嗣虢王邕同监护。

《宋高僧传》菩提流支传记载了唐菩提流支的译场分工：

> 其经旧新凡四十九会，总一百二十卷。先天二年四月八日进内，此译场中沙门思忠、天竺大首领伊舍罗等译梵文，天竺沙门波若屈多、沙门达摩证梵义，沙门履方、宗一慧觉笔受，沙门深亮、胜庄、尘外、无著、怀迪证义，沙门承礼、云观、神暕、道本次文。次有润文官卢粲、学士徐坚、中书舍人苏瑨、给事中崔璩、中书门下三品陆象先、尚书郭元振、中书令张说、侍中魏知古，儒释二家，构成全美。

从以上记载可见，唐朝时译场的翻译程序并不完全相同，玄奘译场的分工更精细，义净、菩提流支的译场分工则要少些，菩提流支的译场甚至除了译主外只有六种分工。三者在翻译程序上的不同之处是：义净的译场更重视原文，和梵文原文直接相关的职位有三种——证梵义、证梵文和证梵本，而玄奘的译场只有证文一职；义净的译场有证义和证译，玄奘的译场只有证义；多数译场已不再设有度语一职，但菩提流支的译场设有译梵文一职。

整体来看，唐朝译场主要分工如下：

（1）主译。又称译主，是译场的灵魂，负责主持译经工作，缺少主译就不能组成译场。主译必须具备的修养就是精通佛典，特别是精通他所要翻译的佛典。通常一个译场只有一位主译。遇到疑难问题，能够决断。主译最重要的职责就是宣讲佛教义理。鸠摩罗什就坚守"不通经义，不译其经"的原则。主译以外国籍为主，后期也有少数本国籍的，如罗什、玄奘、义净、天息灾等。

（2）笔受。又称为缀文。精通华梵语言，既懂空宗（中观），又懂有宗（唯识）。把主译的意思问清以后，才能下笔。西晋以来，才设此职。人员多时，往往一个主译配备好几个笔受，以备相互校对。担任此职者，有僧人，有俗人，如道含、玄赜、聂承远父子等，有时候帝王也参加，如姚兴、梁武帝、武则天等。

（3）度语。又称为译语或传语，即口头翻译。因为有的主译不通汉语，所以须请一个懂华梵二语的人来居中口头传译。如罽宾来的般若翻译《四十华严》时，便请洛阳的广济担任度语。罗什以前一般都设有此职，罗什以后，主译多由精通梵文的中国僧人或是精通汉语的外国僧人担任，也就很少设此职了。

（4）证梵本。又称为证梵义、证义。须通华梵二文，即主译诵梵文时，由他注意原文是否有讹误。

（5）证梵义。主译讲解经文时，看是否符合梵本原义。

（6）证禅义。将译出的初稿与梵文对照，看是否意思相同。

（7）润文。随着翻译事业的进展，人们对译经质量的要求越来越高，不但要求译文能忠实于原文，还要求译文能够既雅又达，由是便出现了润文这一职务。润文负责修饰文采，须由明内外学问且有较高文学素养的人担任。人数一般不限，如义净的译场就有二十几位负责润文。

（8）证义。印证译文所表达的义理，如果发现译文与梵本原文有异，则由证义向主译提出。

（9）梵呗。一般在翻译之前，都要举行宗教仪式。梵呗即在仪式中唱赞梵呗的人，他们不正式参加译经，属于附属的工作人员。若按赞宁讲，此职在唐永泰（765—766）年间才出现。

（10）校勘。翻译完毕后，对译文进行最后校对。

（11）监护大使。多用政府官员担任此职，隋朝则由明穆、昙迁等十位僧人担任。如果监译、监护兼任一点润饰经文的工作，即称为监阅。

（12）正字字学。按赞宁讲，唐时译经设正字字学，如玄应就任过此职。玄应通晓“唐梵异言，识古今奇字”，为玄奘译场的“正字大德”，著有《一切经音义》二十五卷。此职大抵是校对华梵对译时的一些重要字句，保证译文用字准确，此职或有或无。

此外，在译场之外，往往还有劝助与檀越两种角色，以赞助或协助译经的实施。梁启超《佛典之翻译》，汤用彤《汉魏两晋南北朝佛教史》《隋唐佛教史稿》等多有涉及，以曹仕邦先生《论中国佛教译场之译经方式与程序》最为精审详尽，堪称鸿文（李欣，2017：218）。

《宋高僧传》“唐京师满月传”中对宋代的译场制度记载如下：

朝廷罢译事，自唐宪宗元和五年至于周朝，相望可一百五十许岁，此道寂然。迨我皇帝临大宝之五载，有河中府传显密教沙门法进请西域三藏法天译经于蒲津，州府官表进，上览大悦，各赐紫衣，因敕造译经院于太平兴国寺之西偏。续敕搜购天下梵夹，有梵僧法护、施护，同参其务，左街僧录智照大师慧温证义，又诏沧州三藏道园证梵字，慎选两街义解沙门志显缀文，令遵、法定、清沼笔受，守峦、道真、知逊、法云、慧超、慧达、可环、善祐、可支证义，伦次缀文，使臣刘素、高品、王文寿监护，礼部郎中张洎、光禄卿杨说次文润色。

佛教传经事业自唐德宗以后中断了近二百年，宋初得以恢复。至宋代，太平兴国七年（982），太宗为天息灾等人于开封太平兴国寺立译经院，第二年改名为传法院。宋神宗熙宁四年（1071）废译经院（即传法院）；元丰五年（1082）又罢译经史、润文官，废“译经使司印”。维持了整整一百年的宋官办翻译到此彻底宣告结束。在这一百年中，总计在译经院中有姓名及其译经年代可考的知名译家有九人，即法天（译经年代 974—1001）、天息灾（980—1000）、施护（980—1017）、法护（980—983）、法护（1004—1058）、惟净（1009—?）、日称（1056—1078）、慧询（1068—1077）、绍德（1068—1077）。自北宋太平兴国寺译场后，史料再无国立译场之记载，北宋译场也就是官办译场的尾声阶段。宋朝的译经部数和唐代差不多，但多属密教的小部经典，论典极少，影响不大。

《佛祖统纪》卷四十三志磐对宋朝译场的情况记载如下：

时上盛意翻译。乃诏中使郑守均于太平兴国寺西建译经院。为三堂，中为译经，东序为润文，西序为证义……六月译经院成，诏天息灾等居之。赐天息灾明教大师，法天传教大师，施护显教大师。令以所将梵本各译一经。诏梵学僧法进、常谨、清沼等笔受缀文，光禄卿杨说、兵部员外郎张洎润文，殿直刘素监护。天息灾述译经仪式。于东堂面西粉布圣坛（作坛以粉饰之事在藏经）开四门，各一梵僧主之，持秘密咒七日夜。又设木坛布圣贤名字轮（坛形正圆，层列佛大士天神名佐，环绕其上如车轮之状），目曰大法曼拿罗（此云大会）。请圣贤阿伽沐浴（阿伽此云器。凡供养之器皆称曰阿伽，今言阿伽乃是沐浴器），设香华灯水肴果之供。礼拜绕旋，祈请冥佑，以殄魔障。第一译主，正坐面外，宣传梵文。第二证义坐其左，与译主评量梵文。第三证文坐其右，听译主高读梵文，以验差误。第四书字梵学僧，审听梵文书成华字，犹是梵音（初翻为纥哩第野，为素怛览）。五笔受，翻梵音成华言（纥哩那野，再翻为心；素怛览，翻为经）。第六缀文，回缀文字使成句义（如笔受云"照见五蕴彼自性空"见此，今云"照见五蕴皆空"。大率梵音多先能后所，如念佛为佛念打钟为钟打，故须回缀字句以顺此土之文）。第七参译，参考两土文字使无误。第八刊定，刊削冗长，定取句义（如"无无明无明"，剩两字。如"上正遍知"，上阙一无字）。第九润文官，于僧众南向设位，参详润色（如心经"度一切苦厄"一句，元无梵本，又"是故空中"一句，"是故"两字符无梵本）。僧众日日沐浴，三衣坐具，威仪整肃，所须受用，悉从官给。天息灾言：译文有与御名庙讳同者，前代不避。若变文回避虑妨经旨，今欲依国学九经，但阙点画。诏答：佛经用字宜从正文，庙讳御名不须回避。

从以上记载可以看出，宋代译场翻译的具体情形大致如下。

第一为译主：正坐面外，宣传梵文。

第二为证义：坐译主之左，与其评量梵文。

第三为证文：坐译主之右，听其高诵梵文，以验误差。

第四为书字梵学僧：审听梵文，书成华字，犹是梵音，如 hrdaga 翻为纥哩第野，sutra 为素怛览。

第五为笔受：翻梵音成华言，如将纥哩那野，再翻为心，素怛览，翻为经。

第六为缀文：回缀文字，使成句义。因为笔受时都是梵华对译，是一种直译，如译“照见五蕴彼自性空”，缀文时便成“照见五蕴皆空”。梵音大多是先谓语后主语，如念佛为佛念，打钟为钟打。故须回缀字句以顺中国文法。

第七为参译：参考两土文字使无误。

第八为刊定：刊削冗长文字，定取句义。梵文喜欢反复用字，不顺中文习惯，须削除。如“无无明无明”删成“无明”两字。

第九为润文：坐于僧众的南面，参详润色。如《心经》中的“度一切苦厄”、“是故空中”之“是故”在梵本中是没有的，联系前后文义而加入。

应该说，宋朝译场的组织制度基本上沿袭唐朝，没有太大差别，但分工更为合理，制度更为严密。修明（2000）分析了唐朝和宋朝译场组织程序的差异：宋译场中没有度语、正梵本、正梵义、正禅义和监护之职；宋朝译场的润文一职也和前代有所不同，虽然也仿照唐朝委派宰相等高官担任，但它是作为一种朝廷官职而设的，称之为“润文官”；和唐制相比，因为宋代的天息灾、惟净等人不是精通华语的梵僧就是精通梵文的汉僧，所以不存在语言的障碍而省去“度语”这一道工序；宋朝的证义、缀文也有所改变，前者相当于唐译场的证梵本，后者脱离笔受系统而独立成一职位；和唐译场的人员组织相比，宋译场从译主、证义、书字梵学僧、笔受、缀文、参译、刊定一直到润文一职，翻译程序是一环扣一环，其组织是相当系统和严密的，有的地方将唐译场的几个职位浓缩成一个职位，有的地方又将唐译场的某个职位分离开来，目的就在于形成一套符合当时翻译佛典标准的流水线工作制度，而且从译经院设立译经、证义、润文三堂看，宋代已把润文提到了很高的地位，最后定稿其实就是在润文这一关。王文颜（1985：161）指出，关于译场组织的分工情况，据佛教史资料所载，历代都不尽相同，然而有一基本的演化原则，即早期粗疏，晚期细密，时代越晚，分工就越仔细。

隋唐时代的译场构造现已无法知悉，但《佛祖统纪》卷四十三法运通记载了宋初译场的形式：太平兴国二年（977），诏于太平兴国寺西建译经院。为三堂，中为译经，东序为润文，西序为证义。第一译主，正坐面外。第二证义，坐其左。第三证文，坐其右。第四书字梵学僧。第五笔受。第六缀文。第七参译。第八刊定。第九润文官，于僧众南向设位。

从译经院三堂布局，曹仕邦（1991：106）推导出了译经的三个程序：第一，主译在译经堂对全体助手讲解经旨，助手都是挑选过的专才，彼此可专就梵本的难文奥义做深入的讨论，这称为“研覆幽旨”。第二，翻译告一段落时，先将当日讲解和讨论的记录都送给东序的“润文”，由其负责整理成汉文的初稿，然后送给西序的“证义”，由其审查译文能否表达原义，若发现译文与原文意思有出入或译错的地方，证义加以修改，再送回东序。第三，东序收到改正稿后，乃根据西序的修改而做文字润色，因为证义仅就原文义理的表达改正，用字不一定典雅。润色后，又送回西序审查，看看修饰后的辞藻有否损害原义的表达。如是一往一来，直至双方满意为止。可以说，第二跟第三程序是交互进行的，这叫作“文虽定而覆祥，义乃明而重审”。李欣（2017）考释了“笔受”和“译语”，则分疏出两种笔受、两种译语。一种笔受是笔录，一种笔受却是书面译语；而译语因此也分两种，一种为口头译语，一种为书面译语即笔受。由此考订出两种翻经模式，其主要工作流程为：

其一，译主宣释经文→译语口头翻译，翻梵为华→证义评量经义→笔受笔录→缀文、润文。

其二，译主宣释经文→证义评量经义→书字笔录梵文音译→笔受书面翻译，翻梵为华→缀文、润文。

提到翻译，现代人大多想到的是一人执笔自译，数人合译的较少，但中国古代翻译佛典，自汉末至北宋（2 世纪末至 11 世纪中）前后近九百年，差不多都采用“译场”合译的方式，一人自译或二人对译的例子反而很少。范晶晶（2013：163）指出，在中国翻译史上，合作译经的实践一直持续到清末。孔慧怡（2000：24—25）进一步指出，由于缺乏本土译者这个因素，同时通两种语言的译者又多半不是以译入语为母语的人，所以不管是佛典翻译活动、耶稣会士翻译活动，还是 19 世纪中叶后的科技和传教士翻译活动，其实都是以合作方式完成的。所以，在中国古代和近代的翻译活动中，合译都是主要的翻译方式。

从以上分析可以看出，整体来看，自东汉至北宋九百多年间，我国古代佛典翻译的译场演进脉络如下：

私人的事业（东汉至西晋）→官办之译场（东晋始）→讲译同施之译场（东晋至隋）→讲译分离、翻译专业化之译场（隋至宋）。

第八节　藏地佛典翻译方法及理论

在我国各少数民族中，翻译佛典时间最早、数量最多、译文保存最为完整的，当首推藏族。藏族的佛典翻译成果也最为丰富。藏文《甘珠尔》及《丹珠尔》两部共收译典5962部，约合梵文3百万颂；从蔡巴和布敦编订的《甘珠尔》和《丹珠尔》目录中，可以见到从7世纪到14世纪的藏文佛典翻译的全部成果；据德格版，《甘珠尔》共收有经律111千种，《丹珠尔》共收有论著3559种；藏文《大藏经》中，关于梵文语言方面的有《字经》和《字经注》等；梵文文法方面的有《波腻尼文论经》和《妙音文法论》等（索贝，2002：16）。藏族佛典翻译的历史也最为久长。据藏族史料记载，藏地佛典翻译从松赞干布时期开始到五世达赖喇嘛时期结束，同汉地佛典翻译一样，历经千年之久（617—1682）（达哇才让，2018：26）。

佛教传入之前，吐蕃盛行的是藏族地区固有的宗教——本教（bon，也作苯教、笨教、本波教）（赖永海等，第八卷，2010：1）。佛教在西藏的传播、发展，一般被分为“前弘期”和“后弘期”两个阶段：前弘期指从佛教传入吐蕃到末代赞普达玛（838—842年在位）禁佛为止的两百余年间佛教的传播历史，这是佛教在吐蕃的初传阶段；后弘期指从10世纪开始的佛教在西藏再次大规模传播的阶段，这也是独具特色的藏传佛教形成的阶段（赖永海等，第八卷，2010：1）。藏族的佛典翻译是在赞普松赞干布时期，由大臣吞弥·桑布扎创制藏文后，以吐蕃第二十八代赞普拉妥妥日年赞时期藏于宫中供奉的“年泊桑瓦”中的《百拜忏悔经》和《宝箧经》作为借鉴，开创了藏族佛典翻译的先河（索南多杰，2019：51）。吐蕃时期，由于政治、经济、文化发展的需求，历代赞普特别是松赞干布、赤德松赞、赤热巴坚三王都比较重视佛典翻译。翻译人员包括从内地、印度和尼泊尔等地延请来的学者，有本地吐蕃的译师，前后约有译家千余人之多。藏族历史上第一个翻译机构是桑耶寺译院，其成了培养翻译人才、进行大规模佛典翻译的基地。从桑耶寺译院壁画可以清楚地看到，当时的译经有严密的程序，每四人为一组，盘腿相向而坐，由一人诵经，另一人口译为藏语，一名坐于高座的年迈僧人进行修订，然后由一年轻僧人用竹笔记录，数以千百部的佛典就这样陆续被译成藏文（华侃，2000：110）。根据热贡·多杰卡（1996）的考察，吐蕃佛教翻译事业到了吐蕃王赤热巴金时才真正成熟起来，其标志是进行了藏文文字规范化，建立译场，制定了翻译的新标准和译例三条。吐蕃王赤热巴金时，将上一代翻译的佛典的谬误之处，重对梵本进行修订，将音译（直译）部分改为意译，在翻译文体上一变过去朴拙的古风，开始运用达意的译法，使诵习者易于接受和理解。译例三条为：第一，今后西藏除说一切有部外，不成立别部的僧团，不翻译别部的律藏；第二，不翻译母续的密乘经典（即以阐述智慧空分为主的佛教密乘经典）；第三，佛典中的度量衡制度，以中印度摩揭陀国为标准。

索贝（2002：15—16）指出，藏族史学家和佛学家把古代藏族翻译史分为前译密乘（前弘期）和后译密乘（后弘期）两个阶段：前一阶段约7世纪初开始到11世纪初为止，松赞干布时期吞弥·桑布扎和他的助手及各国论师、僧人一道翻译了《集宝顶经》《观者六字明》等观音经续21种，但是大规模译经是在赤德松赞时期。后一阶段是在朗达玛灭佛一百多年后，佛典翻译首先在阿里地区得到发展，随后西藏佛典翻译又得到恢复和发展，这一时期的代表人物仁庆桑布曾先后三次到克什米尔留学，回来时迎请了很多高僧，他们合作译经或校订前弘期的旧译本。仁庆桑布参加校订的佛典共有 197 种，其中除一部分显宗经典外，大量的是密宗典籍。

与汉地佛典翻译初期类似，藏地佛典翻译初期也是以直译的方法为主。《宝箧经》开创了藏族佛典翻译的先河，《宝箧经》总的翻译方法就是“直译”：在梵译藏的过程中，当无需做语序上的改动能正确表达原文的含义且语句通畅时，直接依照梵文的语序来译，若对语序做适当的改动后有利于表达和理解则改动，因为藏文和梵文比较接近，所以直译也成为藏语佛典翻译时最常用的方法；另一方面，吐蕃佛典翻译没有经过口译阶段就直接进入文字翻译阶段，而且初创的文字无法精确地翻译、表达深奥的佛教经典的涵义，并且没有多少人精通藏文，更不用说翻译内容复杂的经文，当时吐蕃王室引入大量的佛典，将其进行翻译的目的也只是为了推广藏文，对翻译质量并不讲究，所以最初的翻译只能是直译（索南多杰，2019：51）。从藏语词汇史的角度看，早期的佛典翻译，给藏语增添了一大批新词术语，对藏语词汇发展产生了较大的影响。在梵藏两种语言的佛典翻译中，自然就产生了一大批新词语。许多概念、术语难以在藏语里找到相应的词语，有的就不得不采用音译的方式，即将梵语原词的语音和意义一起接受过来。然而，华侃（2000：111）研究初步表明，通过音译新创的佛教词汇并不占优势，而意译却不在少数，就是用藏语固有的构词材料，根据藏语的构词法与原语词的概念、内容译创出新词来。

814 年，在藏王赤德松赞的组织下，对以往译经中出现的新词术语、译文与原文不一致的地方均以梵文为蓝本进行厘定，以此为重点编写了《语合二章》（又称《声明要领二卷》），该书是一部集翻译理论及梵藏对照于一体的著作，第一次站在全新的视角，对佛典翻译活动中出现的问题做了理论性的解答，总结和完善了以往的翻译实践成果，这本书的编写标志着藏地佛典翻译理论基本形成（达哇才让，2018：26）。“这部翻译理论，要求译人要忠实于原文的内容，译经的语言形式上要做到通顺易懂，要把原文的风格尽最大可能在译文中保持下来，并表述了理解与表达问题；另外，阐述了一词多义、句子、地名、人名、动物、花草、数量词、连词、修饰性词语、一义多名词、佛祖、菩萨、贤者等的翻译技巧。”（热贡·多杰卡，1996：65）《语合二章》中提出了翻译的三项原则、四种基本方法、四条注意事项等翻译理论，由王室以法令形式颁布，要求所有的译师必须遵奉，这些基本的翻译原则和标准是藏族翻译史上首次完整提出来的，对后世的翻译乃至新词术语的构创都起到了一定的规范作用（华侃，2000：110）。

由以上简述可以看出，藏地的佛典翻译历史悠久、经验丰富，但在目前的佛典翻译研究中涉及较少，今后应予以充分的重视。下面，我们对藏地的佛典翻译方法和理论略作介绍，以供借鉴之用。

一、藏译佛典翻译方法与理论的杰作——《语合二章》

藏王赤德松赞时期，佛典翻译之士云集温江道宫，梳理了以前的翻译经验，对一些问题进行了原则性的规定。这就产生了藏译佛典方面的第一部重要方法和理论著述，原文收录在《大藏经·丹珠尔》部。侃本之《汉藏佛经翻译比较研究》（2008：189—191）对《语合二章》全文进行了汉译，如下：

南无佛陀，此乃第一卷。及至马年（应为814年——笔者），赞普赤德松赞驻跸于“吉”地之温江道宫。上下部之军完成换防，并攻下更青。盖罗使者前来致礼。大论尚赤思仁谢、芒杰拉罗等从汉地获数量可观的骆驼、马、黄牛等，尚论以下俱赠送赏赐。此年，迎请尼沃堪布阿阇黎兹那米扎、思仁扎菩提、西灵扎菩提、达那西拉、菩提米扎以及蕃土堪布热那热曲达、达磨达西拉和译师加那赛那、杂亚热曲达、曼孜西日瓦玛、仁内扎西拉等将各种大小乘经典由印度文译成藏文，确定译名后写成目录并颁布诏书，所翻译之经义永无改译，众人俱能学习。先前的天子之父王时，阿阇黎菩提萨托、益西旺布、尚加年聂桑、论赤谢桑西与译师加那德哇高卡、杰其周、婆罗门阿南达等人曾对藏语没有的佛经词语确定译语，其中有若干与佛经教义及声明学之规律不相符，在此不可不加修改之处，现已经改定。所译词语，备考查其在佛经典籍中如何得来，往昔大堪布那噶孜那、哇思万德等如何讲说，声明论中如何规定，使其与彼等相符，难以俱合之词语则分别考定，写入译文，不能单独析解其义应用单译则译其单，定其译语，部分应用意译者则译其语，定其译语。译语确定之后，在赞普驾前由钵阐布贝吉云旦、钵阐布当爱曾等召集，向王臣御前会议呈报，规定经典翻译方法及印度梵文译成藏语时的译语，由赞普下诏厘定。

翻译佛经之规则，一是不违背经义，二是蕃人易于理解。翻译佛经之时，若不必改动梵文的前后顺序，译成藏语后词名文义俱相符合又易于理解，则不改动顺序而译之；若易改动顺序，又易于理解，如偈颂之四句或六句，其内部任何一句可以颠倒译之；单句则按最易于理解的那种形式改动后译之。

若一语有几个词可用者，则依其上下文义择其适合者用之。如乔达摩一词可以理解为方向、地方、光明、金刚、黄牛、善趣等义，乔尸迦一词可以理解为落草、贤者、莲花、猫头鹰、石榴树等义，对此等一词多义而翻译时又找不到一个词能包括其各种意义者，硬订一词又无重大根据者则不译其词，借用梵文原词。

对地名、人名、花名、草名等，若翻译后使人疑难或词语不雅，或可粗略了解但其义是否如此难以判定者，则在其前加上地方、花等说明其种类之词，然后保留印度文原词。

对于数词，如按印度语顺序译出为“比丘百半十人”（即差半个到十三个一百比丘），实为比丘一千二百五十人，按藏语习惯译出。

印度语中的“巴努”、“散”、“乌巴”等虚词或修饰之词，则结合其语译出，如无法表达其意，则杂词尾译之。

若一物而有数种异名，而藏语未有一词可以与其对应，则用常用而易于理解之词译之，若有名词与之对应，则分别对应译之。

佛、菩提、声闻部等名称及赞颂等词，将佛译为“桑杰”，其余依资递减，依照先前天子父王御前堪布及大译师等翻译《宝云经》、《楞伽经》时所定之规译之。

依此所定规则，厘定译语，任何人俱照此遵循。若各译场及讲经院需新制译语，不准自行制定，须将新制译语按佛经实质以及佛经教义中应如何称呼仔细考查，将理由呈报王廷佛教学者及经典审定处，经赞普审定标准之后加入译语之目录中。

密宗经典因其特殊教义需保密，不可向无根器之人讲说宣示，其间能允许译出并供修习者，若讲说不当既使词语表达正确，也会出现相反的结果。从密续中出现并准备译为藏语的，今后除密咒和本续中被译出者外，不得翻译密宗经典及咒语。

《语合二章》既探索了佛典翻译的原则，也分析了佛典翻译的方法，还规定了注意事项，是系统的、完整的、成体系性的，对后世影响较大。《语合二章》由吐蕃王室以法令的形式颁布，要求所有的译师无条件地遵守，所以这部系统而科学的翻译理论不但迅速扭转了西藏早期翻译的混乱局面，而且自上而下地统一了对翻译的认识和要求，为后世的翻译工作起到了指导和规范作用（索朗旺姆，2011：78—79）。侃本（2008：192—193）将其内容归纳如下。

1. 提出了翻译的三大原则：

（1）要符合声明学的原则。

（2）要符合佛典之经义。

（3）要使人们容易理解。

2. 提出了翻译的四种方法：

（1）音译。有三种情况下不要意译，而要音译：一是难以解释的名词；二是一词多义的名词；三是佛经中译成藏语后会使人发生误解的名词。

（2）意译。

（3）直译。

（4）改译。

3. 规定了翻译的四条注意事项：

（1）对佛、菩提、声闻部的名词进行解释时，对佛的名称、功德等不同词义要对应，其余作简略叙述即可。

（2）对厘定的译语不能随意更改，或使用不符合厘定的译语翻译新词语。

（3）各译场对新译语的制定，要考查佛经、声明学的原则，须呈报堪布和译师，由赞普降诏后方可使用。

（4）密宗经咒，只译赞普允准部分，不准擅自翻译未允准的密咒。

侃本（2008：193）对《语合二章》有很高的评价：产生于1000年前的《语合二章》，对佛典翻译规定得如此精细，是令人叹为观止的；相比之下，汉译佛典的翻译理论过于简略，远不及《语合二章》精细；其理论价值，从世界翻译史的角度而言，也是无法估量的。达哇才让（2018：27）也认为，虽然藏地佛典翻译理论的形成时间与汉地相比晚了400多年，但藏地佛典翻译从开始到翻译理论形成，时间跨度比较大，理论更趋完善。

二、藏译佛典的翻译方法与理论——萨迦班智达的“十四条”原则

萨迦班智达·贡嘎坚赞是藏传佛教萨迦派第四祖，精通梵语和大小五明，是西藏第一位获得班智达学位的大学者。侃本（2008：195—196）曾总结了萨迦班智达在佛典翻译方面的“十四条”原则：

> 大学者萨迦班智达·贡嘎坚赞在他的《智者入门》等书中，根据《声明要领二卷》翻译理论，以大量举例说明的手法，客观评价了前人译文的得失，阐明了自己的观点，具体总结起来可归纳为十四条：(1) 有些词汇不用标准的新词语翻译，而用废弃的旧词语译之，让人不易理解；(2) 有些地名直接采用意译，对不了解梵文的人不知道是在指地名；(3) 有些词汇的翻译，若不了解梵文属性，无法了解其意思；(4) 有些音译词汇，因不了解其语法属性，翻译时往往出现异同现象；(5) 有些词汇用自己的方言翻译，不了解方言的人，往往不知其意；(6) 有些词汇前后顺序颠倒，让人不易理解；(7) 有些词汇翻译时出现断句错误，译出来的让人不易理解；(8) 有些词汇翻译时出现错译现象，不知所何云；(9) 有些词

汇因不了解历史背景，翻译时出现人名与地名相混现象；(10) 有些词汇在翻译时，翻译者为了便于读者理解，在原文上没有加上藏文冠词；(11) 在梵文中对敬词和普通词没有严格的界限，在藏译时应按藏语的语法规律去翻译；(12) 有些词汇在翻译时，不加藏文冠词反而不易理解；(13) 有些词汇在翻译时，为了便于理解而所加的冠词出现严重误差，会成为学者的笑柄，若所加的冠词得当，对理解也有一定的帮助；(14) 有些特殊词汇，需要特殊处理。总之，要有较高的翻译或理解，需学习五部大典，以及声明学、声律学、诗歌、词藻等。

萨迦班智达的“十四条”原则提出了四方面的新观点。一是鼓励新译：有些词汇不用标准的新词语翻译，而用废弃的旧词语译之，让人不易理解。二是忌用方言翻译：有些词汇用自己的方言翻译，不了解方言的人往往不知其意。三是《语合二章》指出：地名、动物名、花草名等，若译出来不易理解，最好在前面加一个藏语冠词，用梵藏合璧形式来帮助理解。但“十四条”原则提出了不同的意见：有些词汇在翻译时，不加藏文冠词反而不易理解；有些词汇在翻译时，为了便于理解而所加的冠词出现严重误差，会成为学者的笑柄。四是对译者提出了要求：要有较高的翻译或理解，需学习五部大典，以及声明学、声律学、诗歌、词藻等。

三、藏译佛典的翻译方法与理论——章嘉的“七备、十六条”

清康熙至乾隆年间，章嘉·乳贝多杰奉命将藏文版《甘珠尔》译为蒙古文，于1742年完成。在《正字——贤者之源》一书中，章嘉提出了从事翻译工作应具备的七大条件和翻译十六条原则（侃本：2008：196—198）。

章嘉提出的七大条件为：(1) 译者应持译文在世上能久存的动机进行翻译；(2) 译者切记摒弃个人名利思想；(3) 认真琢磨分析原文之意思；(4) 如遇难译之处，不分贵贱，应当虚心求教智者，消除疑惑；(5) 译出忠实原文，通顺易懂之译文，广积功德；(6) 切忌才疏学浅而自以为是，他人若成智者也不能妒忌；(7) 不重质量偏数量的翻译，误导佛祖教义，使积恶果。

章嘉提出的十六条原则，侃本先生翻译为：

(1) 佛经的内容按藏文的表达方式译成蒙古文，若容易理解，就按原样翻译。诗歌的行句，若上下移位而不影响原文的宗旨，可以上下移位而译之。散韵相间的文体可根据表达的需要，前后左右移行译之，但是内容必须要前后衔接，每一句所起的作用须察看清楚。(2) 某些佛经按藏文的表达方式翻译，不仅会造成蒙古文的赘语，而且会影响内容的理解，在不影响内容的前提下，可以将不必要的赘语删除。有时不加一些赘语，反而交代不完原文，此时在不会成为赘语的前提下，可适当加一些赘语以助理解。(3) 一词多义者，需考虑内容的前后左右，若倾向于某一方，按此译之。若两边都靠不上，蒙古文又没有这方面的对应词，以藏语音译为主。(4) 班智达和国王、大臣等人名，以及地名、植物等的名称，若翻译不易理解，或冒昧可以翻译，但是否义名相符无法确定者，在梵文或藏文前后加上班智达或国王，或花朵等冠词，以助理解。(5) 若佛经的正文有先前的译本，那么其注疏部分的译词，要与先前所译的正文对应。若正文没有先前的译本，那么先翻译正文，然后根据正文的译词译释。(6) 立论者与反驳立论者的辩词，是双方智慧的体现，翻译时语言要精练、锐利。(7) 赞颂之词、讥讽之词、惊奇之词、悲伤之词等，在佛经翻译中不用蒙古文原有的粗劣用语，改用中性词翻译。(8) 对教义的阐释不明朗或歪说教义者，应按原文的意思去翻译，不可借用其他经典的名句来替换，以免曲解原作的观点。(9) 教诫类经义中的神、物、数字等名称应掩饰的不需意译，否则其掩饰无任何意义。(10) 诗歌中所用的词藻如驴称"妙音"等，按原样翻译，不用直译原文，否则会不中听。(11) 根本知识和心性实为同一意思，但大众部和唯识宗对该词汇的理解不一致，翻译时应按各学派的习惯译之。(12) 实成和自相成，若按中观应成派的观点，可以理解为一个意思翻译，而中观自续派的观点则应理解成两种意思，在具体的翻译过程中，可根据实际意思去翻译。(13) 无我和实无，按中观可以理解为一个意思，但有些教派承认诸法无我，但不承认诸法实无。另外，与此类同的词语，均按所根据的实际情况翻译，不可盲目地不加区别地进行翻译。(14) 藏语中的过去式、现在式和未来式，以及其他语法格式所表现的意思，可根据具体情况具体翻译。(15) 蒙古语中的诗歌辞章、散文，不同藏语那样有规则地出现，但是尽量要做到文句通顺，格式统一。颂词和祈祷类的文章，可以按蒙古语特有的格式翻译，但经文必须按常规的翻译法翻译，否则会影响经文原意的理解。(16) 另外，此规定中未尽的事宜，若需要另行解决，任何个人不得随意行事，必须经过译场合理的翻译为要。

佛典翻译在汉地与藏地都有着千年以上的悠久历史，积累了丰富的实践经验，在翻译史上占有重要的地位。但佛典翻译在汉地与藏地也有不同之处。我们认为，藏汉佛教翻译传统主要存在如下差异：

1. 藏地强政治性 vs. 汉地强专业性

根据藏地佛典翻译的传统，佛典翻译的原则与标准须由最高统治者（赞普）审定、批准，因而具有相当的权威性和强制力，译场制定有比较严格的翻译纪律和翻译原则，要求只有在赞普允准、堪布同意的前提下才能翻译经文，凡是没有经过赞普允准，译师自发翻译的任何经书一概不准传诵弘扬（南小民、达瓦次仁，2010：9）。《语合二章》由藏王亲自降诏，以法令的形式颁行各地，要求所有译师无条件地遵守，具有很强的权威性和严肃性。对于新译语，《语合二章》规定：各译场在制定新译语时，必须要遵循佛典和声明学原则，并呈报堪布和大译师处，由赞普降诏后方可使用，不能擅自做主。章嘉提出的十六条原则规定：此规定中未尽的事宜，若需要另行解决，任何个人不得随意行事，必须经过译场合理的翻译为要。由此可见，自始至终，藏地佛典翻译都有统治者。

在翻译选材上，严控佛典中密宗的翻译。《语合二章》规定：密宗经典因其特殊教义需保密，不可向无根器之人讲说宣示，其间能允许译出并供修习者，若讲说不当即使词语表达正确，也会出现相反的结果，从密续中出现并准备译为藏语的，今后除密咒和本续中被译出者外，不得翻译密宗经典及咒语。《语合二章》规定：密宗经典因王廷严格保密，不可向无根器之人讲授宣示，密宗经典中出现的佛学术语未能作出正确解读，则有险误入歧途，因此须请示王廷后，由大学者据曾已翻译的密宗经典，准确无误地翻译。密宗经由印度传来，在我国唐代时创立，为佛教宗派之一，以密法为奥秘，必须经阿阇梨亲自灌顶，必须经阿阇梨亲自授三昧耶戒，并持执不怠，不经传授不得互相传习及显示非密宗信众，因此称为“密宗”。赤德松赞时期就不许翻译印度佛典之密宗除了事部以外的行部、瑜伽部和无上瑜伽部，因这三部的内容耽于酒肉，不适合吐蕃，故不译（赖永海等，第八卷，2010：34）。此外，翻译受到管控的还有律藏。赤德松赞时期，按藏王所吩咐的命令，剔除了不适合于西藏的三部分律仪外，翻译了说一切有部宗规的《律藏》（赖永海等，第八卷，2010：35）。赤祖德赞（热巴坚）延续了赤德松赞时期设立的翻译选材原则：一、除一切有部戒律外，其他律宗不得翻译；二、密宗诸经典不得翻译（赖永海等，第八卷，2010：38）。

藏地佛典翻译的强政治性还体现在王室对大规模译经的赞助。吐蕃大规模译经是从赤德松赞时期开始的。赤德松赞初年，王室提供僧人及寺院的一切用度，佛教三宝及僧侣之供养，均由大内府供应；在译经开始后，为了让僧人们衣食无忧地专注于佛典之翻译，赞普宣布：凡一切能者翻译了所规定的印度经典，其所有一切生活物资均由高级机构（bla-chen-po）提供，并且格如林（ke-ru-kleng）厨房为三百名僧人提供十三种膳食，负责此项事务的官员是王妃绛秋洁（byang-chub-rje）（赖永海等，第八卷，2010：32）。

相比较而言，汉地佛典翻译则是弱政治性的。在汉土，道安以前译经为私人事业，及佛教势力扩张后，帝王信奉，译经遂多为官府主办。罗什时代，姚兴始为他在长安逍遥园建西门阁；到了北魏迁都洛阳后，译经最盛，永宁寺译场的壮丽世未曾有；到了隋炀帝时，为彦琮于洛阳上林园建翻经馆，这是佛教专门译场的滥觞；唐代，太宗时为玄奘于大慈恩寺设翻经院，中宗时又为义净于大荐福寺置翻经院；宋代太宗时，为天息灾及施护在太平兴国寺建了译经院，后改称传法院（五老旧侣，

1978：173—174）。在汉土，的确译场是政治性的，是由皇家赞助的，但是与藏地不同，皇家对译场翻译事业的管控远没有那么严格：译经事业更像是专家的事业，政府不太干预具体翻译业务。译场几乎全部由印度或西域来华的僧俗领导，称为"主译"，中国人当主译的，仅有玄奘和义净等少数，只有唐朝时朝廷曾往译场派遣过大员监译。历代皇家并未曾就翻译的佛典选材给出明确的规定，也未制定具体的翻译原则与翻译标准。佛典翻译的政治性主要体现在官方赞助方面，而不是在具体的翻译业务方面。

2. 藏地强规范性 vs. 汉地强程序性

松赞干布（617—650）在位时，派大臣吞弥·桑布扎去印度学习文字，返回后根据梵文创造了藏族自己的文字（赖永海等，第八卷，2010：3）。藏语文的产生在某种程度上就是为佛典翻译量身制作的，所以藏地高度重视佛典的翻译，高度重视藏译佛典的载体"藏文"的规范（南小民、达瓦次仁，2010：10）。也就是说，由于佛典翻译时期，藏文尚未完全确立，还不成熟，因此必须要有强有力的规范才能保证其健康的发展。这是藏地佛典翻译不同于汉地的一个重大的文字方面的原因。

规范是一种社会现象，对特定社会中的社会行为具有制约和指导作用。图里（Toury，1980：51）把规范定义为"一特定社群共有的普通价值观或思想的体现，包括对正确与错误、充分与不足的认识，以及在特定场合哪种具体的行为指示（performance instruction）是适宜和适用的"。切斯特曼（Chesterman，1997）根据语言学和社会学中对规范的分类，将翻译规范分为期待规范（expectancy norm）和职业规范（professional norm）两个大类：期待规范也称产品规范（product norm），由目的语读者对译文的期待决定，涉及翻译产品应该具有的特征；职业规范由期待规范决定，对翻译的具体过程产生影响。整体来看，由于藏文的创立较晚，为了保护藏文和藏文化的发展，藏地的佛典翻译具有较强的期待规范和职业规范，在这两方面都有明确的体现。藏地佛典翻译的强规范性主要体现在以下四个方面：

（1）译文要符合声明学的规则，要符合本民族的语法。古印度有五明，即声明、工巧明、医方明、因明和内明。声明学就是研究古印度梵文的语言和名、句、文身等如何构成的学问。通过学习声明学，可以提高对古代梵文和佛典的理解能力和转写能力。

（2）对厘定的译语不能随意更改。为了译语的统一，赤德松赞时期，责成在王宫的译经师汇编了一部大型的梵藏对照辞典——《翻译名义大集》。该辞典共分二百八十五类，收词九千余个，用作译经时的统一标准，对提高当时的翻译质量起到了重要作用，有力地保证了佛典译语的统一。

（3）规定了重译时后译与前译间的关系。例如，章嘉“十六条”的第五条规定：若佛典的正文有先前的译本，那么其注疏部分的译词，要与先前所译的正文对应。若正文没有先前的译本，那么先翻译正文，然后根据正文的译词译释。

（4）规定了译语规范。例如，章嘉“十六条”的第六、七条制定了文体规范：立论者与反驳立论者的辩词，是双方智慧的体现，翻译时语言要精练、锐利；赞颂之词、讥讽之词、惊奇之词、悲伤之词等，在佛典翻译中不用蒙古文原有的粗劣用语，改用中性词翻译。《语合二章》对名称及赞颂等词作了规定：佛、菩提、声闻部等名称及赞颂等词，将佛译为“桑杰”，其余依次递减，依照先前天子父王御前堪布及大译师等翻译《宝云经》《楞伽经》时所定之规译之。

可以看出，以上藏地四方面的佛典翻译规范都较为具体，也具有实操性。而汉地的佛典翻译很难找到这样具体的翻译规范，往往只是些笼统的翻译原则。这主要是因为，在汉地的佛典译场，翻译标准和翻译规范一般由译主来定，无需官府的核准，因而强制力及权威性不足；而在藏地翻译标准和翻译规范往往需要最高统治者的审定、批准，体现为最高统治者的翻译意志，因而具有相当的权威性和强制力（南小民、达瓦次仁，2010：10）。相比而言，汉地佛典译场中，佛典翻译时具有的强程序性特征，集中体现为译场中的分工。例如，玄奘的译场有十一道严格的程序：主译、证文、笔受、度语、缀文、证义、参详、利洗、润文、梵呗、监阅。藏地的译场则无这么多翻译的程序，这可能是因为梵汉语言间的差异远大于梵藏语言间的差异的缘故。

3. 藏地强可读性 vs. 汉地强忠实性

在汉地，译语的问题主要是文体问题，即文质之争。佛典翻译中文质之辨的产生，其直接的原因是中印语言的差异，由于印度佛典的口语化和繁复的铺叙不符合中国士人的阅读习惯，是否改变印度佛典的原始语言风格，成了译者首先要关切的问题，在这种情况下他们借用了儒家的文质论进行论辩，并在一定程度上改变了文质论原有的内涵：将保留印度佛典语言风格的译经称为“质”，将改变印度语言风格以适应汉人阅读风格的称为“文”（卢翠琬，2017：98）。在汉地的佛典翻译中，质派的代表是安世高和道安，文派的代表是鸠摩罗什，后来慧远又提出了文质折中论。在翻译实践中，文质折中实际是很难做到的：“辞旨如本，不加文饰，饰近俗，质近道，文质兼，唯圣有之耳。”“然文过则伤艳，质甚则患野，野艳为弊，同失经体。故知明允之匠，难可遇矣。”卢翠琬（2017：97）指出，文质之辨一直是佛典翻译过程中所要面对的两难抉择，这是弱势文化在融入强势文化过程中所必须经历的痛楚和挣扎：既想要努力保存自己的“本性”，却又不得不适应后者的同化，纵观佛典翻译中“文质之争”的流变，所体现的正是中国本土文化对译者翻译策略的“影响和操纵”。阮炜（2011：22）指出，佛教在形成后数百年乃至上千年时间内一直是一种充满了活力的宗教，一种积极传扬其独特世界观和生活方式的宗教，而这么一种宗教初入中土时，所遇到的文化却是一种形态迥异的文化，双方价值观差异甚大，冲突在所难免，在中国价值观面前，佛教要立住脚并播扬开来，采取一种调和、适应或中国化的方略成为必然。佛教适应汉土的做法有两方面：一是思想内容上的“格义”之法。例如，安世高翻译《安般守意经》时就说：“安为清，般为净，守为无，意名为，是清净无为也。”二是文体上的化繁为简，即由质到文的转化。但这只是理论上的推理，在汉地的佛典翻译实践中，除了鸠摩罗什等少数译家以文为主外，实际上大多数的译家（包括玄奘在内）都是以质为主，这也是汉地佛典翻译“案本”思想在文体上的体现。换言之，在汉地，佛典翻译以原文为主，以信为主。

但在藏地，文质之争始终没有成为重要的翻译问题。这可能主要由于梵藏语言间差异较小，因藏文本来就是在梵文基础上创立而来的，而梵汉语言间则差异较大，文体迥异。与汉译佛典相比，藏译佛典在语体诸方面与梵本佛典更为接近，普遍认为由于藏文翻译照顾到梵语语法的词尾变化和句法结构，因而极易还原为梵语原文（甘生统，2014：84）。由于没有文质之争的苦恼，梵藏翻译自然对文质问题不会过多考虑。梵藏翻译中讨论最多的是直译与意译的问题。由于语言间差异小，梵藏间意译自然就更容易，因此藏地佛典翻译以意译为主。根据《语合二章》，翻译佛典之规则有两条：一是不违背经义，二是蕃人易于理解。《语合二章》还规定：对关联词或修饰词，尽量做到符合原文又能连接的作用，对于无多意义的应按意译为主，但是不增加赘词为宜。为了使译文易于理解，章嘉提出的“十六条”翻译原则的第二条指出：“某些佛典按藏文的表达方式翻译，不仅会造成蒙古文的赘语，而且会影响内容的理解，在不影响内容的前提下，可以将不必要的赘语删除。有时不加一些赘语，反而交代不完原文，此时在不会成为赘语的前提下，可适当加一些赘语以助理解。”这也就是说，在翻译中可做增删的处理。旺多（2013：99）比较了《般若波罗蜜多心经》的汉藏译文风格：《般若波罗蜜多心经》，梵文 Prajnaparamitahrdayasutra，藏语译为 shes rab kyi pha rol duphyin pa'i snying po。“般若”为梵文 Prajna 的汉文音译，本义为“智慧”“睿智”，藏文意译为 shes rab，意为“智慧”；“波罗蜜多”为汉文音译，梵文为 Paramita，藏文意译为 pha rol du phyn pa，意为“度”“到彼岸”；“心”则为“中心”“精髓”“精要”，亦即一切般若波罗蜜多精华或精要，藏文意译作 snying po，意为“心脏”。此经名称汉文以音译为主，而藏文完全使用意译，可以看出两地对经文名称的不同理解和译风。

4. 藏地强务实性 vs. 汉地强务虚性

热贡·多杰卡（1996：64）指出，藏地译经师们在译经过程中还善于总结经验，形成了别具一格的翻译理论，即《语合二章》，这部翻译理论虽然不完整，但简明扼要，切合实用，达到了相当高的认识水平与概括能力。无论是《语合二章》，还是萨迦班智达的“十四条”原则、章嘉的“十六条”原则，既包括对音译、词译、语序、术语、文体、重译等的规定，也包括翻译选材的规定，都非常务实，可指导具体的翻译实践。与彦琮的“八备说”相比，章嘉对译者的“七备说”更为务实。例如，章嘉“七备说”的第一条和第七条指出译者应持译文在世上能久存的动机进行翻译，翻译要重质量而非数量。这是彦琮“八备说”所未提及的，对译者来说更具实际意义。藏地佛典翻译理论务实性的另一重要表现是具有体系性。例如，侃本所总结的《语合二章》的内容为：

三大原则、四种方法、四条注意事项，有原则，有方法，有注意事项。相比较而言，汉地的佛典翻译理论多是务虚的。鸠摩罗什提出了“文义圆通”的翻译原则，但这只是原则，没有具体的指导翻译实践的规定。道安的“五失本”谈论的是文体问题，况也主要是指出了问题，并没有提出问题的解决方案。玄奘的“五不翻”与赞宁的“六例说”较为务实和具体，但谈及的主要是音译的问题。在汉地的佛典翻译中，对文质、语序、词语的翻译等问题都未总结出务实的解决方案。这也反映出汉地的佛典翻译不善于总结翻译经验和翻译理论，而藏地的佛典翻译较为善于总结翻译经验和翻译理论。

因此，藏地与汉地佛典翻译间的差异可列表如下：

表 4-1　藏地与汉地佛典翻译差异

藏地佛典翻译	汉地佛典翻译
强政治性	强专业性
强规范性	强程序性
强可读性	强忠实性
强务实性	强务虚性

在缔造和发展伟大的藏族文化的过程中，翻译工作者曾经起过无与伦比的作用（热贡·多杰卡，1996：66）。旺多（2013：104）指出，由于历史上我国西藏与印度之间宗教文化上的密切关系，藏传佛教与印度佛教的研究引起人们的极大兴趣和关注，形成了“印藏佛学研究”（Indo-Tibetan Buddhist Studies），而“汉藏佛学研究”（Sino-Tibetan Buddhist Studies）却没有得到人们足够的重视，未来汉藏佛学研究同样具有学术潜力，其中一项极为重要的工作应该是汉藏佛典翻译的研究和对勘。

第九节　《法华经》竺法护、罗什翻译方法比较

《法华经》（全称《妙法莲华经》）是大乘佛教极为重要的经典，在我国影响经久不衰。《妙法莲华经》译自梵文 Saddharma Pṇḍárīka Sūtra，Saddharma 意译为“妙法”，即一乘因果；Pṇḍárīka 意为“白莲花”，以莲花作比喻，指完美、洁白、清净的佛法；Sūtra 意为经。在《法华经》的汉译本中，竺法护于西晋太康七年（286）所译《正法华经》和鸠摩罗什于后秦弘始八年（406）所译《妙法莲华经》影响较大，尤以罗什所译《妙法莲华经》影响最大。

竺法护（231—308），梵名 Dharmarakṣa，西晋时僧人，祖籍月氏，世居敦煌，人称“敦煌菩萨”。在我国早期的佛典翻译中，竺法护发挥了重要作用。僧祐曾言：所获大小乘经《贤劫》《大哀》《正法华》《普耀》等凡一百四十九部。孜孜所务，唯以弘通为业，终生译写，劳不告倦。经法所以广流中华者，护之力也。但竺法护时期属于我国佛典翻译从东汉到魏晋的“古译”时期，译者多采用硬译的方法，除了忠实于原文外，还因为很多概念在汉语中找不到，于是音译和仿译大行其道，尤其是依照原文逐字逐句地直译原文中的构词方式和句法结构，从而导致译文的“洋泾浜”味道很重（朱庆之，2009）。道安在《合放光光赞略解序》中对竺法护译文的评价是：言准天竺，事不加饰。悉则悉已，而辞质胜文也。当时，竺法护也尚未形成固定的翻译风格。布彻（Boucher，1996：6）对竺法护译文风格的评价是：在近乎完全直译和夹杂着中国文学典故的松散的意译间胡乱地起伏不定。到了东晋南北朝的“旧译”时期，佛教传入中国将近四百年，中国文化和汉地民众对佛教的接受程度、汉语对佛教义理的传达能力和外来译者对汉语的驾驭能力

都有所提高，译经理论和技巧也大为改进，已有道安“五失本”“三不易”等理论，直译和硬译的成分逐渐减少，取而代之的是既能有效反映原文句意文法又符合汉语表达方式和习惯的翻译用语，译文更加流畅，尤其是鸠摩罗什的译作，一经问世，便于汉地盛传，超越此前所有译本，“时所宗尚，皆弘秦本”（姜南，2011：22）。宋赞宁法师对罗什所译《法华经》的评价是：“童寿译《法华》，可谓折中，有天然西域之语趣矣。”竺法护和鸠摩罗什都是中国译经史上举足轻重的翻译大师，代表了中国译经史上两个重要阶段——“古译”和“旧译”时期的最高译经水平（姜南，2011：21）。因此，有必要比较《法华经》竺法护、罗什的翻译方法。本节中《法华经》的梵文原文及鸠摩罗什与竺法护的译文均引自姜南（2011）所著《基于梵汉对勘的〈法华经〉语法研究》。

一、从格义到音译

罗什之前，对佛典中中土没有的概念的翻译往往采用格义的比附之法，特别是用道家之法来比附佛法。例如，以“道”译“bodhi”（菩提）、以“真人”译“arhat”（阿罗汉）、以“无为”译“nirvana”（涅槃），这造成了对佛理的曲解。当然，用格义之法也是佛典初传入我国时能为汉土所理解必经的阶段。随着佛教在汉土更深入的传播，其曲解佛理之弊端也日益显露。罗什深知此弊端，所以设法摒弃格义之法，而采用音译或创立新名词等方法，匡正译文。对此，陈寅恪（2001：186）的评价是：“什公新译诸经既出之后，其文精审畅达，为译事之绝诣。于是为‘格义’者知新译非如旧本之含混，不易牵引傅会，与外书相配拟。”

例 1

梵文原文：bhagavan nirudyamās anuttarāyām samyak-saṃbodhāu apratibalās sma aprativīrya-ārambhās sma

竺法护译文：无上正真之道，进力少，无所堪任。

罗什译文：无所堪任，不复进求阿耨多罗三藐三菩提。

根据佛教的解释，"阿耨多罗三藐三菩提"就是佛所觉悟之境界，就是佛菩提，发阿耨多罗三藐三菩提心就是发起证得佛菩提之心，就是发起成就佛道之心。凡夫所以不觉皆因有我，有我则有你，有你有我，便有是非，有是非则有取舍，有取舍便有憎爱，如烦恼跟之而来，业障亦起，所以一定要觉，则无我，无我则无烦恼，无烦恼则无业障，就具备了般若之智慧。因此，在佛教中 anuttarāyām samyak-saṃbodhāu 有着丰富的内涵，竺法护将其译为"无上正真之道"，是用道家的概念比附佛教的概念，难免隔靴搔痒，无法翻出其丰富的内涵。罗什意识到了翻译中格义之法的弊端，所以采用了音译之法，将其译为了"阿耨多罗三藐三菩提"。

例 2

梵文原文：kṛtvāna pūjāṃ dvi-padottamānāṃ samudāniya jñānam idaṃ anuttaram sa paścime cocchrayi loka-nātho bhaviṣyate apratimo maharṣiḥ

竺法护译文：供养诸佛，天人之尊，合集得至无上大道。

最于来世，尊无上伦，为大圣道，无极神仙。

罗什译文：供养最上，二足尊已，修习一切。

无上之慧，于最后身，得成为佛。

jñānam idaṃ anuttaram 为“这最胜智慧”之义，竺法护将其译为了“无上大道”，罗什的翻译是“无上之慧”；loka-nātho 为佛的另一称号——“世间导师”，竺法护将其译为了“大圣道”，罗什的翻译是“佛”；apratimo maharṣiḥ 是“无与伦比的大神”之义，竺法护译为了“无极神仙”，罗什未翻译。这句话的意思是：供养两足尊后，便能集成无上智慧。可以发现，在短短一句话的翻译中，竺法护就三次用到了道家之语：无上大道、大圣道、无极神仙，而罗什未用一次，仅用“佛”来翻译。

例 3

梵文原文：aho nāma aham nirvṛti-prāptas bhaveyam yadi me sa putras imam dhana-skandham paribhuñjītas

竺法护译文：愿得见子，恣所服食，则获无为，不复忧戚。

罗什译文：我若得子，委付财物，坦然快乐，无复忧虑。

这是第四品中讲的一个譬喻。有一位男子，年少无知时离开了他的父亲，现在已到了五十多岁，仍然很贫困，便四处漂荡。他的父亲颇为富裕，找了他多年，却无结果，现在身体日益老朽，又有大量金银财宝没有子嗣继承，因此常有这样的念头：如果能够再找回儿子，将所有的家产委托于他，就不再有忧虑了。我们看到，竺法护的译文使用的是“无为”，很明显这是用道教的概念来比附佛教的概念。nirvṛti-prāptas 是“已得灭度”之义，罗什将其译为了“坦然快乐”。

例 4

梵文原文：atha khalu bhagavān imā gāthā bhāṣitvā sarvāvantaṃ

bhikṣu-saṃgham āmantrayate sma

竺法护译文：于是世尊说斯颂时，一切普告诸比丘众：

罗什译文：尔时世尊说是偈已，告诸大众：

gāthā 是佛典文本中特有的文体，汉土未有。竺法护采用了汉土已有的文体概念"颂"来对译，而罗什则采用了 gāthā 的音译，创造出了佛典中"偈"的文体概念，为后世所沿用。

例 5

梵文原文：abhijṇātair maha-śrāvakaiḥ tad-yathā āyu ṣmatā c' ājñātakauṇḍinyena āyuṣmatā caśvajitā āyuṣmatā ca bāṣpeṇa āyuṣmatā ca mahānāmnā āyuṣmatā ca bhadrikeṇa āyuṣmatā ca mahākāśyapena āyuṣmatā coruvilvākāśyapena āyuṣmatā ca nadīkāśyapena āyuṣmatā ca gayākāśyapena āyuṣmatā ca śāriputreṇa āyuṣmatā ca mahāmaudgalyāyanena āyuṣmatā ca mahākātyāyanena āyuṣmatā cāriruddhena āyuṣmatā ca revatena āyuṣmatā ca kapphinena āyuṣmatā ca gavāṃpatinā āyuṣmatā ca pilindavatsena āyu ṣmatā ca bakkulena āyu ṣmatā ca mahākauṣṭhilena āyu ṣmatā ca bharadvājena āyuṣmatā ca mahānandena āyuṣmatā copanandena āyuṣmatā ca sundaranandena āyu ṣmatā ca pūrṇāmaitrāyaṇīputreṇa āyu ṣmatā ca subhū tinā āyuṣmatā ca rāhulaena ebhiś cānyaiś ca mahā-śrāvakaiḥ āyuṣmatā c' ānandena śaikṣeṇa

竺法护译文：名曰：贤者知本际、贤者大迦叶、上时大迦叶、象迦叶、江迦叶、舍利弗、大目犍连、伽旃延、阿那律、劫宾㝹、牛呞、离越、譬利斯、薄拘卢、拘絺、难陀、善意、满愿子、须菩提、阿难、罗云。

罗什译文：其名曰：阿若憍陈如、摩诃迦叶、优楼频螺迦叶、迦耶迦叶、那提迦叶、舍利弗、大目犍连、摩诃伽旃延、阿㝹楼驮、劫宾那、憍梵波提、离婆多、毕陵伽婆蹉、薄拘罗、摩诃拘絺罗、难陀、孙陀罗难陀、富楼那弥多罗尼子、须菩提、阿难、罗睺罗。如是众所知识大阿罗汉等。

这是《妙法莲华经》开篇第一品中讲到的，佛住王舍城、耆阇崛山中，与大比丘众万二千人俱宣说本经，听众皆是阿罗汉。文中所提名字皆为听众中阿罗汉的名字。可以发现，罗什译文的翻译原则是统一的，即对这些名称都采用音译，如 ājñātakauṇḍinyena 译为了“阿若憍陈如”，mahākāśyapena 译为了“摩诃迦叶”，nadīkā śyapena 译为了“那提迦叶”，pilindavatsena 译为了“毕陵伽婆蹉”，pūrṇāmaitrāyaṇīputreṇa 译为了“富楼那弥多罗尼子”，rāhulaena 译为了“罗睺罗”。竺法护译文中的翻译原则则是不一致的。例如，āyuṣmatā c'ājñātakauṇḍinyena 译为“贤者知本际”是意译的方法；āyuṣmatā ca mahākāśyapena 译为“大迦叶”是意译+音译的方法；āyuṣmatā ca kapphinena 译为“劫宾㝹”是纯音译的方法。因此，可以说，竺法护在翻译《正法华经》中的专有名词时，尚未找到固定的翻译方法，对音译之法认识尚不足，信心也不足。相比而言，鸠摩罗什在翻译《妙法莲华经》时，对音译的认识更加充分，运用也更加自如。罗什之后，音译之法在我国佛典翻译中继续得到重视和发展，直到唐时玄奘提出“五不翻”理论而达到顶峰。“五不翻”并非简单地音译，而是“为了避免与原来中文意思的混淆和误解，一方面尽量选择那些很少出现在标准书面汉语中的字（如萨、阗、勒、伊、昙等)。另一方面，也有相当多常用的字如山、尸、门、车、沙等也经常出现在佛教译文中，但由这些字组成的词是在汉语词组中所不常见的，由此形成了佛教的专有名词，像‘山门’‘尸弃佛’‘门头’‘沙门’等”。(何锡蓉，2004：222)

此外，竺法护对音译运用的不确定也反映在他其他译经作品中。例如，对佛典中绝大多数咒语的翻译，在中土一般只译音，不译意。但竺法护所翻译的密教《海龙王经·总持品第七》中将一段陀罗尼（梵文dhāranī，指特殊的密语或咒言）全部进行了意译：

> 缘应意，随顺意，欣乐迹，直意，越度，无尽句，次第，面，光目，光英，志造，净意，行步入，勇力，济冥，所持，为上，寂门，入寂，灭尘，离居，居善，随顺，离次，无所至，所住，无所住，至处。

二、从滞文到流畅

罗什十分注重译文的流畅性。梁释慧皎《高僧传·僧睿传》记载：

> 什所翻经，睿并参正。昔竺法护出《正法华经·受决品》云：“天见人，人见天。”什译经至此，乃言曰：“此语与西域义同，但在言过质。”睿曰：“将非‘人天交接，两得相见’?”什喜曰：“实然。”其领悟标出，皆此类也。

例 1

梵文原文：anyaḥ sa tena kālena tena samayena śubhavyūho nāma

raja-abhūt na khalu punaḥ kulaputrā yuṣmābhir eva draṣ ṭavyaṃ tat kasya hetoḥ ayam eva sa Padma-śrīr bodhisattvo mahāsattvas tena kālena tena samayena śubhavyūho nāma raja abhūt

竺法护译文：欲加尔时净复净王发道意者岂是异人？莫造此观，所以者何？则是今现莲华首菩萨是。

罗什译文：妙庄严王岂异人乎？今华德菩萨是。

这是第二十七品中释迦牟尼佛对法华会上的大众说的一句话，意思是：妙庄严王难道是旁人吗？他就是现在的华德菩萨。梵文原文是一个成对使用的繁琐句，竺法护也是如此翻译的，艰涩难懂，不流畅。罗什的译文将此句的繁琐结构简化了，译文不到竺法护译文的一半长，逻辑也梳理清晰了，因此罗什的译文更为简洁、流畅。

罗什在准确理解原文的基础上，打破原文的条框，利用秦言重铸新辞，照顾了中国文化的认知感受，在译文中再现、再造了原文的风采（侯健，2017：21）。

例 2

梵文原文：katamac ca bhaiṣajyarāja tathāgatacīvaraṃ mahākṣāntisauratyaṃ khalu punar bhaiṣajyarāja tathāgatacīvaraṃ katamac ca bhaiṣajyarāja tathāgatasya dharmāsanaṃ sarvadharma śūnyatāprave śa ḥ khalu punar bhaiṣajyarāja tathāgatasya dharmāsannaṃ

竺法护译文：何谓着衣于如来被服？谓人忍辱和安雅，是则名为如来被服；何谓世尊师子之座？解一切法皆悉空寂，处无想愿，是为世尊师子之座。

罗什译文：如来衣着，柔和忍辱心是；如来座者，一切法空是。

这句话的意思是：药王啊！如来衣是什么样呢？药王啊！如来衣就是大安忍。药王啊！如来法座又是什么样呢？药王啊！如来法座就是了解诸法空性。可以说，竺法护是对原文逐字逐句的直译，使得译文也呈现出重复冗赘的特点，与原文如出一辙，而罗什的“S，N 是”句式跟原文的句型特征毫无相似之处，明显经过简化处理（姜南，2011：168）。因此，罗什的译文更符合汉语的特征，也更流畅。

三、从文丽到无华

由于华梵之间巨大的语言差异，佛典翻译中文体的翻译成了一大难题。在这方面，罗什作出了巨大的努力，且成就非凡。

例 1

梵文原文：te taṃ bhagavantam abhiniṣkrānta-gṛhā-vāsaṃ viditvā ’nuttarāṃ ca samyak-saṃbodhim abhisaṃbuddhaṃ śrutvā sarva-rājya-paribhogān utsṛjya taṃ anupravrajitāḥ

竺法护译文：适闻得佛，寻皆离俗，不顾重位，诣世尊所，悉为沙门。

罗什译文：是诸王子闻父出家，得阿耨多罗三藐三菩提，悉舍王位，亦随出家。

这句话讲的是：佛在未出家时，有八位王子（有意、善意、无量意、宝意、增意、除疑意、向意和法意），听说他们的父亲出家修行并获得无上正等觉后，全部舍弃王位，跟随父亲出家为僧。这是第一品中散文部分的一句话，而非偈颂部分的话，因此没必要运用四字格的形式。但我们看到，竺法护的译文共五个小句，皆为四字格，过分追求文辞的华丽，而罗什的译文则使用了散文体。也可能是追求四字格的缘故，竺法护的译文没有罗什的译文翻译得准确。南北朝时期，凡中土文献，四、六字句式常见，既讲究对仗工整，运用平仄，韵律和谐，又注重文藻和用典，西晋以后汉译佛典中“四字格”语言也极为盛行，但并不押韵，也不对仗（龙国富，2013：6）。由此可见，竺法护的文体还是受中土文献影响较大，但罗什则注意两者的调和，有时常用五言体。

例 2

梵文原文：Prayatā sucittā bhavathā kṛāñjalī bhāṣiṣyate lokahitānukampī varṣiṣyate dharmam anantavarṣaṃ tarpiṣyate ye sthita bodhihetoḥ yeṣāṃ ca saṃdehagatīha kācid ye saṃśayā yā vicikitsa kācit vyapaneṣyate tāṃ vidur ātmajānāṃ ye bodhisattva iha bodhiprasthitāḥ

竺法护译文：诸怀道意，悉叉手归，导利世者，今者分别，当雨法雨，柔软法教，普润饱满，履道意者，其有诸天，入于无为，志怀狐疑，而有犹豫，若有菩萨，求斯道意，今当蠲除，吾我之想。

罗什译文：诸人今当之，合掌一心待，佛当雨法雨，充足求道者，诸求三乘人。若有疑悔者，佛当为除断，令尽无有余。

此段竺法护的翻译，语言虽然详尽，但过于生硬，不利于理解，表达虽然清楚，却文言色彩太浓，不便于讲解和传诵；而罗什的翻译，不但语言通俗易懂，而且表达流畅自然（龙国富，2013：28）。因此，可以说，罗什已找到了朴实无华的佛典翻译文体。

四、从失旨到达旨

这主要指的是罗什之前，由于对梵文的掌握不足，翻译时多有不准确之处。罗什重译时，则对这些谬误之处都进行了匡正。

例 1

梵文原文：bahu-buddha-koṭī-nayuta-śata-sahasra-prayupāsitāvino hi śāriputra tathāgatā arhantaḥ samyak-saṃubddhā bahu-buddha-koṭī-nayuta-śata-sahasra-cīrṇa-caritāvino ‘nuttarāyāṃ samyak-saṃbodhau dūrānugatāḥ kṛta-vīryā āścaryādbhuta-dharma-samanvāgatā durvijñeya-dharma-samanvāgatā durvijñeya-dharmājñātāvinaḥ durvijñeyaṃ śāriputra saṃdhābhāṣyaṃ tathāgatānām arhatāṃ samyak-saṃbuddhānāṃ

竺法护译文：从本亿载，所事归命，无央数劫，造立德本，奉遵佛法，殷勤劳苦，精进修行，尚不能了道品之化。

罗什译文：佛曾亲近百千万亿无数诸佛，尽行诸佛无量道法，勇猛精进名称普闻，成就甚深未曾有法，随宜所说意趣难解。

这是第二品中的一句话，意思是：佛陀亲近供养过百年千万亿难以计数的无量诸佛，并随顺诸佛实践修行无量的成道法门，勇猛无畏，精进不怠，如此声名已经广为知晓，并成就了前所未有的深妙法门，佛陀随顺不同众生的根性予以说法，法义微妙难解。因此，我们可以看出，竺法护的译文，除了“精进修行”与原文保持一致外，其余都与原文有较大的出入。正是基于竺法护译文的不准确，罗什进行了修正，与原文较好地保持了一致。由此可见，罗什对待翻译的态度极为认真，“胡音失者，正之以天竺；秦言谬者，定之以字义，不可变者，即而书之，是以异名斌然，胡音殆半”。

例 2

梵文原文：te taṃ bhagavantam abhiniṣkrānta-gṛhā-vāsaṃ viditvā 'nuttarāṃ ca samyak-saṃbodhim abhisaṃbuddhaṃ śrutvā sarva-rājya-paribhogān utsṛjya taṃ anupravrajitāḥ

竺法护译文：适闻得佛，寻皆离俗，不顾重位，诣世尊所，悉为沙门。

罗什译文：是诸王子闻父出家，得阿耨多罗三藐三菩提，悉舍王位，亦随出家。

早期竺法护的译本由于逐字逐句翻译原文，经常会受到原文语序的干扰，将原文出现在后半句的动词独立式也最后译出，掩盖了对此独立式表示先行的体貌涵义，因此罗什在重译时通过变更语序予以匡正（姜南，2011：87）。

总体来看，罗什的译经已经达到了一个前所未有的水平。唯是鸠摩罗什才将佛典翻译推向成熟阶段，其所出译典文意并茂，世称“新经”（王铁钧，2006：140—141）。关于罗什译经，梁启超《翻译文学与佛典》做了高度总结与阐述：

吾辈读佛典，无论何人，初展卷必生一异感，觉其文体与他书迥然殊异。其最显著者：（一）普通文章中所用“之乎者也矣焉哉”等字，佛典殆一概不用；（二）既不用骈文家之绮词丽句，亦不采古文之绳墨格调；（三）倒装句法极多；（四）提挈句法极多；（五）一句中或一段落中含解释语；（六）多复牒文语；（七）有连缀十余字乃至数十字而成之名词——名词中含形容词格的名词无数；（八）同格的语句，铺排叙列，动至数十；（九）一篇之中，散文诗歌交错；（十）其诗歌之译本为无韵的。凡此皆文章构造形式上，豁然开辟一新国土。质言之，则外来语调之色彩甚浓厚。若与吾辈本来之“文学眼”不相习，而寻玩稍进，自感一种调和之美。此种文体之确立，则罗什与其门下诸彦实施其功。若专从文学方面较量，则此后译家，亦竟未能过什门者也。

第十节　《金刚经》罗什、玄奘翻译方法比较

在我国，《金刚经》是一部非常重要的佛教经典，千百年来传诵不息，在僧俗两界地位崇高（王继红，2018：1）。其主要讨论空的智慧，前半部说众生空，后半部说法空。如前所述，《金刚经》自东晋传入我国后，现存共六个汉译本，在此，我们主要比较流传最广的罗什译本与玄奘译本的翻译方法。

在佛典翻译史上，罗什与玄奘都是划时代的人物，都标志着佛典翻译进入了新的发展阶段。在罗什时代之前，佛典翻译存在三大问题：（1）失旨。《出三藏记集》“鸠摩罗什传第一”中的记载是：既览旧经，义多乖谬，皆由先译失旨，不与胡本相应。也就是说，罗什之前的佛典译文与梵文原本不能对应，对梵文原文的理解多有谬误，义理不通。另外的两大问题是：支、竺所出，多滞文格义。（2）滞文，指言辞不流畅，晦涩难懂，没有把佛教义理阐释清楚，阻碍了义理的传达。（3）格义，指用中土的概念去比附佛典的概念，这必然会造成佛典译文的失

真。对于罗什的翻译，“鸠摩罗什传第一”评价为：“什率多暗诵，无不究达。转解秦言，音译流利。……于是兴使沙门僧肇、僧䂮、僧迁等八百余人谘受什旨，更令出大品。什持胡本，兴执旧经，以相雠校。其新文异旧者，义皆圆通，众心惬服，莫不欣赞焉。”由此可见，罗什的译文得到了大家的广泛赞同。从此段评价中，我们可以概括出罗什译文的如下特点：(1) 达旨，“无不究达”，说明罗什熟谙佛典原典。(2) 音译流利，说明罗什通晓汉语，考虑中土受众需求，行文流畅。(3) 义皆圆通，说明罗什思考周全，义理圆融。概括起来，罗什的翻译总原则可以说是：文义圆通。实际上，《出三藏记集》“佛陀耶舍传第二”中也记载了罗什佛典翻译的这条总原则：“夫弘宣法教，宜文义圆通。”

关于玄奘为何重译《金刚经》，《大唐大慈恩寺三藏法师传》记载了一段唐太宗与玄奘法师关于《金刚经》的问与答，阐述了玄奘重译此经的原由：

帝又问：“《金刚般若经》一切诸佛之所从生，闻而不谤，功逾身命之施，非恒沙珍宝所及。加以理微言约，故贤达君子多爱受持，未知先代所翻，文义具不?”法师对曰：“此经功德实如圣旨。西方之人咸同爱敬。今观旧经，亦微有遗漏。据梵本具云‘能断金刚般若’，旧经直云‘金刚般若’。欲明菩萨以分别为烦恼，而分别之惑，坚类金刚，唯此经所诠无分别慧，乃能除断，故曰‘能断金刚般若’，故知旧经失上二字。又如下文，三问阙一，二颂阙一，九喻阙三。如是等。什法师所翻舍卫国也，留支所翻婆伽婆者，少可。”帝曰：“师既有梵本，可更委翻，使众生闻之具足。然经本贵理，不必须饰文而乖义也。”故今新翻《能断金刚般若》，委以梵本。奏之，帝甚悦。

由此可见，玄奘对罗什译文的主要批评有两点：（1）罗什译本相对原文来说有所遗漏，如题目中的“能断”和“三问阙一，二颂阙一，九喻阙三”等；（2）对罗什译本中有些意译的地方有所不满，如“舍卫国”等。因此，合乎逻辑的是，玄奘采用全译和直译的方法——和原文对应，没有太多讨论的空间。我们以罗什为了达到其“文义圆通”的目的所采取的各种变通的翻译方法作为参照，比较罗什和玄奘在《金刚经》中的翻译方法。本节中《金刚经》的梵文原文及鸠摩罗什与玄奘的译文均引自王继红（2018）所著《〈金刚经〉同经异译与语言研究》。梵文原文由王继红依据缪勒（Max Müller）的梵文本转写为拉丁字母，鸠摩罗什与玄奘的汉语译文依据日本《大正新修大藏经》（王继红，2018：7）。

一、裁略法

罗什翻译佛典的时期仍是佛教在我国的发展时期，还不成熟，因此罗什心知要想佛教在我国流通，在内容上就得有所裁剪。罗什译《百论》只译出前十品，而认为后十品“无益此土，故阙而不传”。罗什译《大智度论》一百卷，初品三十四卷为全译，二品以下为略译，僧睿说：“胡文委曲，皆如初品。法师以秦人好简，故裁而略之。若备译其文，将近千有余卷。”罗什《金刚经》的译文也有裁略，例如：

例 1

梵文原文：atha khalu bhagavān śrāvastīṃ mahānagarīṃ piṇḍāya caritvākṛtabhaktakṛtyaḥpaścād bhaktapiṇ ḍapātapratikrānta ḥpātracīvaraṃ pratiśāmyapādau prakṣalyanyaṣīdat prajñapte evāsaneparyaṅkam ābhujya ṛjuṃ kāyaṃ praṇidhāyapratimukhīm sm ṛtim upasthāpya atha khalu saṃbahulā bhikṣavo yena bhagavāṃs tenopasaṃkraman upasaṃkramya bhagavataḥ pādau śirobhir abhivandyabhagavantaṃ triṣpradaksiṇīkṛtyaikānte nyaṣīdan

罗什译文：于其城中，次第乞已，还至本处，饭食讫，收衣钵，洗足已，敷座而坐。

玄奘译文：时，薄伽梵于其城中行乞食已，出还本处。饭食讫，收衣皱，洗足已，于食后时，敷如常座，结跏趺坐，端身正愿，住对面念。时，诸苾刍来诣佛所，顶礼双足，右绕三匝，退坐一面。

这一段讲的是众弟子来到佛讲法的场所后，讲法之前佛和弟子们的日常佛教礼仪。佛回归精舍吃完饭食后，落座。将罗什译文和玄奘译文对比后，可以发现，罗什省译了着重号部分，只翻译了玄奘译文一半的内容。“结跏趺坐”，指的是佛双腿盘坐；“端身正愿，住对面念”，指佛端身而坐，毫不动摇，一心正念。“顶礼双足”，指佛教中最高的礼法——“顶礼佛足”，表示无上恭敬之义，具体做法是弟子以最高最尊之头顶，礼对佛最低之两足；“右绕三匝”，指顺时针绕佛三圈，佛始终在行礼者右侧，表示仰望之义；“退坐一面”，指弟子在向佛行礼后，不能与佛平起平坐，需退坐一旁。罗什的译文省去了这段佛教的礼仪。对于罗什如此处理的原因，王继红（2018：119）认为可能有二：一是罗什所据原典不同。但佛教原典对佛教礼仪向来津津乐道，不厌其烦，省略的可能性不大。二是罗什译本有着比较明显的归化倾向，以传播佛教教义为宗旨，未把这些异于中土传统的印度佛教习俗视作翻译中不可缺少的内容。这也反映出，在佛典翻译中，罗什对待文化的态度是主动地摄取，而不是被动地照搬。

梵文中有时罗列过于详尽，若全部译入中文，则有累赘多余之嫌，因此有时罗什会删去部分罗列的成分。下文讲的是《金刚经》中的无相智慧，五蕴和合为我，空五蕴即见法身，法身无相，所以见法身后，不再有我相。在该例中，罗什仅保留了罗列的“复我相、人相、众生相、寿者相”四种成分，而玄奘的译文中则有“我想、有情想、命者想、士夫想、补特伽罗想、意生想、摩纳婆想、作者想、受者想”九种成分，每种成分都不好理解，这样尽数罗列的结果就是难以卒读。

例 2

梵文原文：Tat kasya hetoḥ na hi subhūte teṣāṃ Bodhi-sattvānāṃ mahā-sattvānām ātmasaṃjñā pravartate na sattva-saṃjñā na jiva-saṃjñā na pudgala-saṃjñā pravartate nāpi teṣāṃ subhūte bodhisattvānāṃ mahāsattvānām dharmasaṃjñā pravartate evaṃ nādharmasaṃjñā nāpi te ṣāṃ subhūte saṃjñā nāsaṃjñā pravartate

罗什译文：何以故？是诸众生无复我相、人相、众生相、寿者相。无法相，亦无非法相。

玄奘译文：何以故？善现！彼菩萨摩诃萨无我想转，无有情想、无命者想、无士夫想、无补特伽罗想、无意生想、无摩纳婆想、无作者想、无受者想转。善现！彼菩萨摩诃萨无法想转、无非法想转，无想转亦无非想转。

例 3

梵文原文：kathaṃ ca saṃprakāśayet tadyathāśe tārakā timiraṃ

dīpo māyāva śyāya budbudam svapnaṃ ca vidyudabhrdaṃ ca evaṃ draṣ ṭavya saṃskṛtam tathā prakāśayet tenocyate saṃprakskāśayediti

罗什译文：云何为人演说？不取于相，如如不动。何以故？一切有为法，如梦幻泡影，如露亦如电，应作如是观。

玄奘译文：云何为他宣说、开示？如不为他宣说、开示，故名为他宣说、开示。尔时，世尊而说颂曰："诸和合所为，如星、翳、灯、幻、露、泡、梦、电、云，应作如是观。"

梵文原文中有九喻：星、翳、灯、幻、露、泡、梦、电、云，玄奘译文中将此九喻都进行了翻译，但罗什译文只翻译了六喻：梦、幻、泡、影、露、电，并通过"如梦幻泡影，如露亦如电"较为整齐并列的方式呈现出来，成为广受后世赞誉的经典译文。

二、删繁法

罗什译文中的删繁主要体现在以下五个方面。一是语句表达上力求简约，语言上达到中文经典的凝练。僧肇在《维摩诘经序》中指出罗什译《维摩诘经》，"其文约而诣，其旨婉而彰"。可见，罗什译经注重简约。梵文在语言表达上往往呈现出较多的繁复，但"秦人好简"，这是梵文和中文在文体上的重大差异。《出三藏记集》卷第十四"鸠摩罗什传第一"中生动地记录了罗什如何应对由于梵文和中文文体上的巨大差异而带来的翻译困难："什每为叡论西方辞体，商略同异，云：天竺国俗，甚重文藻，其宫商体韵，以入弦为善。凡觐国王，必有赞德，见佛之仪，以歌叹为尊。经中偈颂，皆其式也。但改梵为秦，失其藻蔚。虽得大意，殊隔文体，有似嚼饭与人，非徒失味，乃令呕哕也。"罗什既熟谙梵文，又通晓中文，面对二者在文体上的巨大差异，其在翻译中十分重视文体问题，将佛典翻译为中文时力求简约。

例 4

梵文原文：Jñātās te subhūte tathāgatena buddhajñānena dṛṣṭās te subhūte tathāgatena Buddha-cakṣuṣā buddhās te subhūte tathāgatena

罗什译文：须菩提！如来悉知悉见。

玄奘译文：善现！如来以其佛智悉已知彼，如来以其佛眼悉已见彼。善现！如来悉已觉彼。

在该句梵文原语中，称呼语“subhūte”重复了两遍。在中文中，这种称呼语往往使用一次就足矣。罗什的译文只译了一遍“须菩提”，删去了第二次的重复。玄奘的译文则保留了称呼语重复，译了两遍“善现”。“如来以其佛智悉已知彼”与“如来以其佛眼悉已见彼”在结构上是重复，最后一句“如来悉已觉彼”与“如来以其佛智悉已知彼”和“如来以其佛眼悉已见彼”表达的意义也是大同小异，这种“一咏三叹”的表达方式在中文中就显得不够简洁，让人觉得啰嗦，甚至有累赘之感。罗什的译文则只用了六个字——如来悉知悉见，删去繁复，表述上力求简约，较为符合汉语的文体。

例 5

梵文原文：tat kasya hetoḥ paramapāramiteyaṃ subhūte tathāgatena bhāṣitā yad utāpāramitā yāṃ ca subhūte tathāgath paramapāramitāṃ bhāṣate tāmaparimāṇā api buddhā bhagavanto bhāṣante tenocyante paramapāramiteti

罗什译文：何以故？须菩提！如来说第一波罗蜜，非第一波罗蜜，是名第一波罗蜜。

玄奘译文：何以故？善现！如来说最胜波罗蜜多，谓般若波罗蜜多。善现！如来所说最胜波罗蜜多，无量诸佛世尊所共宣说，故名最胜波罗蜜多。如来说最胜波罗蜜多，即非波罗蜜多，是故如来说名最胜波罗蜜多。

两种译文相比，罗什的译文不仅简洁，而且用了“是，非，是”的三个小句的逻辑模式，表述非常清晰，较为合乎我国的逻辑认知。玄奘的译文则显得冗长，《金刚经》中最常见的“是，非，是”的逻辑模式也呈现不明。

二是根据上下文语篇上的传承，可将一些繁复的内容删去，例如：

例 6

梵文原文：subhūtirāhabahu bhagavan bahu sugata sa kelaputro vā kuladuhitā vā tatonidānaṃ puṇyaskandhaṃ prasunuyāt

罗什译文：须菩提言：“甚多，世尊！”

玄奘译文：“甚多，世尊！甚多，善逝！是善男子或善女人，由此因缘所生福聚其量甚多。”

这句话的上文是“须菩提！于意云何？若人满三千大千世界七宝，以用布施，是人所得福德，宁为多不？”我们看到，上一句的问题是非常明确的，罗什译文中“甚多，世尊！”的回答在中文中已完全足矣。相比而言，玄奘的译文不仅重言（“世尊”和“善逝”都是佛的称号），还有多余之嫌（是善男子或善女人，由此因缘所生福聚其量甚多），没有罗什译文凝练。

三是删去语法词，例如：

例 7

梵文原文：evam uktebhagavān āyuṣmantaṃ etad avocetyāvat subhūte lakṣaṇa saṃpat tāvan mṛṣāyād alakṣaṇasaṃpat tāvan na mṛṣetihi lakṣaṇālakṣaṇatas tathāgato draṣṭavyaḥ

罗什译文：佛告须菩提："凡所有相，皆是虚妄。若见诸相非相，则见如来。"

玄奘译文：说是语已。佛复告具寿善现言："善现！乃至诸相具足，皆是虚妄。乃至非相具足，皆非虚妄。如是以相非相应观如来。"

与西方语言相比，汉语是意合语言，不太喜欢使用表语法手段的词，如时、体等。在本句中，ukte（说）是过去被动分词，玄奘用"说是语已"翻译了出来，而罗什则将此删去不译，主要是考虑到汉语的文体特征。

例 8

梵文原文：evam ukte bhagavānāyuṣmantaṃ subhūtm etad avocet prajñāpāramitā nāmāyaṃ subhūte dharmaparyāyaḥ evaṃ cainaṃ dhāraya

罗什译文：佛告须菩提："是经名《金刚般若波罗蜜》，以是名字，汝当奉持。"

玄奘译文：作是语已，佛告善现言："具受！今此法门名为《能断金刚般若波罗蜜多》，如是名字，汝当奉持。"

同样，在该例句中，玄奘保留了语法词，用"作是语已"翻译了出来，而罗什未作翻译。

例 9

梵文原文：api tu khalu punaḥ subhūte yaḥ kaścidevaṃ vadet tathāgato gacchati vā āgacchati vā tiṣṭhati vā niṣīdati vā śayyāṃ vā kalpayati na me subhūte bhāṣitasyārthamājānāti

罗什译文：须菩提！若有人言“如来若来、若去、若坐、若卧”，是人不解我所说义。

玄奘译文：复次，善现！若有说言“如来若去、若来、若住、若坐、若卧”，是人不解我所说义。

在该句中，punaḥ 是语篇衔接连词，是“又”的意思，玄奘在《金刚经》译文中多次将该词译为“复次”，但罗什将该语篇衔接词删去不译。

四是删去重复之处，例如：

例 10

梵文原文：tatkasya hetoḥ buddhadharmā buddhadharmā iti subhūte abuddhadharmāścaiva te tathāgatena bhāṣitāḥ tenocyante buddhadharmā iti

罗什译文：须菩提！所谓佛法者，即非佛法。

玄奘译文：善现！诸佛法、诸佛法者，如来说为非诸佛法，是故如来说名诸佛法、诸佛法。

可以明显看出，玄奘的译文保留了原文中“诸佛法”在第一个小句和第三个小句中的两次重复，这不太符合汉语的行文习惯，读来让人迷惑。罗什的译文则将两处重复都删去了。

例 11

梵文原文：tathāca jñātavyā draṣṭavyā adhimoktavyāḥ yathā na dharmasaṃjñāyāmapi pratyupatiṣṭhennādharmasaṃjñāyām tatkasya hetoḥ dharmasaṃjñā dharmasaṃjñeti subhūte asaṃjñaiṣā tathāgatena bhāṣitā tenocyate dharmasaṃjñeti

罗什译文：不生法相。须菩提！所言法相者，如来说即非法相，是名法相。

玄奘译文：如是不住法相。何以故？善现！法想、法想者，如来说为非想，是故如来说名法想、法想。

在此例中，玄奘的译文同样保留了原文中“法想”在句中的两次重复，这不太符合汉语的行文习惯，读来让人迷惑。罗什的译文则将两处重复都删去了。

例 12

梵文原文：tatkasya hetoḥ tathāgata iti subhūteucyate na kvacidgato na kutaścidāgataḥ tenocyate tathāgato ’rhan samyaksaṃbuddha iti

罗什译文：何以故？如来者，无所从来，亦无所去，故名如来。

玄奘译文：何以故？善现！言如来者，即是真实、真如增语，都无所去，无所从来，故名如来、应、正等觉。

在此句中，“如来、应、正等觉”都指如来，玄奘保留了这三种称号，罗什则仅保留了“如来”这一称号，省去了另外两个称号。

五是概括法，例如：

例 13

梵文原文：yac ca mayā subhūte te buddhā bhagavanta ārāgitāḥ ārāga na virāgitāḥ yacca

paścime kāle paścime samaye paścimāyāṃ pañcaśatyāṃ saddharmavipralopakāle vartamāne imānevaṃrūpān sūtrāntān udgrahiṣyanti dhārayiṣyanti vācayiṣyanti paryavāpsyanti parebhyaśca vistareṇa saṃprakāśayiṣyanti asya khalu punaḥ subhūte puṇyaskandhasyāntikād asau paurvakaḥ śatatamimapi kalāṃ nopaiti sahasratamīmapi śatasahasratamīm api koṭimamipi koṭiśatatamīmapi koṭiśatasahasratamīm api koṭiniyutaśatasahasratamīm api saṃkhyāmapi kalām api gaṇanām api upamām api upaniṣadamapi yāvad aupamyam api na kṣamate

罗什译文：若复有人，于后末世，能受持、读诵此经，所得功德，于我所供养诸佛功德，百分不及一，千万亿分，乃至算数譬喻所不能及。

玄奘译文：若诸有情后时、后分、后五百岁，正法将灭时分转时，于此经典受持、读诵、究竟通利，及广为他宣说、开示、如理作意。善现！我先福聚，于此福聚，百分计之所不能及，如是千分、若百千分、若俱胝百千分、若俱胝那庾多百千分、若数分、若计分、若算分、若喻分、若邬波尼杀昙分亦不能及。

这段话的意思是：如果再有人在后世能够受持、诵读此经，所得功德和我此前所得功德相比，还不及我的百分之一、千分之一、万分之一、亿分之一，甚至都不能用数字来譬喻。梵文中对时间和数字的划分要比汉语更细，玄奘的译文将具体的时间“后时、后分、后五百岁，正法将灭时分转时”和具体的数字“百分计之所不能及，如是千分、若百千分、若俱胝百千分、若俱胝那庾多百千分、若数分、若计分、若算分、若喻分、若邬波尼杀昙分”都如实地翻译了出来。但是，罗什的译文只是概括性地用“后末世”和“百分不及一，千万亿分，乃至算数譬喻”翻译了此句中的时间和数字。

三、通俗化法

相对而言，罗什的译文更通俗化，更晓畅，更易懂，这也是罗什的译文为何一直流行最广的原因。罗什的译文虽是《金刚经》第一个中文译文，但后来的菩提流支、真谛、达摩笈多、玄奘和义净的译文都仍不及罗什的译文流行。罗什的通俗化译法的一个重要体现就是在术语和专有名词的翻译方面。从下面对佛教术语和专有名词翻译的对比可以明显看出，玄奘多选用古奥、生僻的字词，如苾刍、室罗筏、邬波索迦、补特伽罗想、殑伽河等，读者难以望文生义，且这样的语词使用频率在整个译文中还较高，因此大大降低了其译文的可接受性。

表4－9　鸠摩罗什与玄奘译法对比

罗什译法	玄奘译法
佛	薄伽梵
舍卫国	室罗筏
比丘	苾刍
菩萨	菩萨摩诃萨
优婆塞	邬波索迦
无量百千万亿劫	俱胝那庾多百千劫
优婆夷	邬波斯迦
众生相	补特伽罗想

续表

罗什译法	玄奘译法
无我法者	无我法深信解者
无我	无我性
恒河	殑伽河
三十二相	三十二大士夫相
偈	伽他
我得阿罗汉道	我能证得阿罗汉性

四、直译意译调和法

直译意译调和首先是音译和意译的调和。一般认为，罗什是意译派的代表，实则是鸠摩罗什成功地将音译的方法引入了佛典的翻译。《出三藏记集》“鸠摩罗什传第一”对罗什之前译文的批评就是“支、竺所出，多滞文格义”。用中土的概念去比附佛典的概念，这必然会造成佛典译文的失真。面对此翻译难题，罗什的翻译方法就是音译。一般认为鸠摩罗什采用音译的方法，在佛教界产生的影响最大，普通民众阅读《金刚经》基本上都是阅读鸠摩罗什译本（王继红，2018：109）。

例 14

梵文原文：tatkiṃ manyase subhūte lakṣaṇasaṃpadā tathāgatena anuttarā samyaksaṃodhirabhisaṃbodhirabhisaṃbuddhā

罗什译文：须菩提！汝若作是念“如来不以具足相故，得阿耨多罗三藐三菩提”。

玄奘译文：佛告善现：于汝意云何？如来、应、正等觉以诸相具足现证无上正等觉耶？

anuttarā samyaksaṃodhirabhisaṃbodhirabhisaṃbuddhā 是印度佛教用语，汉土无此说法。若强用汉土概念来比附，就难免失真。阿耨多罗是“无上”之意（阿为无，耨多罗为上），三藐是“上而正”之意，三菩提是“普遍的智慧和觉悟”，结合起来整体的意思就是“最高的智慧觉悟”。玄奘将此译为了“无上正等觉”，而罗什则用音译“阿耨多罗三藐三菩提”，既使其译文有了“天然西域之语趣”，又避开了用中土概念翻译的比附之嫌。当然，玄奘在其他地方也使用了音译，但使用频率较高；罗什使用音译的频率较低，且主要用在了佛教术语和人名方面（如“须菩提”等）。因此，就《金刚经》的翻译而言，我们认为罗什使用的音译调和法较为恰当，玄奘使用音译的频率和范围则有过高过广之嫌。当然，我们都知道，后来玄奘又进一步发展和充实了音译法，提出了著名的“五不翻”理论。

例 15

梵文原文：subhūtirāhano hīdaṃ bhagavan sa sakṛdāgāmina evaṃ bhavati mayā sakṛdāgāmiphalaṃ prāptamiti tatkasya hetoḥ na hi sa kaściddharmo yaḥ sakṛdāgāmitvamāpannaḥ tenocyate sakṛdāgāmīti

罗什译文：须菩提言：“不也，世尊！何以故？斯陀含名一往来，而实无往来，是名斯陀含。”

玄奘译文：善现答言：“不也，世尊！诸一来者不作是念‘我能证得一来之果’。何以故！世尊！以无少法证一来性，故名一来。”

根据佛法的解释，所谓欲界思惑，分九品，须分七次破，就是须七返生死，才能破欲界思惑。所谓一返生死，就是生到天上，天报已尽，即转人间，人间福尽，又到天上。证得斯陀含果后，还要一次人天往返才能入无余涅槃，因此斯陀含又名“一往来”，是一佛教专门术语。罗什采用了音译的方法，用“斯陀含”翻译了梵文的佛教术语subhūtirāhano；但玄奘则没有采用音译的方法，而是意译为了“一来”。实际上，意译的话，可能“一往来”更准确些。由此可见，在翻译《金刚经》时，玄奘并没有认真地贯彻自己所提出的“五不翻”的翻译原则。

直译意译调和还体现在对翻译中有时直接模仿梵文原文的语言结构，例如：

例 16

梵文原文：evaṃ mayā śrutaṃ

罗什译文：如是我闻

玄奘译文：如是我闻

可以看到，罗什和玄奘的译文都模仿了梵文原文的语序。梵文是屈折语，它的语序是宾语+主语+谓语。但3—6世纪的古代汉语，其语序是主语+谓语+宾语，按照梵文的语序直译，汉语就变成了受事主语句，汉语中虽然早有受事主语句，但数量极为有限，且一般会在动词后面出现一个表回指宾语的“之”（龙国富，2013：8—9）。该句为《金刚经》的开篇之句，罗什梵文的语言结构采取了直译的方法，应是用心为之，可能是要为译本奠定一个异域的基调。此前，东汉安世高所译的《佛说人本欲生经》、西晋竺法护所译的《贤劫经》中这句话的译文都是：“闻如是”，而不是“如是我闻”。安世高、竺法护的译文是顺应了汉语的语序，而不是模仿梵文原文的语序。

对于玄奘的译文，梁启超曾有过极高的评价："若玄奘者，则意译直译，圆满调和，斯道之极轨也。"通过对《金刚经》译文的实际分析，我们发现此种评价有些过誉了。实际上，我们认为，罗什"文义圆通"的翻译更接近此种境界。这主要是因为，玄奘的翻译过于质直，许多地方读来拗口晦涩，较难流通；而罗什的翻译借助丰富的翻译方法的使用，则既不过于质直，也不过于文丽，文义圆通。罗什的《金刚经》译文虽是第一个译文，但一直未被后来的译文所取代，是因为其达到了近似"意译直译，圆满调和"的境界，其他译文难以超越。整体来看，罗什的译文讲究原文与译文的调和，原语文化与目的语文化兼容，而玄奘的译文则主要以原文为中心，主要目的是"求真"，较少考虑其译文在目的语中的可接受性。从后世流传来看，罗什译本因文约辞丰，简洁流畅，译出时间最早而广为流传；玄奘译本则语言繁琐，译文又与罗什本相差较大，因此，备受冷遇（刘洁，2015：6）。

诚然，就忠于原文而言，玄奘的翻译确实最为全面，原文中的内容几乎没有遗漏，这是难能可贵的。当然，罗什译文的不足之处主要是裁略较多，这也是值得商榷的。

第五章　中国翻译传统及当下中国翻译学的创新

我国翻译传统研究涉及我国译学的根基，因此尤其重要。许钧（2014：2）指出，翻译研究要关注历史，直面现实。不研究我国自身的翻译传统，我国译学就很难找到自己的立足之本，创新就会成为无源之创新。我国古代的佛典翻译就是探寻我国翻译传统的始点和宝藏。赵秀明、姜春兰（2006：12）认为，中国翻译学是随着佛典翻译的开始而诞生的，即清潘耒《类音·反切音论》所说，“自梵典入中国，翻译之学兴”。季羡林（2009）在“为重新发表《从斯大林论语言学谈到“直译”和“意译”》而作”后记（载于《季羡林全集：第三十卷附编》）一文中指出：“翻译历史之长，翻译东西之多，翻译理论之丰富，哪一个国家也比不上中国。这一份极可宝贵的遗产可惜到现在也没有认真总结、继承。一千多年以前晋道安提出了‘五失本’的主张，差不多同时，后秦鸠摩罗什‘手执胡经，口译秦语，曲从方言，而趣不乖本’。可以说是意译直译两大派的代表。中间许多翻译家都或多或少讲了一些翻译理论。”

第一节　基于古代佛典翻译的中国翻译传统

近年来，我国的翻译研究已有了很大的进展。许钧（2015）指出，我们早已不再把翻译看成孤立的语言转换活动，对翻译忠实性的理解也并不再局限于语言和文字层面，各种不同的理论视角或途径为我们认识翻译与理解翻译提供了方法论的参照。但整体来看，目前我国的翻译研究以引介或借用西方翻译研究的理论、概念或方法为主。由此有一种观点认为，我国的译论或翻译研究是落后于西方的。张南峰（2004：Ⅻ、30）甚至主张，中国的传统翻译研究，是以忠实于原文为最高目标的应用翻译学，目的在于寻求一种指导翻译实践的统一的、绝对的翻译标准；同时，还认为以“忠实”为目标的应用翻译理论，中西皆有，但其他的翻译理论未能发展，则可说是中国的特色。将我国的翻译研究归结为应用翻译学，且认为其是中国译学的特色，可以说降低了我国译学的地位，误解了我国的翻译传统。对中国的翻译传统认识不全面或不正确，主要是仅仅将我国的翻译传统追溯至了近代，没有追溯至古代，特别是佛典的翻译。在这方面，北京师范大学文学院王向远做出了有益的探索。通过对佛典译论的研究，王向远（2015）梳理了中国古代“翻译”概念的建构，区分了“翻”和“译”的差异，指出佛典翻译中认为“译”是平面的移动，“翻”是立体的置换，两者相辅相成，互为补充，对于解决持续已久的“可译/不可译”的争论是有效的，可弥补西方翻译理论的不足；并在翻译方法论上提出应以三元的“移译/释译/创译”取代二元的“直译/意译”的新理念。我国香港学者张佩瑶编著（2006）的英文版《中国翻译话语英译选集（上册）：从最早期到佛典翻译》在英国圣杰罗姆出版社（St. Jerome Publishing）出版，引起了国际译学界的浓厚兴趣。当今国际一流的翻译研究学者铁木志科高度赞扬了该著作，并在该书的推荐词中写道：该著作可能是20多年来译学中最大的突破性贡献，将译学研究推向了国际化的一个新阶段；该著作不仅描述了中国翻译理论的历史脉络，也描绘了中国翻译实践和翻译历史的脉络，推动了译学走出西方中心主义，其中西、古今的对话性将会启发未来数十年的翻译洞见。因此，下一步我国的译学发展要深深地挖掘、提炼我国的译学传统，并与世界译学开展对话。

张佩瑶（2006：8—14）指出了我国佛典翻译话语的六个主要特征：（1）我国佛典翻译话语的文体形式多样，包括序、评、辩、论等，其性质可以说是游弋不定的。（2）我国佛典翻译话语具有开创精神。（3）我国佛典翻译话语在讨论翻译风格时流动不定。使用术语时，往往不加界定。只有通过不断地使用，有些术语才慢慢得到认可，如著名的“文质之争”。（4）我国佛典翻译话语受当时的翻译现实和翻译团队中微妙的权势关系影响。起支配作用的翻译标准有时是主译（如鸠摩罗什或真谛）的，有时是笔受（如支谦）的。（5）我国佛典翻译话语紧紧围绕一个核心概念“本”。对翻译过程、翻译方法、翻译中的损失、翻译中的困难、理想的译者素质等的讨论，都关注原文，将翻译视作与原文存在不同程度相关性的产物。描述翻译时，与“本”搭配的词语众多：案本、委本、得本、失本、乖本、违本、伤本、依本、守本。（6）我国佛典翻译话语由于高度关注“本”的问题，因而具有自身独特的身份特征：将翻译，无论是过程还是产品，都视作一种与原文的关系性行为。佛典翻译家并没有很好地去区分三种翻译：译作代表原作，译作替代原作，译作独立存在。这是近年来对我国古代佛典翻译特征较为全面的评论。但张佩瑶（2006）使用的术语是翻译话语，不是翻译理论或翻译思想。

孔慧怡（2000，2005）指出了我国古代佛典翻译的两个重要特征：（1）翻译活动主要靠外国人完成。孔慧怡（2005：63）指出佛典翻译是中国第一次大型文化翻译运动，而站在主导地位推动这次运动的人，却多半都是外来的译者，粗略计算外来译者和本土译者的比例是 10∶1，这在世界文化交流史和翻译史上都是一个相当特殊的现象。一般认为佛典翻译活动分为三期，汉人译者由无至有，由次要变为主要，这种说法不符合历史事实（孔慧怡，2000：17）。佛典翻译第一期自汉末至西晋，并没有本土主译。第二期自东晋至隋，除了曾到西域求法的法显等5人，尚有建议废译的彦琮；但后世论及此时期的重要主译，仍着眼于外域译经师，因为汉人主译出经数量实在不多，同时这正是鸠摩罗什在华翻译的时代，罗什的影响可说是一时无二。至于第三期为唐代，不少论者认为是汉人主译时期；唐代虽以玄奘为主线人物，但以人数论，僧传记载汉人主译只有3人，外来主译则为23人，所以不能说超越前期，即使到了宋代太平兴国年间政府重组译场，训练本土翻译人才，但可考的15名主译中，只有3名是本土人（孔慧怡，2000：17）。王文颜（1985：4）也指出，“西僧东来”是促成中国佛教译经事业开展的主要因素之一，翻开《高僧传》《续高僧传》《宋高僧传》等书的译经篇，可以明显地发现，十之八九的译经师都是外国沙门。从主译多为外国人这个角度看，孔慧怡（2000：17—18）认为，我们可以说佛教虽然在几百年中大盛，但与之息息相关的翻译工作，却只是停留在文化边缘的活动，并没有改变主流文化对非本土语言知识的看法。中国传统在文化上很有优越感，而且有一份不假外求的内部凝聚力，这个特征对翻译活动在中国的发展有关键性的影响，由于在一般情况下，尝试理解本土以外的语言和文化并非中国知识分子的主流任务，所以翻译活动的衍生和拓展，相当大的程度上一直依赖来自外国的人（孔慧怡，2000：15）。清代以前，我国主流文化长期采取“攘夷”的心态。中国传统翻译活动没有出现过大量本土译者，与翻译活动没有进入文化主流有直接关系（孔慧怡，2000：30）。直到晚清，文化规范发生了突变，把翻译推到一个极触目的位置——要大规模向西方和日本学习，翻译是必然的途径，所以翻译活动终于成为中国主流知识分子关注的事业（孔慧怡，2000：30）。孔慧怡（2000：29）也将此称为“翻译传统的突变”。（2）口笔译结合的方式贯穿佛典翻译的始终。口笔译结合的翻译方式一般来说标志着翻译活动发展的初期，但在中国历史上，这种情况却在每一个翻译活跃期都出现，而且占了主导地位，这是值得我们深思的现象（孔慧怡，2000：25—26）。

刘宓庆（2005：85—86）指出，中国翻译以宗教翻译为宏业之开局，并一开始就将自己移花接木于中国传统哲学与美学，借中华丰厚的哲学-美学思想以自用自持，同时也为自己植入了中华传统文化的基因：“信”与“美”在当时对应于“质”与“文”及“实”与“名”，也大体对应于今天的“直译”与“意译”，由僧人自己出马，投入宗教典籍的翻译，自然而然会倾全力于“信”，倾全力于意义，此其一。其二，佛教关注主体的“净心”和“悟性”，特别重视主体的“慧”，指主体的一种通达事理、断决悬念、取得真谛的心性能力，人正是用这种能力去观照客体、把握客体，这也与中国传统哲学不谋而合，因此中国传统译论不重视文本，倾全力关注主体的运作，应该说是有历史渊源的。对于第二点，我们认为其对中国传统译论的归纳有失偏颇。道安的“五失本”、玄奘的“五不翻”探讨的基本都是文本方面的问题，赞宁的“新意六例”也主要讨论的是文本问题。对于第一点，与中国传统哲学与美学，甚至文章学的结合，则确实是我国传统译论的重要特征。中国传统译论的成对矛盾主要有：文与质；信与美；俗与雅；本旨与文饰；烦与简；音与义。在翻译方法方面，我国佛典翻译中主要有：音译；义译；格义；会译（即合本子注）；合译（译场中含有十几道翻译程序）；正翻；义翻；不翻；抽译；节译；重译；直译；异译。我国古代的佛典翻译理论对后世产生了深远的影响。近代，严复所提出的“信、达、雅”

实际在佛典翻译中早已体现。在评价严复的翻译时，鲁迅总结出中国佛典翻译史的整体脉络：中国之译佛典，汉末质直，六朝“达”而“雅”，唐则以“信”为主（鲁迅，1984：275）。罗新璋（1984：1—3）指出，三国支谦提出“因循本旨，不加文饰”，东晋道安提出“五失本”“三不易”，“案本而传，不令有损言游字，时改倒句，余尽实录”，可谓“汉末质直”；译经大师鸠摩罗什主张“能存本旨，依实出华”，后人称其译作“善披文意，妙显经心，会达言方，风骨流便”，鸠摩罗什“对于原本，有增有损，求达求雅”，可以说六朝译经达而雅；唐代大翻译家玄奘明于佛法，兼通梵汉，译笔严谨，多用直译，善参意译，并提出“五不翻”，可以看出唐代译经以“信”为主。

中西方都有着两千多年的翻译理论史。如果从三国时支谦的《法句经序》算起的话，那么我国译论的起点概念为“雅”（嫌其辞不雅）与“本”（因循本旨）。如果从约公元前46年古罗马哲人西塞罗（Marcus Tullius Cicero）的《论最优秀的演说家》中关于“解释”和“演说”的论述算起的话，那么西方译论的起点概念即为直译（word for word）与意译（sense for sense）。西方翻译传统中的翻译方法主要突出直译与意译这一对矛盾。西方的翻译传统始自《圣经》的翻译。古代西方的《圣经》翻译一开始也是使用直译方法。谭载喜（2016：24）指出，公元前284年至公元前249年犹太人首次将希伯来文的《旧约》翻译成希腊文，并出现了第一部《七十子圣经》译本，当时的翻译观点主要为：译者的主要任务是做到字字对译，不必顾及语言中的特殊形式和习惯。翻译的结果是：由于他们虔诚的宗教态度和所谓上帝神灵的感召，36种译文居然在风格和内容上极其相似，似有神助一般，但他们的立足点是译文必须准确，所以译文词语陈旧，充斥着闪语结构，有的地方译得太直太死，简直不像希腊语（索南多杰，2019：51）。古罗马演说家西塞罗在“De optimo genere oratorum”（“The best kind of orator”，46 BCE）突出了直译与意译的矛盾，主张意译：

> [S] ince there was a complete misapprehension as to the nature of their style of oratory, I thought it my duty to undertake a task which will be useful to students, though not necessarily for myself. That is to say I translated the most famous orations of the two most eloquent Attic orators, Aeschines and Demostenes, orations which they delivered against each other. And I did not translate them as an interpreter but as an orator, keeping the same ideas and the forms or as one might say, the “figures” of thought, but in language which conforms to our usage. And in so doing, I did not hold it necessary to render word for word, but I preserved the general style and force of the language.
>
> （Cicero，引自 Munday，2009：3）

《圣经》译者圣杰罗姆也突出了直译与意译的矛盾，也主张意译：

> Now I not only admit but freely announce that in translating from the Greek-except of course in the case of the Holy Scripture, where even the syntax is a mystery-I render, not word for word, but sense for sense.
>
> （Jerome，引自 Munday，2009：3）

16 世纪德国宗教改革家和翻译家马丁·路德翻译了《圣经》。马丁·路德认为，他所翻译的德文必须明白晓畅、通俗易懂，因此，他系统地制定了翻译原则，主要有：（1）目的语读者不能理解的原文，要意译；（2）翻译时要优先考虑文本的含义和主体内容，不要拘泥于原文语法；（3）尽量使用通俗易懂的语言；（4）修辞中的比喻及习语可以翻译成非比喻性的语言；（5）坚持以读者为中心的取向（刘军平，2009：97）。蒙代尔（Munday，2009：3）指出，在西方，直译与意译的争论一直持续到20世纪。西方翻译传统中的翻译理论则侧重文本外因素的考量。

由以上分析可以看出，中西译学间存在着较大的差异。只有在中西译学的比较中，才能把我国的译学传统看得更清晰。因此，谭载喜（1998）明确提出翻译学必须重视中西译论比较研究，并提出从宏观与微观两个层面入手，采取横向比较、纵向比较以及主题比较三种方法，横向比较即"共时"比较，纵向比较即"历时"比较，主题比较则是指按照译论主题内容进行的比较。谭载喜（1998：14）指出，在宏观层面上，我国译论体系中语文学和诠释学的翻译理论较为发达，西方译论体系中则是文艺学和语言学的翻译理论较为发达。周艳（1998：71）也持类似的观点：西方的翻译理论从一开始就表现出了两种倾向，或者说，表现为两条线索：一条是文艺学线索，从泰伦斯（Terentius）等古代戏剧家一直延伸到现代的翻译理论家（捷克的）列维（Levy）和（苏联的）基维·加切奇拉泽，它认为翻译是一种文学艺术，翻译的重点是再创造；另一条是语言学线索，从古代的奥古斯丁（Augustine）延伸到20世纪的结构语言学派，它把翻译理论和语义、语法作用的分析紧密结合起来，从语言的使用技巧上论述翻译，认为翻译旨在产生一种与原文语义对等的译文，并力求说明如何从词汇和语法结构上产生这种语义上的对等。如果以此为参照，那么中国的翻译理论属于文艺学这条线索，并主要从自身的实践来讨论理论问题。

谭载喜（2000a）将中西译论的彼此相异总结为五对命题：（1）立

论的实用性与理论性。中国译论重实用性，西方译论重理论性。（2）翻译理论问题上的悟性思维与理性思维。中国译论重悟性，西方译论重理性。（3）译论表述的含蓄性与明确性。中国译论用词洗练、语意浓缩，西方译论“说个明白”。（4）译论研究中的保守性与求新性。我国有尚古的传统，所以保守多于求新。（5）立论的中立性与神秘性。所谓立论的“中立性”，指某个翻译思想或观点，尽管最初是从宗教翻译的实践中衍生而出，但却并不以宗教翻译为唯一归宿。从这个意义上说，中国佛教翻译家的思想和理论是“中立的”，因为从支谦到道安、鸠摩罗什再到玄奘等等，他们不仅仅是佛典翻译家，而且他们的翻译思想和理论从来都不只是适用于佛典翻译；与此相反，西方《圣经》翻译家的思想和观点却是“非中立”的，有时甚至充满神秘色彩（谭载喜，2000a）。我们认为，这是对中西翻译传统较为深刻也较为全面的理论总结。此外，谭载喜（2000b：16）还指出了中西译学传统的另一重要文化差异：中国翻译的主流大都涉及来自中国文化以外的材料，而西方翻译的主流则主要涉及来自西方内部即西方各民族文化的材料，因此从这种意义上看，可以把中国翻译传统称为“外向型”翻译传统，而把西方翻译传统称为“内向型”翻译传统。“外向型”可以说是我国翻译传统的优势，说明我国的翻译是“大”翻译，更具典型性与代表性。但我们同时认为，中西译学的这一文化差异对我国的译论也有一重要影响——我国的翻译实践难度更大，因此我国的译论更注重实践。

第二节　中国古代佛典翻译对当下翻译研究的启示

季羡林（1995：3）指出：“不管经过了多少波折，走过了多少坎坷的道路，既有阳关大道，也有独木小桥，中华文化反正没有消逝。原因何在呢？我的答复是：倘若拿河流来作比，中华文化这一条长河，有水满的时候，也有水少的时候；但却从未枯竭。原因就是有新水注入。注入的次数大大小小是颇多的。最大的有两次，一次是从印度来的水，一次是从西方来的水。而这两次的大注入依靠的都是翻译。中华文化之所以能长葆青春，万应灵药就是翻译。翻译之为用大矣哉！”也就是说，在过去的两千多年中，我国经历了佛学与西学两次大的文化翻译运动。但对我国文化翻译起到奠基性作用的应当还是佛典翻译。我国古代的佛典翻译取得了宝贵的经验，对当下的翻译研究有重要的启示。我们认为，主要有以下七方面的启示：

一、对于典籍翻译：（1）要设立专门的“译场”。可以说，我国佛典翻译近千年的经验基本都来自译场。自道安始，译场中的译经方式和人员组成相沿成例，不断改进，形成了比较完备的译经制度。这可以说是我国佛教典籍翻译的制度保障。到了近代，马建忠也提出了设“翻译书院”的建议，强调翻译书院应该教、学、译、出书相结合，培养“译书之才”（陈福康，1992：103）。（2）要专家译。我国古代译场中每一位译主都是所译经目的专家，这是我国古代译经的重要经验。专家从事相关领域著作的翻译，这一优良传统一直保留到了近现代，如 20 世纪上半叶商务印书馆在组织出版“汉译世界学术名著丛书”时，便是延请各个领域的专家对一大批人文与社会科学经典著作进行翻译，如黑格尔《小逻辑》的译者贺麟便是研究黑格尔的专家，柏拉图《巴曼尼德斯篇》的译者陈康是研究希腊哲学的专家（范晶晶，2013：167）。（3）要合译：中西专家合译、学科专家与语言专家合译。在近代，这种合译的方式也一直有效地在延续。根据华衡芳和徐寿的建议，1868 年上海江南制造总局设立编译馆，傅兰雅任该馆编译，主持馆务，编译了众多科学书籍。傅兰雅将该馆翻译方法的经验总结如下（陈福康，1992：98）：

> 必将所欲译者，西人先熟览胸中而书理已明，则与华士同译，乃以西书之义，逐句读成华语，华士以笔述之；若有难言处，则与华士斟酌何法可明；若华士有不明处，则讲明之。译后，华士将初稿改正润色，令合于中国文法。有数要书，临刊时华士与西人核对；而平常书多不必对，皆赖华士改正。因华士详慎郢斫，其讹则少，而文法甚精。

依据中国古代译场制度的经验，张生祥、吴燕华（2012）提出了以合作形式进行典籍英译的建议：古代佛典译场采用合作的翻译形式，使得翻译过程有了科学的分工及较精细的工序，从而保证了佛典译文的准确性和可读性，大大提高了翻译质量。合作形式有两种：一是典籍英译者与汉语典籍专家合作，二是典籍英译者同以英语为母语的学者合作。

根据《辞海》对典籍下的定义，“典籍是指国家的重要文献”。《孟子·告子下》中云：“诸侯之地方百里，不百里，不足以守宗庙之典籍。”今天的“典籍”，我们可以理解为中国古代流传至今的重要文献，是一个国家的文化基因和最深层次的智慧结晶（罗选民、李婕，2020：84）。罗选民、李婕（2020：84）还指出，国家机构是推动典籍翻译的主要力量，典籍翻译在某种程度上是由政府主导的行为，政府机构牵头和组织的中外译者是其发展的主要力量。因此，国家应设立类似“译场”或“翻译书院”的专门翻译机构，以进一步推动我国典籍翻译事业。

二、翻译实践要出精品，就要在对策论层面有深入的实践研究、精细的工序。当然，在动手翻译之前，首先对原作要有深入的分析。汤用彤指出了古今翻译的差异："什公（鸠摩罗什）之功绩，全在译经。但古今译书，风气颇有不同。今日识外洋文学，未识西人哲理，即可译哲人名著。而深通西哲之学者，则不从事译书。然古昔中国译经之巨子，必须先即为佛学之大师。如罗什之于般若王论，真谛之于唯识，玄奘之于性相二宗，不空之于密教，均既深通其义，乃行传译。然考之史册，译人明了于其所译之理，则亦自非仅此四师也。"（转引自五老旧侣，1978：186）深入的实践研究指的是，对音译、节译、语法翻译、文体翻译等专题要不断深入研究，避免二元思维，跳出直译、意译二元论的束缚，如"五不翻""六例说""八备论"；同时我国古代佛典译场的职责分工和工作程序已为翻译实践摸索出了科学、可行的工序。演化至唐代，我国古代译场设有译主、笔受（缀文）、度语（传语）、证梵本、证梵义、证禅义、润文、证义、梵呗、校勘、监护大使、正字字学共12道工序。这应该说是我国古代佛典翻译在翻译实践对策论层面做出的重大贡献，使佛典翻译得以体制化，使佛典翻译质量有了程序上的保障。在这12道工序中，译主、笔受、润文、证义、梵呗、校勘、监护大使、正字字学等工序对今天的翻译仍有借鉴意义，可根据情况适当采纳。

三、实践在前，理论在后，实践与理论总结相结合，绝不可忽视翻译理论的总结与提升。周艳（1998：73）认为，中国的译论往往是实践的总结，其长处是与实际联系紧密，缺点是缺乏系统性。因此，实践与理论总结相结合是我国译学的一大优良传统。在大量翻译实践的基础上，我国古代译学总结出了"五失本""三不易""五不翻""六例说""八备论"等理论，对后世的翻译实践发挥了重要的指导作用。没有理论指导的实践将是盲目的实践，因此须将实践与理论相结合，绝不可忽视翻译理论的总结与提升。

四、翻译方式方法可多元，抽译、节译、全译要适时。在译介的初期，抽译、节译是可行的方法；全译适合学术研究及哲理分析。鸠摩罗什时期，佛教在我国的传播尚处于初期，为了适应当时的社会环境，鸠摩罗什的翻译多为抽译和节译。到了唐代，佛教在我国已流传甚广，认可度业已较高，翻译也渐趋成熟，所以玄奘的翻译多为全译。但就所译佛典的流传而言，鸠摩罗什的翻译可能不亚于玄奘。孔慧怡（2000：17）指出，虽然佛典译经师之中，以玄奘在后世的知名度最高，但若论实际翻译工作的影响，生于龟兹、父籍天竺的鸠摩罗什在很多层面上实远胜玄奘，说到译作本身流传广泛，对普通佛教信徒影响久远，玄奘远比不上罗什，甚至可能比不上菩提流支和较他时代稍晚的实叉难陀。玄奘的译文之所以相对来说流传不够广，一个相当重要的原因是玄奘主力载于唯识，哲学意味极重，而且在各佛教派别中最少中国人的思想倾向，偏重知性理解，不便流传（孔慧怡，2000：19）。

五、翻译标准要将接受端的因素纳入翻译考量的范围，既要重视翻译，又要重视接受，译讲并重。传统的"准确""忠实""对等"等的翻译标准，并不是翻译中唯一的标准。鸠摩罗什的译文就不是"准确""忠实""对等"的译文，但流传最广，业已证明是成功的。关键要做到"不违旨中"。鸠摩罗什的佛典翻译思想特点有二：重达旨，重文体。玄奘也曾因考虑到接受端的问题，而拒绝将我国的《老子》译为梵文。道宣《续高僧传》"唐京师大慈恩寺释玄奘传"对此记载如下：

> 既依翻了，将欲封敕。道士成英曰："《老经》幽邃，非夫序引，何以相通？请为翻之。"奘曰："观《老》治身治国之文，文词具矣。叩齿咽液之序，其言鄙陋。将恐西闻异国有愧。"乡邦英等，以事闻诸宰辅，奘又陈露其情。中书马周曰："西域有道如

《老》《庄》不？”奘曰：“九十六道，并欲超生。师承有滞，致沦诸有。至如顺世四大之术，冥初六谛之宗，东夏所未言也。若翻《老》序，则恐彼以为笑林。”遂不译之。

佛典翻译初期，我国古代译场中推行的是“译讲同施”的策略。这对于初期佛典的翻译和传播都起到了重要的作用。范晶晶（2013：166）指出，无论是在译场现场的“讲译同施”，还是稍后于翻译工作的讲解新译的经典，都说明译者对于向大众宣讲新学说的重视，在他们看来翻译工作的价值不仅体现在将源文本转换成目的语文本，还在于帮助读者群体理解、接受译作中的思想智慧，因此第一步只是基本的工作，而第二步才算是完成了翻译的最终使命。同样的道理，在当今我国文化的外译中，特别是在初级阶段，既要出翻译的作品，同时也要注重对翻译作品多角度、多方式宣讲，做到译讲并重。

六、注重重译。历史往往是当下的历史，文化经典往往在每个时代都会被赋予新的时代意义。因此，翻译经典作品的产生往往依赖不同角度的诠释，不同时代的重译，在不断重译的历史中，翻译经典孕育而成。从我国古代的佛典翻译来看，重译是生成翻译经典的有效路径。例如，《小品般若经》共有九译（三佚六存），历时八百余年，九译为：（后汉）支娄迦谶、（吴）康僧会、（吴）支谦、（西晋）竺法护、（东晋）只多密、（苻秦）昙摩蜱、（姚秦）鸠摩罗什、（唐）玄奘、（北宋）施护，现存六译：（后汉）支娄迦谶、（吴）支谦、（苻秦）昙摩蜱、（姚秦）鸠摩罗什、（唐）玄奘、（北宋）施护。《金刚经》现存六个译本：（姚秦）鸠摩罗什、（元魏）菩提流支、（南陈）真谛、（隋）达摩笈多、（唐）玄奘、（唐）义净。我国古代最出名的两位佛典翻译大师鸠摩罗什和玄奘有多部经典都是重译本。在佛典重译研究方面，台湾学者王文颜还出版了专著《佛典重译经研究与考录》。因此，对于当下的翻译，特别是经典的翻译，可以开展多角度、多译者的重译。

七、翻译是大概念，是文明的对话和文化的交流，不只是指涉狭义的语言间的转换。翻译要适度吸收异质文化，不能全部“归化”。“格义”之法退出历史舞台就是明证。翻译既能促进异质文化的交流，也能促进自身文化的发展。我国古代的佛典翻译，对于树立中华的大国形象、丰富自身文化都发挥了不可替代的作用。范晶晶（2015：82）指出：

> 在中古时期的外交事业中，佛教因素占据了很重要的地位。从前秦的苻坚、萧梁的武帝，甚至到北宋初期的几位皇帝，都曾借助佛教树立中华的大国形象，施行怀远政策。而在当时对外文化交流兴盛、文本流通频繁的情况下，有眼光、有能力将外国作品译成汉语，本身便是国力强盛的标志之一。国家越是强大，统治者就越能对异文化进行包容、对不同的信仰表示尊重。与此同时，了解不同国家的文化与习俗，知己知彼，不仅有利于发展外交关系，而且也能丰富自身的文化。从某种程度上说，译事的兴盛甚至成为政治开明的象征。

第三节　翻译的重新界定及当下翻译学的创新

根茨勒（Gentzler，2008：16）指出，一个多世纪以来，西方翻译理论一直试图界定何为翻译，但尚未成功，主要原因是无论你如何界定，都很容易找到例外。不同的文化对翻译有着不同的界定。例如，铁木志科（Tymoczko，2010）指出，在印度，“翻译”的两个常见词是 rupantar（改变形式）和 anuvad（之后说/跟着），两个词都没有表示对原文忠实的意思。根茨勒（Gentzler，2013：9）进一步指出，翻译的定义正在发生变革。过去，对翻译的界定主要是欧洲的视角，即将翻译简单化地视作一种语言与另一种语言的转换，而在当下一些国际的、非欧洲的，如印度、中国、阿拉伯及美国的学者穆吉克（Mukherjee）、特里维迪（Trivedi）、张佩瑶、铁木志科等正在从非欧洲的、国际的视角重新界定翻译，扩大翻译及翻译研究的内涵与外延。铁木志科（Tymoczko，2010：53）指出，目前界定翻译的任务尚未完成，并且在可预见的未来界定翻译将继续作为翻译研究的核心任务之一。原因很简单，如果一个学科对其研究对象都难以厘清，这个学科将很难发展。

传统的、经典的界定翻译的路径是找出其充分条件和必要条件，即一个合理的翻译定义应既能找出所有的翻译，同时又能排除所有的非翻译（non-translations）。但现实是，在一种文化中成为翻译的必要条件转到另一种文化中就不是必要条件，或者相反，在一种文化中成为翻译的充分条件转到另一种文化成不了界定另一种文本类型的充分条件。因此，既能找出所有的翻译，同时又能排除所有的非翻译，还能适用于所有的时间和空间的充分和必要条件是不存在的（Tymoczko，2010：78）。在过去几十年中，认知科学、语言学和哲学等邻近学科也都证明这种传统的、经典的通过充分和必要条件来界定概念或范畴的路径整体来说进展不大。此外，铁木志科（Tymoczko，2010：57—58）认为，欧洲中心主义视域下的翻译概念的界定本身就存在一些无法解决的问题：第一，界定翻译所依赖的一些概念本身都是开放概念，尚未厘定，如语言和文本。第二，翻译学正在逐渐成长为一个国际性的学科，若翻译学仅仅将自己局限在欧洲中心主义的概念范畴内，这显然是不够的。第三，在特定的时间和空间内判断是否为翻译是相对容易的，但如果是从理论上界定翻译概念，则很难。

在界定翻译的历史进程中，图里对翻译的定义是一道重要的分水岭（Tymoczko，2010：80）。图里（Toury，1980）对翻译的定义为：不管根据的理由是什么，目的语系统中任何一个呈现为或被认为是翻译的任何目的语语言文本。铁木志科（Tymoczko，2010：81）认为，图里这一后验的、开放性的定义是翻译学摆脱欧洲中心主义和规定主义并成为一门国际性学科的关键性一步，为翻译作为一个跨文化的概念提供了充分条件，而不是规定一些任意的必要条件。但目前，图里的这一翻译定义仍遭到西方翻译学者的抵制，甚至藐视。当然，图里的这一翻译定义也不是完全令人满意的，比如“不管根据的理由是什么”就带有任意性，不够严谨。沿着图里新的研究路向，铁木志科（Tymoczko，2010）进一步拓展了翻译的概念范畴，提出了一个全新的翻译界定方案：翻译是一个簇的概念（translation as a cluster concept）。铁木志科的这一提法主要受到维特根斯坦对“语言”界定的启发。维特根斯坦在其名著《哲学探究》（*Philosophical Investigation*）中以与柏拉图对话的方式阐述其对语言的界定（转引自 Tymoczko，2010：84）：

> “你谈到了各种各样的语言游戏，但没有一处谈到语言游戏的本质是什么，语言的本质是什么：这些活动的共同之处是什么，是什么使他们成为语言或语言的一部分的?”维特根斯坦自我回答道：“这是正确的。我不会找出这些我们称之为语言的所有活动的共同之处，相反我说这些我们用同样的词语来描述的现象没有一点共同之处，但是他们彼此之间通过不同的方式相互关联。正是因为这种

关联，我们才称之为‘语言’。”

同样的道理，铁木志科（Tymoczko，2010：85）认为，翻译也不能构成一个精确的范畴，无法找出一个或几个共有的特点就能找出所有的翻译并能排除所有的非翻译，相反翻译是彼此之间通过不同方式的相互关联。在一个特定的文化实践中，翻译的实例通常是可以找出的，通常也较容易描写，但作为一个跨越特定时空的理论范畴，翻译就不能像传统逻辑那样通过封闭的边界进行界定。因此，翻译是一个簇的概念和簇的范畴。铁木志科（Tymoczko，2010：86—87）认为，簇的概念有如下特征：（1）簇的概念本质上具有实用的品质，即它们深深地根植于一定的文化实践，因此必须通过观察和描述来进行理解，描述翻译学对解开翻译研究领域的许多理论问题有重要作用；（2）对簇的概念来说，重要的是后验的观察和特征化，而非先验的规定或界定；（3）簇的概念不是精确性的概念，也无法准确理解，但这并不意味着我们对簇概念的无知。相反，簇的概念通常边界模糊，因此是模糊概念。既然是模糊概念，就不能应用传统的经典逻辑，而是要应用模糊逻辑。在这方面，铁木志科（Tymoczko，2010：89）认为，维特根斯坦摒弃实证主义后提出的“日常语言”学说对翻译研究将有很大的启发，图里的翻译定义实际上可视作对维特根斯坦“日常语言”学说在翻译学中的辩护。

翻译研究应该找寻何种理论？实际上，翻译界一直存在着两大阵营：一大阵营主张寻求翻译的普遍化理论，一大阵营主张寻求翻译的个别化理论。铁木志科（Tymoczko，2010：180）指出，寻求适用于所有译者和所有翻译的共性或普遍性的翻译理论不是翻译研究的目标。这样的理论实质上就等同于建立翻译的充分和必要条件，注定是没有出息的，因为翻译是一个簇的概念，无法像化学和物理现象那样放之四海而皆准。翻译理论必须既要综合又要灵活，以便能够应对不同时空中的各种变化的参数。这样的翻译理论需要一个新的结构，可能是一个伞状或树状结构，来描述其中关联但又有差异的各种翻译现象（Tymoczko，2010：181）。我们认为铁木志科提出的翻译作为簇的概念和翻译理论的伞状结构或树状结构的建设值得进一步的探讨，应引起我国翻译研究学者的重视。

我国的翻译工作者和翻译研究学者为我国的改革开放做出了重要贡献，已成为改革开放不可或缺的力量。我国的翻译学科在理论探索和人才培养等方面已成就显著，业已成为一门独立的、有较大社会影响力的学科。但目前来看，无论是在国内还是国际，翻译学科都还不够成熟，都处在关键的发展期。对中国译学的未来，谭载喜（2018a：617—618）指出了三点较为深入也较为具体的展望。第一，在新的千年，中国译学会继续瞄准翻译学的五项基本任务：（1）开展深入的、原创的译学研究；（2）继续提升编纂翻译百科全书、翻译手册、译学词典等所需的概念体系和术语体系；（3）开拓新的翻译研究主题和翻译研究领域；（4）加强翻译人才的培训与教育；（5）提升我国译学的社会认知度。第二，持续关注五对主要关系：（1）当下研究与传统翻译思想的关系；（2）翻译及翻译研究中的特质观与普遍观；（3）理论他者与理论自我；（4）翻译实践与翻译理论；（5）翻译的艺术、技术和职业与翻译学科。第三，围绕着“what”“how”“who”“why”“where”和“when”六大主题，中国译学会进行持续创新：（1）翻译的本体为何。翻译是一种原型范畴，还是“准确”“忠实”“对等”这些概念对其来说已不再重要？（2）中国翻译工作者和翻译研究学者如何看待翻译理论与实践统一的重要性？在中国语境下如何教授翻译？翻译专业该如何办？（3）根据我国翻译理论，谁能够是或应该是特定翻译项目的利益相关者？（4）为何译文读起来要像原文一样？为何译文读起来要像原语中的原文一样？为何译文从来都不是原文的复制品？为何将译者称为画家、摄影师、中介者、背叛者等？(5) 有价值的翻译项目来自哪里？翻译成品去了哪里？(6) 在中国语境下，翻译的需求是何时产生的？何时翻译变得比原文还重要？何时会需要非传统翻译（如机器翻译)？何时需要学习翻译？等等。对翻译理论研究的未来发展，蓝红军（2018）提出了四点建议：(1) 重视学科功能，特别是要重视翻译学的社会功能；(2) 拓展理论资源；(3) 革新本体观念；(4) 强化学派意识。黄友义（2018）指出，近年来翻译界的发展出现了一些明显的新趋势：(1) 从过去的“翻译世界”转为在继续“翻译世界”的同时，更加重视“翻译中国”；(2) 从过去的单一题材翻译转成多题材翻译；(3) 从少数西方语种的翻译转为多语种的翻译；(4) 从单纯的人力翻译转为人力和人工智能翻译的结合。由此可见，未来我国的翻译学，在研究领域方面应继续加大对我国翻译传统的研究，特别是加强对我国翻译传统在认识论和方法论两方面的研究。

潘文国（2012）指出，我国的译学面临着中国译论失语而西方译论起舞的现象。例如，现在我国译学中“西方式”的命题“直译”“意译”已基本取代“中国式”的命题“文”“质”，文质之争不见了，剩下的只是直译、意译之短长，但直译（最初的意义是逐字对译）可能适用于语出同源的印欧语之间，但几乎不可能适用于存在巨大差异的汉语和印欧语之间（潘文国，2012：4)。刘宓庆（1996）指出，（套用西方翻译理论）“空对空”、与本国翻译现状、本民族语言文化传统和现实“不搭界”的翻译研究将会逐渐减少，越来越多的翻译研究者将密切关注本国、本民族语的现状和发展。但在讨论我国传统译论时，往往认为其论说方式“不诉诸层层递进的逻辑推演和严谨细致的分析程序，而是以感悟、体会的方式直接面对事物的本质和内在规律，并用综合性的、生动的、笼统的语言表达之”（刘敬国，2015：12—13）；而西方科学范式则“用严谨的、辩论的、逻辑的方法来说一句话，而不再是用经典来支持自己的结论”（许倬云，2013：75）。谭载喜（2000a：16）认为，西方翻译研究重“虚”多于重“实”、重抽象立论多于重经验总结、重描写多于重规范；与中国译论传统相比，西方似乎更为重视翻译理论的抽象性、条理性和系统性，探讨翻译的理论问题时，都是在不同程度上把注意力从底层的翻译操作，提升到高层的理论分析和系统总结。在综观西方翻译理论自古至今的发展演化之后，谭载喜（2000a：16）得出这样一个结论：西方翻译研究传统的侧重点，与其说在于说明翻译实践究竟需不需要理论，以及如何指导和教范人们去进行实际的翻译操作，毋宁说是在于描述翻译实践后面存在什么样的理论，在于如何从理论角度去认识翻译、解释翻译。

对中西译论的差异，除了要分析其外在表现之外，我们认为深层的理论生成的思维模式的差异也尤为值得探究，这也是未来我国译学创新的重要思想基础。理论生成的思维模式不科学，不先进，生成的理论就难以系统，难以科学，难以先进。近年来，这一重要课题已在我国译学界引起一定的重视。如何科学地认识中国传统译论，成为当代语境下中国翻译学发展的一项重要研究课题，探究中国传统译论的致思之源有助于认识中国传统译论的本质属性（刘性峰、魏向清，2020：109）。刘性峰、魏向清（2020：104—105）进一步指出，中西译论存在较大差异，而影响翻译研究理论范式与话语形态的思维方式差异是非常关键的制约因素，因此要深入理解和认识中西译论的本质差异，离不开影响译论产生与发展的不同思维方式制约的探究，而以往中西译论的比较或者中国传统译论的特殊性研究并未深入思维方式约制的层面，不够深刻。

就理论形态及生成此理论的思维模式而言，严复的“信、达、雅”，一方面在内容上深受佛典翻译的启发，是对我国佛典翻译的传承，另一方面又在形式上有独特的理论生成思维模式，是对我国翻译传统的创新。

严复的“信、达、雅”提出后，被冠以了各种称号，如“翻译标准”“翻译原则”“翻译思想”“翻译理论”等，令人迷惑。特别是对于“翻译思想”和“翻译理论”两种称号，易让人对其理论形态产生不解，因此较有必要对严复的“信、达、雅”是“翻译思想”还是“翻译理论”进行辨析。刘宓庆（2005：2）认为，严复“信、达、雅”学说是一种翻译思想，同时也是翻译理论的最高层级。作为翻译思想，“信、达、雅”三表法是古老的中国哲学、伦理学和美学命题，不应将它误判成什么可以照此办理的“翻译要诀”“操作指引”；它是一种理念、一种基本主张；“翻译思想”指翻译家对翻译之“道”的经验的高度提升或高层级认知，这种认知又反过来指导他在更高层级上的实践，由此获得新的经验，从此周而复始。刘宓庆（2005：2）还进一步指出，按照中国的民族文化特别是思维方式和人文科学的传统，原则也好，主张也好，思想也好，都可以尽力箴言化，以便记诵力行。翻译思想通常表现为对译事的某种原则或基本理念，经历三个深化阶段：体验（experiencing，集中于对方法的实施 WHAT）、体认（knowing，集中于对规律的把握 HOW）、体悟（apprehending，集中于对理念的了悟 WHY）（刘宓庆，2005：2）。但同时，刘宓庆（2005：xxii－xxiii）认为，翻译思想是翻译理论的最高层级。翻译学属于经验科学，经验科学的理论具有层级性，翻译的理论从“实”到“虚”大致分三个层次：（1）基础理论（方法论系统，主要是操作程序及表现法描写）；（2）中介理论（对策论系统，主要是机制描写及表现的模式化指引）；（3）深层理论

（认识论系统，主要是翻译思想、理念、原则主张、体悟等）。换言之，严复“信、达、雅”学说也是一种翻译理论。我们认为，翻译思想还是不同于翻译理论。翻译思想通常以散见的方式存在，缺乏系统性，而翻译理论则在系统性上胜出（黄忠廉，2010：79）。在此意义上而言，“神似”说和“化境”说似应归为翻译思想，而“信、达、雅”学说则具有一定的系统性。所以，严复“信、达、雅”学说不可能既是翻译思想又是翻译理论。黄忠廉（2010）认为，严复“信、达、雅”学说只是翻译思想，不是翻译理论，翻译思想不等于翻译理论。这是因为对翻译的认识萌芽后，产生某种思想的雏形，再发展到假说，得到论证，最后才能走向理论（黄忠廉，2010：80）。严复虽有翻译思想，但称不上翻译思想家，更称不上翻译理论家（黄忠廉，2010：78）。

何谓理论？燕国材（2014：127）指出，“理论”是由一系列的概念组成的，并且概念及其体系是科学的。由此可见，判断一个陈述是否是理论应该有两个基本条件：（1）是否包含了一系列的基本概念；（2）是否科学阐述了基本概念间的逻辑体系。严复提出了“信、达、雅”的基本概念，又较为科学地阐述了三个基本概念间的逻辑体系：“求其信已大难矣”；“信矣不达，虽译犹不译”；“信达而外，求其尔雅”。刘宓庆（2019：60—61）也认为，“信、达、雅”是三环联袂的统一体。要做到“信”，就必须“达”；要做到“达”，途径是“雅”。因此，严复“信、达、雅”学说满足了“理论”的两个基本条件，可以称得上是中国近现代第一个体系化的翻译理论，不是翻译思想，更不是翻译经验。在此意义上来说，严复“信、达、雅”学说在中国译学史上是革命性的，需要在中国译学史上确立其理论地位。

“信、达、雅”学说为何成为中国译学颠扑不破的“真理”？我们认为，原因主要有三个方面。第一，“信、达、雅”学说与各国翻译理论具有共性，符合普遍的翻译标准。这里主要指的是“信”和“达”。“信”和“达”应该说是各国普遍的翻译标准。第二，“信、达、雅”学说具有中国特色，即具有个性。这里主要指的是“雅”。这是中国翻译理论的特色成分。“信、达、雅”的特征在“雅”（刘宓庆，2019：60）。第三，“信、达、雅”学说深植于中国的传统哲学和文章学，具有深厚的传统根基，同时其命题方式也符合中国传统哲学-美学的命题方式。严复把译事之难概括为“信、达、雅”，既符合翻译实际，又与中国传统哲学-美学思想及命题相承袭。这也是“三难之说”历久不衰的原因之一（刘宓庆，2019：64）。中国传统哲学-美学讲求以三个命题相济相容，称为“三表法”（刘宓庆，2019：64）。因此，可以说，“信、达、雅”学说是贯通中西、融通古今的翻译理论，其译学理论意义需进一步重释。当然，该理论还需进一步深化，如严复并未对“信、达、雅”三个基本概念做出清晰的界定，所给出的条件描述也不够充分，因此还不能说严复“信、达、雅”学说已经是很成熟的翻译理论。

我们认为严复在翻译实践过程中借鉴中国古代佛典翻译经验，基于中国古代文章写作标准，首次创造性地提出了“信、达、雅”翻译学说。在理论形态上，严复的“信、达、雅”在当下的译学意义主要有两方面。第一，严复的“信、达、雅”之说不只是翻译思想，更不只是翻译经验，而是翻译理论。第二，严复的“信、达、雅”之说背后有着创建我国翻译理论的思维模式：（1）理论中的基本概念要与世界译学概念具有共性；（2）理论中的基本概念要有我国本民族语言文化的特性；（3）理论中的基本概念要深植于我国本民族的翻译传统和文章学传统；（4）理论要科学描述和阐述其基本概念间的逻辑体系；（5）理论的内部结构方式和表述方式要符合我国本民族哲学、文学、美学等的传统，如我国哲学、文学、美学中的三个命题相济相容的内部结构方式和表述方式。长期以来，我国译学理论研究忽视了理论生成思维模式的研究，大大制约了我国译学理论的创新。基于以上分析，我们认为严复“信、达、雅”的理论思维模式既是对我国古代佛典翻译传统的继承，又是对我国古代佛典翻译传统的创新，仍是今后我国译学基于我国古代翻译传统进行理论创新的有益借鉴模式。

总体而言，我们认为，未来我国翻译理论创新，一方面要保持自己译学传统中的特色与优势；另一方面，从思维模式、研究主题和研究方法三个方面来说要注意以下五点：

（1）从归纳走向演绎，注重形式逻辑推演的作用，从而提升理论的系统性。在前科学和科学的幼年时期，或者在一门科学的初创阶段，其理论形态往往呈经验归纳结构，这种结构的科学理论主要由事实和定律两种要素构成，它满足于经验事实的收集、整理、分类和抽象，仅有的科学定律基本上直接从经验事实归纳概括而来，其涵盖性和普适性不是很大，各个定律或各类定律往往是孤立的，它们之间没有有机的联系，而假设演绎结构是科学发展到成熟时期的产物，即科学理论开始步入公理化、形式化、系统化的形态（李醒民，2007：28）。这种方法的最大特色是，作为理论基础的逻辑前提即基本概念和基本假设既不是不证自明的，也不是从经验事实中归纳出来的，而是在经验事实的引导下，通过“思维的自由创造”或“理智的自由发明”得到的（李醒民，1988：233）。从归纳走向演绎的思维路径就是应用形式逻辑。逻辑实证主义者石里克正确地指出所有理论的共同点就是逻辑形式：“任何认识都是一种陈述，即是说这种陈述表达着其中所认识到的实况，而这是可以用随便哪种方式，通过随便哪种语言、应用随便哪种任意制定的记号系统来实现的。所有这些可能的陈述方式，如果它们实际上表达了同样的知识，正因为如此，就必须有某种共同的东西，这种共同的东西就是它们的逻辑形式。”（转引自周昌忠，1987：3）周秋容（1985：150）认为科学抽象是一系列严密的逻辑思维运动，是一个概念、判断、推理等产生和形成的过程，所经过的一系列逻辑思维形式，均要运用一定的逻辑方法，才能实现科学抽象的结果，提出科学假说，得出科学规律，建立理论体系。

（2）依靠实践，但又要跳出实践；理论的作用不仅仅是指导实践。周昌忠（1987：1）指出，科学知识系统具有经验知识-理论知识的结构，经验知识是在科学观察和实验活动中取得的对自然现象的认识，它是认识主体在感性水平上的活动的产物，经验知识是科学知识系统的“基质”，理论知识是认识主体在对经验知识进行的理性思维活动中所取得的对自然界本质和规律性的认识，理论知识犹如科学知识系统中的“构架”。我们认为，我国传统译论缺乏系统性的主要原因就是往往囿于实践的桎梏。谭载喜（2000a：15）指出，中国的翻译理论传统注重翻译研究的实用性，即对于任何一个翻译思想或理论的提出，人们首先关心的是这个思想或理论能否用来指导翻译的实际操作，对翻译实践有没有可供使用、可供参考的价值，而不注重翻译研究的理论性，因此对于超出（更不用说脱离）翻译实际问题来谈论抽象理论建设的倾向，即使是在现代语言学、现代译学研究蓬勃发展的今天，也并非得到人们的广泛认同。

（3）加强语言学路向的翻译理论探索。整体而言，我国译学传统中文艺学、语文学分析多，语言学分析少，今后应予以加强。

（4）注重文本外的文化、历史等因素，对翻译产生的原因与造成的影响进行理论建模。比较而言，我国译学传统中对文本及译者的关注较多，但对文本外的文化、历史等因素考量较少，今后这些文本外因素应进入我国译学研究的视野。

（5）注重创新，既包括概念的创新，也包括理论体系的创新。只有不崇拜权威，才能不断推陈出新。西方译论给我们的印象是新观点、新概念层出不穷，而我国译学的新观点、新概念则相对停滞不前，引用西方多于自创。

第六章　结语

《宋高僧传》“唐京师满月传”中有云：“良由译经是佛法之本，本立则道生。其道所生，唯生释子，是以此篇冠首。”由此，可以看出译经对于佛教传播的重要性。佛典翻译是我国古代第一次大的文化翻译，对我国的译学具有奠基性作用。中国翻译本身成为一项事业，成为一种系统的工作，成为学术关注的领域，成为理论探讨的对象，应该是从佛典翻译开始的。要追溯我国的翻译传统就须追溯到佛典的翻译。因此，我国古代佛典翻译的理论研究意义重大。本书首次尝试从本体论、认识论和方法论三个层面对我国古代的佛典翻译展开理论研究，从翻译理论研究的层面对我国的佛典翻译进行提炼与提升，从我国译学传统的视角进一步拓展对“翻译”的定义，积极参与到当下国内外译学界重新定义“翻译”和译学创新的努力中。

总体而言，本书有如下创新之处：

一、与目前大多数佛典翻译研究所采用的时间框架视角不同，本书以学科框架的全新视角全面提炼、总结了我国古代佛典翻译的本体论、认识论与方法论，整体上深化了对我国古代佛典翻译及我国古代翻译传统的理论认识。

二、通过对我国佛典翻译学科框架下全新视角的审视，本书对我国翻译传统中的本体论、认识论和方法论有了新的认识。在本体论方面，对我国古代的“翻译”本体沿流溯源，探索出了佛典翻译中的四个关键翻译学术语的衍生顺序如下：译→出→翻→翻译。在认识论方面，对原文、译者、翻译的性质、翻译的困难、翻译标准、翻译理论等翻译中的关键问题进行了新的阐释。我国的翻译研究，特别是最初的佛典翻译研究，高度重视原文（本）的一个重要原因是原文不稳定。印度佛教本来的传统就是口头相传，没有文本，因此最初传到我国的佛典多是没有实物的佛典文本。此外，佛典文本的原语和间接翻译的问题更加重了佛典翻译中对“本”的重视。在我国古代，“译者”的概念有如下特征：(1) 对于“译者”的认识，首先不是基于其语言能力，而主要是基于其文化作用。凡在对异域文化译介中发挥作用者，都可称为“译”。(2) 与今天不同，在古代早期，特别是佛典翻译时期，由于难以找到双语都娴熟的“译”，所以译者更多的是集体概念，而非个体概念。我国古代佛典翻译中对翻译的性质及功用的认识是较为全面的，既有文化层面的认识，也有语言层面的认识，还有正反两方面的哲学体悟：译，传也；译，释也；译，易也；译，诱也。我国古代佛典翻译中提出的翻译标准有：雅 vs. 信；失本 vs. 案本；圆通；八备。在翻译文体方面，历时数百年的“文质之争”，是我国佛典翻译的一大特色传统。特别是，分析了道安的翻译理论、玄奘的翻译理论和彦琮的翻译理论的生成模式，并指出其为系统化的翻译理论。以往的翻译研究多认为，我国译学传统中的译论多为感性的实践总结，缺乏理论的系统性和体系性；在方法论方面，全面探索了古代佛典翻译中的音译问题，这在以往的佛典翻译研究中涉及较少，探讨也不够深入；提出了语法翻译的新概念。

三、在翻译界，以往的佛典翻译研究多是纯理论层面的探讨，较少进入文本层面的分析，实例的支撑较少；本书对相关理论的研究基本都进入文本分析层面，并用实例佐证，特别是借鉴了语言学、宗教学中的梵汉对勘成果，有理有据。何为“文”，何为“质”，罗什与玄奘的翻译有何区别，对这些问题的探索都有实例支撑。这样做的目的在于，呼吁翻译界的学者日后多开展基于梵汉对勘的我国古代佛典翻译研究。

四、本书将我国古代的佛典翻译与当下的翻译研究相结合，提出了对当下翻译研究的启示，包括七个方面：对于典籍翻译，要设立专门的“译场”，这可以说是我国佛教典籍翻译的制度保障；要专家译；要合译，中西专家合译、学科专家与语言专家合译；翻译实践要出精品，就要在对策论层面有深入的研究、精细的工序；实践在前，理论在后，实践与理论总结相结合，绝不可忽视翻译理论的总结与提升；翻译方式方法可多元，抽译、节译、全译要适时；翻译标准要将接受端的因素纳入翻译考量的范围，既要重视翻译，又要重视接受，译讲并重；注重重译。从我国古代的佛典翻译来看，重译是生成翻译经典的有效路径；翻译是大概念，是文明的对话和文化的交流，不只是指涉狭义的语言间的转换。探索基于我国古代翻译传统的译学创新，特别是探讨了翻译理论生成的思维模式。这是以往佛典翻译研究中较少关注的一个问题。未来我国翻译理论创新，一方面要保持自己译学传统中的特色与优势，另一方面要重视思维模式的创新，特别是注意形式逻辑的作用，以进一步提升理论体系的系统性。

五、介绍了古代藏地的佛典翻译理论。这也是以往的佛典翻译研究中较少关注的一个问题。通过介绍，我们发现古代藏地也有丰富的佛典翻译理论，《语合二章》对翻译研究深入，不亚于汉地的佛典翻译成果。藏地的佛典翻译是我国古代佛典翻译中不可缺少的部分，今后应予以重视。

当然，本书也有不足之处：一、目前，基于梵汉对勘的我国古代佛典翻译研究仍然较为缺乏。我国古代佛典翻译的经验首先应体现在翻译实践经验上，所以佛典翻译研究必须进入文本的具体分析，展开音译、词译、语法翻译、文体翻译等方面的实践研究。但本书对我国古代佛典翻译基于梵汉对勘的研究不全面，也不深入。二、对第一手材料的挖掘还不够全面，也不够深入。如对《大藏经》《佛祖统纪》等研究不够。三、对佛典翻译中的重译研究较少，也不够深入。我国古代佛典翻译的一个重要特征就是重译甚多，这是研究我国古代佛典翻译实践和翻译理论的重要资源。但本书只是对《金刚经》《法华经》《心经》的部分重译内容进行了探讨，其他众多的重译经没有展开研究。这些都是未来需要继续开展研究的课题。

翻译关乎国之大体。王东风（2019：41）指出："翻译之所以能影响一个国家或民族的盛衰，是因为翻译是一种学习，它的一大功能是引进知识，而知识则会提升智慧，推动进步，建构富强。因此，对一个国家来说，翻译是一种文化态度和战略意识，它反映出的是这个国家精英阶层的一种求知的精神，一种包容的胸怀。可以毫不夸张地说，一个不翻译的国家注定是一个没有明天的国家。"佛典翻译正式开启了我国与世界其他国家的文化交往，泽被后世。阮炜（2011：24）指出："不难想象，如果没有印度文明对中国既有价值理念和文化体系的丰富和发展，使其逻辑性、精密性和精致性大为提高，近代以来中国人对西方思想的领悟、接受和利用，决不会那么快捷；中国传统观念体系很可能完全丧失其根性，被西方思维所吞没。如果没有印度文明与中国文明通过佛教长达近两千年的交融，19 世纪中叶以降中国面临西方冲击，大规模吸收和利用西方文明的成果时，难度就会大得多。"

人类不断地超越自我，跨越边界，走向他者。正是在自我与他者的碰撞与融合中，翻译或难或易地"居间"式地存在。本雅明用来建造巴别塔的"纯语言"可能永远是神话，但翻译则诗意地栖居于人世间。

参考文献

班固，“百官公卿表”，《汉书》，卷19上。北京：中华书局，1962。

包通法，《道与中华典籍外译》。北京：中国财富出版社，2014a。

包通法，“一体三环”译学知性体系的哲学认识构式。当代外语研究，2014b（2）：17—20。

本雅明，张旭东译，“译者的任务”，载于陈德鸿、张南峰（编），《西方翻译理论精选》。香港：香港城市大学出版社，2002：197—210。

布彻，萨尔吉译，“犍陀罗语与早期汉译佛经的再思考——以《妙法莲华经》为个案”，载于朱庆之（编），《佛教汉语研究》。北京：商务印书馆，2009：113—195。

才项多杰，吐蕃时期的佛经翻译述略。中国藏学，2009（4）：64—69。

蔡新乐，《翻译的本体论研究》。上海：上海译文出版社，2005。

参话，“初期佛教翻译事业的概况”，载于张曼涛（主编），《佛典翻译史论》。台北：大乘文化出版社，1978：1—10。

曹仕邦，《中国佛教译经史论集》。台北：东初出版社，1991。

陈兵，“学术的真实性，文学的可读性”，载于龚斌，《鸠摩罗什传》。上海：上海古籍出版社，2013：6—9。

陈登，翻译中可译性的限度。外语教学，1996（1）：70—73。

陈福康，《中国译学理论史稿》。上海：上海外语教育出版社，1992。

陈福康，《中国译学史》。上海：上海外语教育出版社，2011。

陈广恩，佛教对中国语言的影响。中国宗教，2005（4）：34—35。

陈金华，杨增等译，《佛教与中外交流》。上海：中西书局，2016。

陈士强，汉译佛经发生论。复旦学报（社会科学版），1994（3）：95—101。

陈秀兰，《基于梵汉对勘的魏晋南北朝佛经词汇语法研究》。上海：复旦大学出版社，2018。
陈寅恪，《金明馆丛稿初编》。北京：生活·读书·新知三联书店，2001。
陈允吉，论佛偈及其翻译文体。复旦学报，1992（6）：91—98。
崔峰，入传、对话与突破——从鸠摩罗什入华传教看印度佛教向中国的输入。博士学位论文，西北大学，2013。
达哇才让，汉藏佛经翻译理论比较研究。民族翻译，2018（1）：25—31。
道宣，《续高僧传》。北京：中华书局，2014。
德里达，"巴别通天塔"，载于陈德鸿、张南峰（编），《西方翻译理论精选》。香港：香港城市大学出版社，2002：211—224。
德曼，"评本雅明的《译者的任务》"，载于陈德鸿、张南峰（编），《西方翻译理论精选》。香港：香港城市大学出版社，2002：225—234。
董秀芳，《词汇化：汉语双音词的衍生和发展》。北京：商务印书馆，2011。
杜继文等，《佛教史》。北京：中国社会科学出版社，1991。
俄琼卓玛，汉代西域译长。西域研究，2006（2）：15—18。
法云，《翻译名义集》。上海：商务印书馆缩印南海潘氏藏宋本。
范晶晶，论佛经翻译的译场：179—1082。博士学位论文，北京大学，2013。
范晶晶，佛教官方译场与中古的外交事业。世界宗教研究，2015（3）：74—82。
范慕尤，从梵汉对勘看鸠摩罗什译《金刚经》。西域研究，2015（1）：114—120。
范文澜、蔡美彪，《中国通史》。北京：人民出版社，2009。
方梦之（主编），《译学词典》。上海：上海外语教育出版社，2004。
方梦之，翻译的元策略、总策略和分策略。上海翻译，2021（3）：1—6。
方一新、高列过，题安世高译《佛说宝绩三昧文殊师利菩萨问法身经》考辨。《汉语史研究集刊》第十辑，2007：543—563。
冯绍胜（编撰），《金刚经六大传世译本与白话今译》。济南：山东画报出版社，2016。
傅定淼，"翻译"词源考。黔南民族师范学院学报，2007（2）：1—3。
甘生统，汉、藏佛经语体略论。青海师范大学学报，2014（3）：81—84。
高华平，论佛教对中国古代文学体裁的影响。世界宗教研究，2008（2）：28—39。
高人雄，佛经传译中的胡汉文化合流。西域研究，2008（3）：93—99。

高圣兵、刘莺，“格义”：思想杂合之途。外语研究，2006（4）：52—56。
葛力，《西方哲学认识论》。北京：中共中央党校出版社，1997。
葛维钧，论《心经》的奘译。南亚研究，1994（3）：2—9。
龚斌，《鸠摩罗什传》。上海：上海古籍出版社，2013。
顾满林，试论东汉佛经翻译不同译者对音译或意译的偏好。《汉语史研究集刊》第五辑，2002：379—390。
顾满林，东汉译经中半音译半意译的外来词简析。《汉语史研究集刊》第六辑，2003：319—327。
顾满林，汉文佛典用语专题研究。博士学位论文，四川大学，2006a。
顾满林，汉文佛典音译词的节译形式与全译形式。《汉语史研究集刊》第五辑，2006b：163—177。
顾满林，汉文佛典中 Kapilavastu 一词的音译形式考察。《汉语史研究集刊》第十辑，2007：345—373。
郭建中，“回顾与展望：中国翻译界 10 年大辩论（1987—1997）”，载于张柏然、许钧（主编），《面向 21 世纪的译学研究》。北京：商务印书馆，2002。
哈磊，格义之学的兴衰及其佛学背景的演变。四川大学学报（哲学社会科学版），2017（1）：31—38。
何剑平，玄奘与《说无垢称经》的传译。宗教学研究，2007（3）：86—93。
何锡蓉，《佛学与中国哲学的双向构建》。上海：上海社会科学院出版社，2004。
侯健，“格义”翻译方法的双向性比较。解放军外国语学院学报，2017（1）：19—27。
胡适，“佛教的翻译文学”，载于罗新璋（编著），《翻译论集》。北京：商务印书馆，1984：67—78。
胡适，《白话文学史》。上海：上海古籍出版社，1999。
华侃，藏译佛典中佛教词语的译创。中国藏学，2000（3）：109—123。
黄汉平，文学翻译“删节原作”和“增补原作”的文化透视——兼论钱锺书《林纾的翻译》。中国翻译，2003（4）：26—29。
黄怀信等，《大戴礼记汇校集注》。西安：三秦出版社，2004。
黄先炳，也谈《法句经》的偈颂及其文学性。中国韵文学刊，2005（2）：28—34。
黄小芃，《全注全译隋释彦琮〈辩正论〉》。成都：四川大学出版社，2014。

黄友义，把握翻译新趋势，抓住翻译新机遇。当代外语研究，2018（5）：88—89。
黄忠廉，《翻译本质论》。武汉：华中师范大学出版社，2000。
黄忠廉，《翻译方法论》。北京：中国社会科学出版社，2009。
黄忠廉，翻译思想≠翻译理论——以傅雷、严复为例。解放军外国语学院学报，2010（05）：77—81。
慧立，赵晓莺译，《大唐大慈恩寺玄奘法师传》。北京：华文出版社，2011。
季琴，三国支谦译经词汇研究。博士学位论文，浙江大学，2004。
季羡林，吐火罗语的发现与考释及其在中印文化交流中的作用。语言研究，1956（1）：297—307。
季羡林，梵语。外语教学与研究，1989（2）：24—25。
季羡林，再谈浮屠与佛。历史研究，1990（2）：3—11。
季羡林，《中国翻译词典》序。中国翻译，1995（6）：2—3。
季羡林，佛教传入龟兹和焉耆的道路和时间。社会科学战线，2001（2）：227—230。
季羡林，《季羡林全集：第三十卷附编》。北京：外语教学与研究出版社，2009。
姜南，《基于梵汉对勘的〈法华经〉语法研究》。北京：商务印书馆，2011。
江琼·索朗次仁、达琼，藏族古代翻译理论《声明要领二卷》成书年代再析。西藏研究，2014（3）：60—66。
姜涛，后秦佛教研究——以译经为中心。博士学位论文，兰州大学，2011。
姜艳，论翻译的文化转向对翻译本体论的消解。上海翻译，2006（3）：12—14。
杰里米·芒迪，李德凤等译，《翻译学导论：理论与应用》。北京：外语教学与研究出版社，2014。
金岳霖，《知识论》。北京：商务印书馆，2003。
蒋述卓，慧叡未著《十四音训叙》。读书，1988（1）：146。
金丝燕、金宝，《佛经汉译之路：《长阿含·大本经》对勘研究——中古汉土的期待视野》。北京：北京大学出版社，2016。
侃本，《汉藏佛经翻译比较研究》。北京：中国藏学出版社，2008。
孔慧怡，“中国翻译传统的几个特征”，载于孔慧怡、杨承淑（主编），《亚洲翻译传统与现代动向》。北京：北京大学出版社，2000：15—37。
孔慧怡，从安世高的背景看早期佛经汉译。中国翻译，2001（3）：52—58。

孔慧怡，《重写翻译史》。香港：香港中文大学翻译研究中心，2005。
赖永海（主编），《中国佛教通史》（学术版 第一卷至第八卷）。南京：江苏人民出版社，2010。
蓝红军，何为翻译：定义翻译的第三维思考。中国翻译，2015（3）：25—30。
蓝红军，从学科自觉到理论建构：中国译学理论研究（1987—2017）。中国翻译，2018（1）：7—16。
蓝红军，何为翻译思想与翻译思想研究何为。英语研究，2020（1）：128—140。
黎虎，《汉唐外交制度史》。兰州：兰州大学出版社，1998。
李德山、金敏求，中国古代佛经的来源及其翻译。古籍整理研究学刊，2002（6）：34—38。
李汉平，对玄奘翻译思想的几点澄清——兼与王宏印教授商榷。中国翻译，2019（1）：150—158。
李全安，“玄奘译法之借鉴”，载于林煌天（主编），《中国翻译辞典》。武汉：湖北教育出版社，1993：806—807。
李尚全，《汉传佛教概论》。兰州：甘肃人民出版社，1998。
李小荣，论《大般涅槃经》卷八之“文字品”。法音论坛，2003（5）：17—26。
李小荣，《汉译佛典文体及其影响研究》。上海：上海古籍出版社，2010。
李小荣，唐代译场与文士：参预与影响。文学遗产，2015（2）：94—105。
李新魁. 汉语共同语的形成和发展（上）。语文建设，1987（5）：14—21。
李炜，《早期汉译佛经的来源与翻译方法初探》。北京：中华书局，2011。
李欣，“中国佛教译场职分与翻经流程——以《楞严》经题为中心”，载于中国佛学院普陀山学院（编），《普陀学刊》第四辑，上海：上海古籍出版社，2017。
李醒民，“论爱因斯坦的探索性的演绎法”，载于王溎昌（主编），《自然科学发现经验的探索》，福州：福建人民出版社，1988：215—233。
李醒民，论科学理论的要素和结构。中国政法大学学报，2007（1）：20—30。
李学勤（主编），《十三经注疏·礼记正义》。北京：北京大学出版社，1999。
李振东，《太平经》与东汉佛典复音词比较研究。博士学位论文，吉林大学，2016。
梁启超，“翻译文学与佛典”，载于罗新璋（编著），《翻译论集》。北京：商务印书馆，1984：52—67。

梁启超，《佛学研究十八篇》。天津：天津古籍出版社，2005。
梁晓虹，汉魏六朝佛经意译词的初探。语言研究，1987（1）：109—120。
梁晓虹，《佛教词语的构造与汉语词汇的发展》。北京：北京语言学院出版社，1994。
镰田茂雄，郑彭年译，《简明中国佛教史》。上海：上海译文出版社，1986。
林剑鸣，《秦史稿》。上海：上海人民出版社，1981。
刘传珠，可译性问题的语言功能观。中国翻译，2000（1）：31—34。
刘芳，反思中国佛经译论史之“文质之争”——以“文”派支谦为例。中国翻译，2018（3）：28—33，43。
刘洁，《金刚经》同经异译研究。硕士学位论文，浙江财经大学，2015。
刘敬国，沿波讨源，守本开新——论中国传统译论的特质及我们应有的态度。上海翻译，2015（2）：12—17。
刘敬国，系统中的风格：《小品般若经》六种汉译本翻译风格的流变及成因研究。博士学位论文，复旦大学，2007。
刘军平，《西方翻译理论通史》。武汉：武汉大学出版社，2009。
刘宓庆，翻译理论研究展望。中国翻译，1996（6）。
刘宓庆，“论中国翻译理论基本模式”，载于杨自俭、刘学云（编），《翻译新论》。武汉：湖北教育出版社，2003：308—321。
刘宓庆，《中西翻译思想比较研究》。北京：中国对外翻译出版公司，2005。
刘宓庆，《新编当代翻译理论》。北京：中国对外翻译出版公司，2019。
刘朋朋、蓝红军，佛经翻译方法论。中国文化研究，2019春之卷：133—143。
刘性峰、魏向清，中国传统译论的“象思维”约制：范式与话语。外语与外语教学，2020（2）：104—106。
龙国富，《〈妙法莲华经〉语法研究》。北京：商务印书馆，2013。
卢翠琬，《出三藏记集》的文质之辨与中古文质论关系探析。闽南师范大学学报（哲学社会科学版），2017（2）：94—98。
“鲁迅和瞿秋白关于翻译的通信”。载于罗新璋编著，《翻译论集》。北京：商务印书馆，1984：265—279。
罗新璋，“我国自成体系的翻译理论”，载于罗新璋（编），《翻译论集》，1984：1—19。
罗新璋，《译艺发端》。长沙：湖南人民出版社，2013。

罗选民、李婕，典籍翻译的内涵研究。外语教学，2020（6）：83—88。
吕澂，《中国佛学源流略讲》。北京：中华书局，1979。
吕澂，《新编汉文大藏经目录》。济南：齐鲁书社，1981。
吕俊，理论哲学向实践哲学的转向对翻译研究的指导意义。外国语，2003（5）：67—74。
吕俊、侯向群，走向复杂性科学范式的翻译学。上海翻译，2015（2）：5—11。
马学良、戴庆厦，《白狼歌》研究。民族语文，1982（5）：16—26。
马庆洲，阅时取证 比采而推——简论刘勰五言诗起源说及其对文学史研究的启示。镇江师专学报（社会科学版），2001（2）：48—51。
马祖毅，《中国翻译简史》。北京：中国对外翻译出版公司，1998。
马祖毅等，《中国翻译通史（古代部分　全一卷）》。武汉：湖北教育出版社，2006。
孟昭连，文白之辨——译经史上文质之争的实质。南开学报（哲学社会科学版），2009（3）：130—140。
牟融，《牟子理惑论》，载于周叔迦集撰，周绍良新编，《牟子丛残新编》。北京：中国书店，2001。
木斋，论汉魏五言诗为两种不同的诗体。中国韵文学刊，2013（1）：31—38。
南小民、达瓦次仁，汉藏语传统翻译原则比较研究。民族翻译，2010（2）：3—11。
欧阳桢，“翻译本是‘神来之笔’——勘破翻译理论的神话”，载于陈德鸿、张南峰（编），《西方翻译理论精选》。香港：香港城市大学出版社，2002：255—269。
潘文国，中国译论与中国话语。外语教学理论与实践，2012（1）：1—7。
潘文国，佛经翻译史三题——读陈寅恪《金明馆丛稿》札记。外语与翻译，2015（1）：5—10。
庞焱，可译性和不可译性——以日汉互译为例。外语研究，2009（2）：87—88。
彭建华，《梵语佛经汉译的传统》。上海：上海三联书店，2015。
裴源，《佛经翻译史实研究——中国翻译史纲（上篇）》。台北：大乘文化出版社，1983。
钱歌川，“佛经的翻译方式”，载于钱歌川，《翻译的基本知识》。北京：世界图书出版公司，2013。

钱锺书，“林纾的翻译”，载于钱锺书等，《林纾的翻译》。北京：商务印书馆，1981。

钱锺书，“翻译术开宗明义”，载于罗新彰（编），《翻译论集》。北京：商务印书馆，1984：28—31。

钱锺书，《管锥编》。北京：中华书局，1986。

屈玉丽，鸠摩罗什偈颂翻译和创作对王维诗文的影响。华南农业大学学报（社会科学版），2016（5）：132—140。

阮诗芸，为翻译正名：从钱锺书训“译”说起。中国翻译，2019（5）：138—144。

阮炜，翻译在佛教中国化中的作用。深圳大学学报（人文社会科学版），2011（6）：20—25。

热贡·多杰卡，藏族古代佛经翻译史略。西藏研究，1996（2）：61—66。

任继愈等，《中国佛教史》（第一卷）。北京：中国社会科学出版社，1981，1985。

任淑坤，文学作品的可译性与不可译性——以五四时期的一场论争为中心。河北学刊，2010（5）：175—178。

邵有学，《中国翻译思想史》。北京：中国社会科学出版社，2018。

沈福伟，《中西文化交流史》。上海：上海人民出版社，1985。

史有为，《外来词——异文化的使者》。上海：上海辞书出版社，2004。

释慧皎，《高僧传》。北京：中华书局，1992。

释如惺，《明高僧传》。台北：佛陀教育基金会，2016。

释僧祐，《出三藏记集》。北京：中华书局，1995。

施坦茨勒，季羡林译，《梵文基础读本》。北京：北京大学出版社，2009。

石小梅、路晓红，玄奘术语翻译理论的创新性及其现代意义。民族翻译，2013（2）：43—49。

思果，《翻译新究》。北京：中国对外翻译出版公司，2001。

宋丹，周朝“象胥”考——周朝的翻译制度考证。兰台世界，2010（4）：61—62。

宋美华，本质主义，还是非本质主义？——翻译研究传统、现代与后现代哲学意义观的思考。上海翻译，2019（5）：7—13。

苏晋仁，“僧祐事迹，《出三藏记集》序言”，载于《出三藏记集》。北京：中华书局，1995：1—32。

苏晋仁，佛教文化与历史。北京：中央民族大学出版社，1998。
孙昌武，《中国佛教文化史》（第一册）。北京：中华书局，2010。
孙常叙，《汉语词汇》。长春：吉林人民出版社，1956。
孙良明，“简述汉文佛典对梵文语法的介绍及其对中国古代语法学发展的影响——从‘语法’的出处讲起”，载于朱庆之（编），《佛教汉语研究》。北京：商务印书馆，2009：410—436。
孙宁宁，实践哲学转向对翻译研究的影响。河海大学学报（哲学社会科学版），2003（3）：76—78。
孙尚勇，中古汉译佛经偈颂诗学价值述略。宗教学研究，2009（4）：89—97。
索贝，历史上的汉藏翻译述略。青海民族学院学报，2002（4）：14—16。
索朗旺姆，从《语合二章》谈西藏早期的翻译实践和理论研究。西藏大学学报（社会科学版），2011（3）：76—80。
索南多杰，吐蕃时期的佛经翻译和古代西方圣经翻译的若干相似性。西部学刊，2019（6）：50—52。
谭载喜，翻译学必须重视中西译论比较研究。中国翻译，1998（2）：12—16。
谭载喜，中西译论的相异性。中国翻译，2000a（1）：15—21。
谭载喜，中西翻译传统的社会文化烙印。中国翻译，2000b（2）：14—18。
谭载喜，《翻译学》。武汉：湖北教育出版社，2005。
谭载喜，《西方翻译简史》（增订版）。北京：商务印书馆，2004。
汤一介，《佛教与中国文化》。北京：宗教文化出版社，1999。
汤用彤，《汉魏两晋南北朝佛教史》。上海：商务印书馆，1938。
汤用彤，“论‘格义’”，载于汤用彤，《汤用彤全集》（第五卷）。石家庄：河北人民出版社，2000：231—242。
汤用彤，《汉魏两晋南北朝佛教史》。北京：北京大学出版社，2011。
陶磊，“直译”“意译”观念溯源——从佛经翻译到兰学翻译。上海：复旦大学出版社，2020。
佟颖，《根本说一切有部苾刍尼毗奈耶》双音外来词研究。硕士学位论文，辽宁师范大学，2015。
田庆芳，语言的不可译性与文化的不可译性比较。上海翻译，2007（2）：47—50。
万献初，《汉语构词论》。武汉：湖北人民出版社，2004。

王宾，“不可译性”面面观。现代哲学，2004（1）：81—87。

王东风，翻译与国运兴衰。中国翻译，2019（1）：30—41。

王凤阳，《古辞辨》。长春：吉林文史出版社，1993。

王公伟，神异与中国早期佛教的传播。烟台师范学院学报（哲学社会科学版），2000（2）。

王宏印，《中国传统译论经典诠释——从道安到傅雷》。武汉：湖北教育出版社，2003。

王宏印，《中国传统译论经典诠释——从道安到傅雷》。大连：大连海事大学出版社，2017。

王继红，《基于梵汉对勘的〈阿毗达磨俱舍论〉语法研究》。上海：中西书局，2014。

王继红，《〈金刚经〉同经异译与语言研究》。上海：中西书局，2018。

王继红，从梵汉对勘看《金刚经》菩提流支重译本的异化特征。宗教学研究，2019（3）：137—144。

王克非，《翻译文化史论》。上海：上海外语教育出版社，1997。

王力，《汉语史稿》。北京：中华书局，1980。

王丽娜，偈与颂：以中古时期汉译佛典为中心，博士学位论文，南开大学，2012。

王孺童，《金刚经·心经释义》。北京：中华书局，2018。

王铁钧，《中国佛典翻译史稿》。北京：中央编译出版社，2006。

王向远，以“移译/释译/创译”取代“直译/意译”——翻译方法概念的更新与“译文学”研究。上海师范大学学报（哲学社会科学版），2015a（5）：132—142。

王向远，中国翻译思想的历史积淀与近年来翻译思想的诸种形态。广东社会科学，2015b（5）：151—158。

王向远，“翻”、“译”的思想——中国古代“翻译”概念的建构。中国社会科学，2016a（2）：138—156。

王向远，中国古代译学五对范畴、四种条式及其系谱构造。安徽大学学报（哲学社会科学版），2016b（3）：67—80。

王向远，“不易”并非“不容易”——对释道安“三不易”的误释及其辨正。北京师范大学学报（社会科学版），2017（4）：41—51。

王文颜，《佛典汉译之研究》。台北：天华出版事业股份有限公司，1985。

王文颜，《佛典重译经研究与考录》。台北：文史哲出版社，1994。
王鯨，《支谦传》。南京：凤凰出版社，2017。
王子今、乔松林，"译人"与汉代西域民族关系。西域研究，2013（1）：9—15。
汪东萍，佛典汉译传统研究——从支谦到玄奘。博士学位论文，华东师范大学，2012。
汪东萍，佛典汉译的开山之作考证。中国翻译，2019（2）：46—53。
汪东萍、傅勇林，回归历史：解读佛经翻译的文质之争。外语教学，2010a（2）：97—100。
汪东萍、傅勇林，从头说起：佛经翻译"文质"概念的出处、演变和厘定。外语与外语教学，2010b（4）：69—73。
汪正龙，论文学本体论建构中的"世界"维度——兼论我国新时期文学本体论研究的得失。文学评论，2021（6）：95—103。
旺多，论汉藏佛教界的交流与吐蕃时期的佛经翻译。中国藏学，2009（4）：58—63。
旺多，《般若波罗蜜多心经》汉藏译文比较。西藏大学学报（社会科学版），2013（1）：97—104。
五老旧侣，"佛教译经制度考"，载于张曼涛（主编），《佛典翻译史论》。台北：大乘文化出版社，1978：171—186。
吴强、彭佳慧，西夏十一言《功德宝集偈》：罕见的汉文佛教偈颂体式。西夏学，2020（2）：230—234。
夏登山，对古代翻译史上"翻"、"译"之别的再思考。中国翻译，2017（6）：81—85。
夏甄陶，《认识论引论》。北京：人民出版社，1986。
肖平、杨金萍，从佛教量论看翻译的实质及类型划分——兼论翻译理论中的不可译性问题。现代哲学，2004（1）：88—96。
谢天振、何绍斌，《简明中西翻译史》。北京：外语教学与研究出版社，2013。
谢思田，我国译论史发端新界说。外国语，2014（5）：47—56。
辛岛静志，"《道行般若经》和'异译'的对比研究——《道行般若经》与异译及梵本对比研究"，载于四川大学汉语史研究所（编），《汉语史研究集刊》第四辑，成都：巴蜀书社，2001：313—327。
辛红娟、郭薇，杨绛翻译观的中庸义理解读。中国翻译，2018（4）：61—66。

熊兵，翻译研究中的概念混淆——以“翻译策略”、“翻译方法”和“翻译技巧”为例。中国翻译，2014（3）：82—88。

修明，北宋太平兴国寺译经院——官办译场的尾声。闽南佛学，2000（2）：159—187。

许理和，李四龙、裴勇等译，《佛教征服中国》。南京：江苏人民出版社，1998。

许理和，顾满林译，“关于初期汉译佛经的新思考”，载于四川大学汉语史研究所（编），《汉语史研究集刊》第四辑，成都：巴蜀书社，2001：286—312。

许钧，直面历史，关注现实——关于新时期翻译研究的两点建议。外国语，2014（3）：2—3。

许钧，关于新时期翻译与翻译问题的思考。中国翻译，2015（3）：8—9。

许倬云，《中国古代文化的特质》。北京：北京大学出版社，2013。

燕国材，理论心理学与心理学理论辨析。上海师范大学学报（哲学社会科学版），2014（3）：127—137。

颜洽茂，《佛教语言阐释——中古佛经词汇研究》。杭州：杭州大学出版社，1997。

颜洽茂等，《翻译佛经语料研究》。杭州：浙江大学出版社，2019。

杨超标，论安世高的译学思想和译学方法。温州大学学报（社会科学版），2012（5）：78—82。

杨德春，关于汉译佛经语言性质的几个问题。中国佛学，2018（2）：148—169。

杨瑰瑰，《〈维摩诘经〉文献与文学研究》。北京：中国社会科学出版社，2013。

杨绛，失败的经验（试谈翻译）。中国翻译，1986（5）。

杨九泉，简论五言诗的起源。扬州师院学报，1985（1）：11—14。

杨同军，《语言接触和文化互动：汉译佛经词汇的生成与演变研究——以支谦译经复音词为中心》。北京：中华书局，2011。

杨衍松，古老的悖论：可译与不可译。外语与外语教学，2000（9）：51—53。

杨志飞，论玄奘译场的文臣监译。唐史论丛，2020（1）：217—234。

叶慧琼，《道行般若经》及同经异译本语法比较研究。博士学位论文，湖南师范大学，2014。

易闻晓，《中国古代诗法纲要》。济南：齐鲁书社，2005。

于德英，“隔”与“不隔”的循环：钱锺书“化境”的再阐释。上海：上海译文出版社，2009。

俞理明，《佛经文献语言》。成都：巴蜀书社，1993。

俞理明、顾满林,《东汉佛道文献词汇新质研究》。北京:商务印书馆,2013。
扎西卓玛,藏传佛教佛经翻译史研究。博士学位论文,兰州大学,2011。
赞宁,《宋高僧传》。北京:中华书局,1987。
张柏然,翻译本体论的断想。外语与外语教学,1998(4):46—49。
张春柏、陈舒,从“文质之争”看佛经翻译的传统。国外外语教学,2006(1):51—56。
张建木,玄奘法师的译经事业。法音,1983a-03-02。
张建木,玄奘法师的译经事业(续一)。法音,1983b-04-01。
张建木,玄奘法师的译经事业(完)。法音,1983c-05-01。
张开媛,《金刚经》鸠摩罗什译本在唐代的流传和接受。博士学位论文,北京外国语大学,2015。
张曼涛(主编),《佛典翻译史论》。台北:大乘文化出版社,1978。
张曼涛,《佛教与中国文化》。台北:大乘文化出版社,1978。
张美芳,翻译策略二分透视法。天津外国语学院学报,2004(3):1—6。
张南峰,《中西译学批评》。北京:清华大学出版社,2004。
张培基等,《英汉翻译教程》。上海:上海外语教育出版社,1980。
张佩瑶,钱锺书对翻译概念的阐释及其对翻译研究的启示。中国翻译,2009(5):27—32。
张生详、吴燕华,中国古代佛经译场制度对典籍英译的启示。中国科技翻译,2012(1):52—55。
张思洁,《中国传统译论范畴及其体系》。上海:上海译文出版社,2006。
张烨,支谶译经“构词法”及“造词法”研究。博士学位论文,吉林大学,2012。
张振龙、匡永亮,汉晋佛经翻译中“出经”含义考释。世界宗教研究,2018(2):33—39。
张振玉,《译学概论》。台北:协林印书馆,1966。
赵秀明、姜春兰,佛教与中国翻译学。上海翻译,2006(2):7—12。
赵彦春,《翻译学归结论》。上海:上海外语教育出版社,2005。
郑光,反切考——理解“俗所谓二十七字”。国际汉学,2018(3):83—102。
郑张尚芳,千古绝唱《越人歌》。国学,2007(1)。
中村元,基于现实生活的思考——鸠摩罗什译本的特征。世界宗教研究,1994

(2)：6—17。
钟述孔，《英汉翻译手册》。北京：世界知识出版社，1997。
周昌忠，试论科学知识系统的逻辑结构。自然辨证法通讯，1987（1）：1—7。
周敦义，"翻译名义序"，载于罗新璋（编著），《翻译论集》。北京：商务印书馆，1984：50—51。
周流溪，《越人歌》解读研究。外语教学与研究，1993（3）：1—15。
周秋容，自然科学研究的理论思维方法。重庆师范学院学报（自然科学版），1985（1）：148—153。
周艳，中西翻译理论发展比较刍议。解放军外语学院学报，1998（1）：70—74。
周裕锴，中国佛教阐释学研究：佛经的汉译。四川大学学报（哲学社会科学版），2002（3）：71—80。
朱健平，翻译即解释：对翻译的重新界定——哲学诠释学的翻译观。解放军外国语学院学报，2006（2）：69—74，84。
朱庆之，"试论佛典翻译对中古汉语词汇发展的若干影响"，载朱庆之（编），《中古汉语研究》。北京：商务印书馆，2004。
朱庆之（编），《佛教汉语研究》。北京：商务印书馆，2009。
朱庆之，代前言：佛教混合汉语初论。载朱庆之（编），《佛教汉语研究》。北京：商务印书馆，2009：1—32。
朱志荣，审美意象本体论。复旦学报（社会科学版），2021（4）：1—7。
朱志瑜，论中国佛经翻译理论："文质"说。翻译季刊，1998（7）：95—118。
朱志瑜、朱晓农，《中国佛籍译论选辑评注》。北京：清华大学出版社，2006。
Amos, Flora Ross (1920, 1973). *Early Theories of Translation*. New York: Columbia University Press, 1920. Reprint. New York: Octagon Books, 1973.
Bailey, Harold. Gāndhātī. *Bulletin of the School of Oriental and African Studies* 11, 1946.
Boucher, Daniel. *Buddhist Translation Procedures in Third Century China: A Study of Dharmaraksa and His Translation Idiom*. Ph. D. Dissertation. University of Pennsylvania, 1996.
Boucher, Daniel. Gāndhāri and the Early Chinese Buddhist Translations Reconsidered: The Case of the Saddharmapuṇḍarīkasūtra. *Journal of the American Oriental Society*, 1998 (4): 471-506.

Brough, John. The Gādhārī Dharmapada. *London Oriental Series* 7, 1962.

Chen, Mei-Chin. *The Eminent Chinese Monk Hsuan-Tsang: His contibutions to Buddhist Scripture Translation and to the Propagation of Buddhism in China*. Ph. D. Dissertation. The University of Wisconsin, Madison, 1992.

Chen, Su-Fen. *Rendition Techniques in the Chinese Translation of three Sanskrit Buddhist Scriptures*. Ph. D. Dissertation. Illinois: University of Illinois at Urbana-Champaign, 2000.

Chen, Su-Fen. On Xuanzang's Transliterated Version of the Sanskrit *Heart Sutra*. *Monumenta Serica*, 52 (2004): 113 - 159.

Cheng, Mei. Xuan Zang's Translation Practice. *Perspectives: Studies in Translatology*, 2003 (1): 54 - 62.

Chesterman, Andrew. *Memes of Translation: The Spread of Ideas in Translation Theory*. Amsterdam and Philadelphia: John Benjamins, 1997.

Cheung, Martha (ed.). *An Anthology of Chinese Discourse on Translation: Volume One: From Earliest Times to the Buddhist Project*. Manchester: St. Jerome, 2006.

Chou, Po-Kan. *The Translation of the Dazhidulun: Buddhist Evolution in China in the Early Fifth Century*. Ph. D. Dissertation. Chicago, Illinois: The University of Chicago, 2000.

Chu, Chi Yu. Translation theory in Chinese Translations of Buddhist texts. In Beeby, Allison, Doris Ensinger and Marisa Presas (eds.). *Investigating Translation*, Amsterdam; Philadelphia: John Benjamins, 2000: 43 - 53.

Daňková, Zuzana. *Kumarajiva the Translator: His Place in the History of Translating Buddhist Scriptures into Chinese*. Ph. D. Dissertation. Praha: Charles University, 2006.

Duan, Qing. In the pursuit of Vyākarana-elements in Chinese Translation. *Procedia Social and Behavioral Sciences*, 2010 (2): 6869 - 6874.

Dünne, Jörg, Martin Schäfer, Myriam Suchet and Jessica Wilker (eds.) *Les Intraduisibles/Unübersetzbarkeiten: Sprachen, Literaturen, Medien, Kulturen/Langues, Littératures, Médias, Cultures*. Paris: Editions des Archives Contemporaines, 2013.

Eva, Hung. Translation in China—An Analytical Survey: First Century B. C. E. to Early Twentith Century. In Eva, Hung and Wakabayashi, Judy (eds.). *Asian*

Translation Traditions, London and New York: Routledge, 2005: 67 – 107.

Fan, Muyou. A Reexamination of the Influence of Kumarajiva's Thought on His Translation of the Vimalakirtinirdesa. *The Eastern Buddhist*, 2016 (1): 57 – 80.

Gadamer, Hans-Georg *Truth and Method*. London: Sheed and Ward Ltd, 1975.

Gentzler, Edwin *Translation and Identity in the Americas: New Directions in Translation Theory*. London and New York: Routledge, 2008.

Gentzler, Edwin. Macro-and Micro-Turns in Translation Studies. In: Doorslaer, L. and Flynn, P. (eds.), *Eurocentrism in Translation Studies*. Amsterdam/Philadelphia: John Benjamins, 2013.

Hermans, Theo. Untranslatability, entanglement and understanding. In Large, D., M. Akashi, W. Jozwikowska and E. Rose. *Untranslatability: Interdisciplinary Perspective*. New York and London: Routledge, 2019: 27 – 40.

Huemer, Michael. (ed.). *Epistemology: Contemporary Readings*. London and New York: Routledge, 2002.

Huemer, Michael. The Analysis of "Knowledge". In Huemer, M. (ed.). *Epistemology: Contemporary Readings*. London and New York: Routledge, 2002: 435 – 439.

Hung, Eva. Translation in China—An analytical survey: From century B. C. E to early twentieth century. In Huang Eva and Wakabayashi, Judy (eds.). *Asian Translation Traditions*, 2005: 67 – 107.

Hung, Eva. "And the translator is-" Translators in Chinese History. In Hermans, T. (ed.). *Translating Others Volume I*. London and New York: Routledge, 2006: 145 – 162.

Hurwitz, Leon. The Problem of Translating Buddhist Canonical Texts into Chinese. *Babel*, 1963, 9, (1 – 2): 48 – 52.

Kant, Immanuel Critique of Pure Reason. In Huemer, M. (ed.). *Epistemology: Contemporary Readings*. London and New York: Routledge, 2002: 142 – 151.

Kearney, R. Introduction: Ricoeur's Philosophy of Translation. In Paul Ricoeur. *On Translation*. Lodon and New York: Routledge, 2006.

Lancaster, Lewis. The Chinese Translation of the Astasāhasrikā-Prajñāpāramitā Sutra Attributed to Chih Ch'ien. *Monumenta Serica*, 28, 1969: 246 – 257.

Lancaster, Lewis. The editing of Buddhist texts. In *Buddhist Thought and Asian Civilization-Essays in Honor of Herbert V. Guenther on His Sixtieth Birthday*. Ed. Leslie S. Kawmura and Keith Scott. California: Dharma, 1977: 145 – 151.

Large, Duncan. The Untranslatable in Philosophy. In Large, D., M. Akashi, W. Jozwikowska and E. Rose. *Untranslatability: Interdisciplinary Perspective*. New York and London: Routledge, 2019: 50 – 63.

Lefevere, Andre. *Translating Literature: The German Tradition from Luther to Rosenzweig*. Amsterdam: Van Gorcum, 1977.

Lefevere, Andre Chinese and Western Thinking on Translation. In S. Bassnett & A. Lefevere (eds.). *Constructing Cultures*. Shanghai: Shanghai Foreign Language Education Press, 2001: 12 – 24.

Lévi, Sylvain. Le Tokharien B, Langue de Koutcha. *Journal Asiatique*, sept. -oct., 1913: 311 – 380.

Link, Arthur. Shih-Seng Yu and His Writings. *Journal of the American Oriental Society*. 1960 (1): 17 – 43.

Lu, Yang. Narrative and Historicity in the Buddhist Biographies of Early Medieval China: The Case of Kumārajīva. *Asia Major*, 2004 (2): 1 – 43.

Mai, Laiman. *Dharmaraksa and His Work: The Impact of Central Asian Buddihst Thought in Translating Buddihst Texts in the Third to the Fourth Century China*. Ph. D. Dissertation. The University of Wisconsin-Madison, 1994.

Mair, Victor. What is Geyi, after All? *China Report*, 2012 (1&2): 29 – 59.

Mak, Bill. Kumārajīva and Prājñāpāramitā in China. In *Kumārajīva: Philosopher and Seer*. New Delhi: India Gandhi National Center for the Arts, 2015: 159 – 177.

Malmkjær, Kirsten. On the (Im) possibility of untranslatability. In Large, D., M. Akashi, W. Jozwikowska and E. Rose. *Untranslatability: Interdisciplinary Perspective*. New York and London: Routledge, 2019: 41 – 49.

Mathews, Bob & Liz Ross. *Research Methods: A Practcal Guide for the Social Sciences*. Edinburgh: Pearson Educaton Ltd, 2010.

Munday, Jeremy. Issues in Translation Studies. In *The Routledge Companion to Translation Studies*. London and New York: Routledge, 2009: 1 – 19.

Munday, Jeremy. *Introducing Translation Studies* (Fourth Edition). London and New

York: Routledge, 2016.

Mundt, Klaus. Against the "un-" in Untranslatability: On the Obsession with Problems, Negativity and Uncertainty. In Large, D., M. Akashi, W. Jozwikowska and E. Rose. *Untranslatability: Interdisciplinary Perspective*. New York and London: Routledge, 2019: 64 - 79.

Nattier, Jan. The *Heart Sutra*: A Chinese Apocryphal text? *The Journal of the International Association of Buddhist Studies*. 1992 (2): 153 - 223.

Radnitzky, Gerard. *Contemporary Schools of Metascience*. Goteborg: Goteborg Univ. Press, 1970.

Robert, Jean-Noël. Translate Scripture and Change the World—How Translation Transformed a Language, a World-view, a text: An example from East Asia. In Cazé, Antoine & Rainier Lanselle (eds.). *Translation in an International Perspective: Cultural Interaction and Disciplinary Transformation*. Bern: Peter Lang, 2015: 23 - 50.

Robinson, Douglas. (ed.). *Western Translation Theory: From Herodotus to Nietzsche*. Manchester: St. Jerome, 1997.

Robinson, Richard. *Early Mādhyamaka in India and China*. Madison: University of Wisconsin Press, 1967.

Saldanha, Gabriela & Sharon O'Brien. *Research Methodologies in Translation Studies*. London and New York: Routledge, 2013.

Sen, Tansen. The Revival and Failure of Buddhist Translations during the Song Dynasty. *T'oung Pao*. 2002 (1): 27 - 80.

Shih, Robert. *Biographies des moines éminents (Kao Seng Tchouan) de Houci-Kiao*. Louvain: Institut Orientaliste, 1968.

Snell-Hornby, Mary. *The Turns of Translation Studies: New Paradigms or Shifting Viewpoints*. Amsterdam/Philadelphia: John Benjamins, 2006.

Storch, Tanya. Building a Buddhist Canon in Early Medieval China. *The Medieval History Journal*, 2015 (1): 64 - 86.

Toury, Gideon. *In Search of a Theory of Translation*. Tel Aviv: Porter Institute for Poetics and Semiotics, 1980.

Tulku, Doboom (ed.). *Buddhist Translations: Problems and Perspectives*. New Delhi:

Manohar, 1995.

Tymoczko, Maria. Reconceptualizing Translation Theory: Integrating Non-western Thought about Translation. In Theo Hermans (ed.) *Translating Others*. Vol 2. Manchester: St. Jerome, (2006): 13 – 32.

Tymoczko, Maria. *Englarging Translation*, *Empowering Translators*. London and New York: Routledge, 2010.

Venuti, Lawrence. *The Translator's Invisibility—A History of Translation*. London and New York: Routledge, 1995.

Waley, Arthur. Review of Zenryū Tsukamoto, Chōronkenkyū. *Bulletin of the School of Oriental and African Studies*, 1957 (1): 195 – 196.

Zacchetti, Stefano. An early Chinese translation corresponding to Chapter 6 of the *Petakopadesa*: An Shigao's *Yin chi rujing* T 603 and its Indian original: a preliminary survey. *Bulletin of the School of Oriental and African Studies*, *University of London*. 2002 (1): 74 – 98.

Zürcher, Erik. *The Buddhist Conquest of China: The Spread and Adaptation of Buddhism in Early Medieval China*. Leiden: E. J. Brill, 1972.

Zürcher, Erik. Late Han Vernacular Elements in the Earliest Buddhist Translations. *Journal of the Chinese Language Teachers Association*. 1977 (3): 177 – 201.

Zürcher, Erik. Buddhist Influence on Early Taoism: A Survey of Scriptural Evidence. *T'oung Pao*, 1980 (1): 84 – 147.

后　记

2018 年，本人获批国家社科基金项目“我国古代佛经翻译思想及翻译方法论研究”。在当今翻译学科于全球兴起之时，之所以申请此课题，主要是因为深知只有耕耘好自己民族的翻译传统，才能为全球的翻译学科贡献出自己民族独到的翻译观和翻译思想。立项后，本人深知该课题的难度之大，特别是对中国传统文化功底的要求之高，所以下决心熟读该领域文献，特别是多次研读了《出三藏记集》《高僧传》等翻译学科外的著作，收获和感悟良多。此外，还广泛收集了海内外有关佛典翻译的相关文献，有些资料是拜托多位友人从法国、美国、荷兰、英国等国以及中国香港、台湾地区收集的，可以说找到了大量的佛典翻译文献。在成果的撰写过程中，本人深刻理解了历经千年的我国佛典翻译的不凡成就，也深刻体会到：不了解我国佛典翻译的传统，就难以把握我国翻译的脉络。该项目前后历时四年，于 2022 年 6 月顺利结项。

结项后，成果的出版联系到了著名的商务印书馆。经商务印书馆选题委员会对该成果的研判和对出版界的了解，将该成果的著作名称定为了“中国古代佛典译论研究”，并通过了选题立项。此书的部分成果前期曾在《中国翻译》《外语教学》等学术期刊发表过，在此向曾为此付出劳动的编辑们一并表示感谢！

由于我国佛典翻译领域卷帙浩繁，学问似深渊，本人才疏学浅，疏漏之处，在所难免，还请各位方家批评指正，以共同推动对我国古代翻译传统的挖掘、提炼与弘扬。

武光军

2023 年 9 月于北航

图书在版编目（CIP）数据

中国古代佛典译论研究 / 武光军著 . — 北京 : 商务印书馆 , 2023.11（2024.6 重印）
ISBN 978-7-100-22783-4

Ⅰ . ①中… Ⅱ . ①武… Ⅲ . ①佛经—翻译—研究—中国 Ⅳ . ① B949.2

中国国家版本馆 CIP 数据核字（2023）第 142924 号

中国古代佛典译论研究
武光军 著

商 务 印 书 馆 出 版
（北京王府井大街 36 号 邮政编码 100710）
商 务 印 书 馆 发 行
江苏凤凰数码印务有限公司印刷
ISBN 978-7-100-22783-4

2023 年 11 月第 1 版 开本 890×1240 1/32
2024 年 6 月第 2 次印刷 印张 12¼

定价：78.00 元